दर्पण घर

राजेंद्र सिंह सेंगर

BlueRose ONE
Stories Matter
NewDelhi • London

BLUEROSE PUBLISHERS
India | U.K.

Copyright © Rajendra Singh Sengar 2023

All rights reserved by author. No part of this publication may be reproduced, stored in a retrieval system or transmitted in any form or by any means, electronic, mechanical, photocopying, recording or otherwise, without the prior permission of the author. Although every precaution has been taken to verify the accuracy of the information contained herein, the publisher assumes no responsibility for any errors or omissions. No liability is assumed for damages that may result from the use of information contained within.

BlueRose Publishers takes no responsibility for any damages, losses, or liabilities that may arise from the use or misuse of the information, products, or services provided in this publication.

For permissions requests or inquiries regarding this publication, please contact:

BLUEROSE PUBLISHERS
www.BlueRoseONE.com
info@bluerosepublishers.com
+91 8882 898 898
+4407342408967

ISBN: 978-93-5819-529-3

Cover design: Muskan Sachdeva
Typesetting: Rohit

First Edition: August 2023

मन की बात

दर्पण घर नाम की यह पुस्तक इस अर्थ में अनूठी है कि इसे किसी कुर्सी मेज पर बैठकर नहीं लिखा गया है। यह कैसे संभव हुआ है? इसे अवश्य बताना चाहूँगा। जब सामाजिक व्यवहार के दौरान ऐसे अनेक अनुभव होते थे जो बहुत जटिल होते थे या बहुत गलत होते थे तब मन उनके प्रति प्रतिक्रिया व्यक्त करने को मचल उठता था। लेकिन, दुस्साहस की कमी के चलते मन मसोसकर रह जाता था तब मन का प्रतिक्रियावादी रचनाकार मचल उठता था और कुछ लिखने को विवश कर देता था। उसी समय कुछ वाक्य मन से सहज ही निकल पड़ते थे जिन्हें तुरंत लेखनबद्ध कर लिया करता था। इस तरह, इस पुस्तक में प्रस्तुत दृष्टांत समाज की सच्ची तस्वीर पेश करते हैं। इस पुस्तक में जो कुछ लिखा गया है वह समाज में ऑब्जर्वेशन के आधार पर जैसा पाया है वैसा ही लिखा है। हो सकता है कि कुछ लोगों की नजरों में ये ऑब्जर्वेशन सही नहीं हों। लेकिन, यहां इतना जरूर है कि इनमें सत्यता का कुछ न कुछ प्रतिशत अवश्य है। फिर भी, यदि कोई सुधी पाठक इनसे सहमत न हो तो वह इनकी उपेक्षा कर सकता है।

इस पुस्तक को एक ऐसे दर्पण के रूप में प्रस्तुत करने की कोशिश की गई है जिसमें एक व्यक्ति, एक युवा, एक दंपति, एक वृद्ध, एक शासक, एक प्रशासक और एक राष्ट्रप्रेमी अपना चेहरा देखकर आत्म-मूल्यांकन कर सकता है और अपनी वास्तविक सच्चाई जान सकता है। यह पुस्तक सर्वत्र एक काउंसलर की भूमिका भी निभाते नजर आएगी। इसका कारण यह है कि यह पुस्तक सकारात्मक सोच के साथ लिखी गई है। इसमें हर प्रकार की अच्छी अच्छी बातें शामिल करने का प्रयास किया गया है। ये बातें समाज का गहनावलोकन हैं।

इस पुस्तक में कुछ ऐसी भी बातें दी गई हैं जो बड़ी समस्यात्मक थीं और जटिल थीं। इनका कोई आसान समाधान दृष्टिगत नहीं होता था। लेकिन, इन समस्याओं का समाधान तीन रूपों में मिला- एक, विपश्यना साधना के दौरान, दो, ब्रह्ममुहूर्त के समय और तीन, कानों में अनायास शब्दों के उच्चरण से। विपश्यना ध्यान की एकाग्रता के दौरान अनेक समस्याओं का समाधान स्वमेव मिल जाया करता था। लेकिन, जब कोई समाधान नहीं मिलता था तब ब्रह्म मुहूर्त के समय यह समाधान मन पर स्वमेव मलाई की तरह तैरने लगता था। इसी तरह, कभी कभी कुछ शब्द अनायास कानों में सुनाई पड़ने लगते थे। ये शब्द भी समस्या का समाधान बन जाते थे।

कहने की जरूरत नहीं है कि आज के युग में कटु बात कहने के अपने जोखिम हैं क्योंकि व्यक्तियों में सहनशीलता का ग्राफ बहुत नीचे गिर गया है। फिर भी, इस पुस्तक के माध्यम से कटु सत्य को सकारात्मक ढंग से कहने की कोशिश की गई है। हो सकता है कि अपनी बात कहने की धुन में किसी व्यक्ति को कोई पीड़ा पहुंचे इसके लिए क्षमार्थी हूँगा।

कोई पुस्तक भगवान बुद्ध के प्रज्ञा सिद्धांत के अंतर्गत तीन आधारों पर लिखी जा सकती है- एक, अध्ययन के आधार पर, दो, चिंतन के आधार पर और तीन, अनुशीलन, संवेदना या स्वानुभूति के आधार पर। किसी पुस्तक में इन तीनों आधारों का अनुपात अलग अलग हो सकता है। कुछ में श्रवण और अध्ययन सामग्री की प्रमुखता हो सकती है तो कुछ में चिंतन मनन की प्रधानता हो सकती है। लेकिन, प्रस्तुत पुस्तक में, अन्य बातों के साथ साथ, संवेदना को प्रमुख आधार बनाया गया है। जब मन पर समाज की किसी घटना की तीव्र प्रतिक्रिया होती थी तब वह घटना संवेदना के रूप में मन पर उतर जाती थी, फलस्वरूप जो सहज निष्कर्ष निकलता था वह पुस्तक की सामग्री बन जाता था। यही कारण है कि यह पुस्तक छोटे छोटे वाक्य, विचार और दृष्टांत के रूप में लिखी गई है। ये सभी विचार मन की सहज संवेदनात्मक प्रतिक्रिया के ही परिणाम हैं।

इस पुस्तक की सभी बातें समास शैली में लिखी गई हैं। इसका कारण यह है कि ये बातें मानव जीवन के विभिन्न पहलुओं को समीप से स्पर्श करती हैं। यदि इन्हें विस्तार दिया जाता तो शायद इनसे अनेक लोग अपनी असहमति व्यक्त करते। समाज में सत्य बात खुलकर कहने पर वह किसी को भी चुभ सकती है। इसलिए, विवाद की स्थिति पर मिट्टी डाली गई है और बात को सकारात्मक मोड़ देकर प्रस्तुत करने की कोशिश की गई है। यह एक लेखक की सामाजिक जिम्मेदारी भी है कि पुस्तक समाज के सामने सच भी प्रस्तुत करे और सकारात्मक बनकर समाज का निर्माण भी करे।

इस पुस्तक के विषय में दो शब्द अवश्य कहना चाहूँगा कि यह पुस्तक मानव जीवन के विभिन्न महत्त्वपूर्ण क्रियाकलापों का एक संकेतात्मक खाका प्रस्तुत करती है। इसमें मानव जीवन के विभिन्न पहलुओं को अलग अलग फ्रेमों में प्रस्तुत किया गया है। ये फ्रेम दर्पण घर के ऐसे भिन्न भिन्न कक्ष हैं जो सभी आयुवर्ग के लोगों को आत्मावलोकन और आत्म चिंतन करने के लिए विवश करते हैं। संक्षेप में कहें तो यह दर्पण घर मानव जीवन का एक बहुआयामी प्रस्तुतीकरण है।

इस पुस्तक में जो भी बातें कही गई हैं वे सामान्य तौर पर पाई जाने वाली बातें हैं। लेकिन, अपवाद हर जगह हैं। इसलिए, किसी भी बात को सर्वसामान्य नहीं माना जाए। यदि कोई बात किसी व्यक्ति को अपने विरुद्ध लगे तो यह उसके लिए नहीं है। उसे हुई किसी प्रकार की असुविधा के लिए करबद्ध खेद है।

यह पुस्तक विभिन्न कोटि के मनुष्यों के मनोभावों और कृत्यों को पढ़कर लिखी गई है। इसमें किसी पुस्तकीय ज्ञान को शामिल नहीं किया गया है। यदि किसी पुस्तक से यह ज्ञान मिलता जुलता है तो यह मात्र संयोग होगा। लोक अनुभूति ही इस पुस्तक के लेखन का आधार है। कहा जा सकता है कि यह पुस्तक समाज का घूमता फिरता आईना है।

कुछ पाठक इस पुस्तक की पाठ्य सामग्री को मॉरल टीचिंग के रूप में समझने की कोशिश कर सकते हैं। यह सत्य भी है। लेखक की निरंतर यही कोशिश रही है कि समाज के हर आयुवर्ग के लोगों को सदमार्ग दिखाया जाए जिससे वे अच्छा जीवन जी सकें और दूसरों के लिए भी अच्छा जीवन जीने के निमित्त बन सकें।

यहाँ एक और महत्त्वपूर्ण बात का उल्लेख करना चाहूँगा कि जब से होश संभाला तब से मन में अनेक महापुरुषों ने जगह बनाई और उन्हें अपने आचरण की धरोहर बनाया। लेकिन, जब माननीय मोदी जी केंद्रीय सत्ता में आए और उनके व्यक्तित्व तथा कृतित्व से परिचय हुआ तब मन बार बार यही कहने लगा कि वे कोई अवतारी पुरुष हैं। एक सामान्य मानव में इतनी अद्भुत ऊर्जा नहीं हो सकती। उनके जन जन के कल्याण के कार्य मन को भाने लगे। ऐसा लगा मानो एक पिता राजा संतान के रूप में देशवासियों की दिन रात परवरिश में लगा है। जनता की समस्याओं और तकलीफों के प्रति दिन रात चिंतन करने के उनके स्वभाव को देखकर मन उनके प्रति कृतज्ञता से भर उठा। फिर, ऐसे अवसर आने पर मन में सहज ही उद्गार जन्मने लगे। इन उद्गारों को ही इस पुस्तक के **'श्रीमोदीनामा'** नामक अभ्यास में शामिल किया गया है। यह समाहन यह सोचकर भी किया गया है कि इस पुस्तक के माध्यम से लोग माननीय मोदी जी के सच्चे मन, करुणा से भरे हृदय और पवित्र आत्मा को जान सकें। ज्यादा क्या कहूं, अपने 61 वर्ष के जीवन काल में माननीय मोदी जी जैसा सा महापुरुष, गुणपुरुष, दैवपुरुष और आध्यात्मिक पुरुष नहीं मिला जिसने इतना अधिक प्रभावित किया हो। माननीय मोदी जी के बारे में कहते हुए मन नहीं थकता है। उन्हें साष्टांग दंडवत प्रणाम करने का मन करता है। ईश्वर! मोदी जी को शतायु बनाए और स्वस्थ रखे जिससे वे भारत की 140 करोड़ जनता को और अधिक समृद्ध तथा खुशहाल बना सकें। माननीय मोदी जी अमर रहें, दिल से बस यही दुआ निकलती है।

यहाँ स्पष्ट करना चाहूँगा कि लेखक किसी राजनैतिक दल विशेष से संबद्ध नहीं है और न ही किसी दल विशेष की नीतियों या विचारधारा का समर्थक

है या विरोधी है। इस पुस्तक में माननीय मोदी जी के प्रति व्यक्त किए गए उद्गार एक सामान्य मानव के हृदय के सहज उद्गार हैं।

यहाँ संवेदनशीलमना माननीय मोदी जी से अपने मन की एक और बात भी कहना चाहूँगा कि इस पुस्तक के अनेक स्थानों विशेष रूप से न्यायनामा तथा समाजनामा, प्रशासननामा और शासननामा में विभिन्न आयु और वर्ग के लोगों की तकलीफों का संक्षिप्त रूप में या सूत्र रूप में उल्लेख किया गया है। लेखक ने इन तकलीफों को या तो स्वयं अनुभूत किया है या प्रत्यक्ष देखा है। अतएव माननीय मोदीजी से अनुरोध है कि यदि हो सके तो इन समस्याओं का कोई उपयुक्त समाधान निकालने का प्रयास करें, समाज अनंत काल तक आपका ऋणी रहेगा।

इस पुस्तक को श्री हरगोविंद सिंह तोमर, सेवानिवृत्त अधिकारी, भारत सरकार एवं राष्ट्रीय महासचिव, अखिल भारतीय क्षत्रिय महासभा और श्री जवाहर लाल चौधरी, सेवानिवृत्त सीईओ, केबीआइसी ने बड़ी बारीकी से पढ़कर और कुछ महत्वपूर्ण सुझाव देकर बोधगम्य तथा यथार्थ बना दिया है। इस महान कार्य के लिए इन दोनों महानुभावों के प्रति हृदय से आभार व्यक्त करता हूं। यहां 79 वर्षीय श्री तोमर साहब का वक्तव्य अवश्य उद्धृत करना चाहूंगा जब उन्होंने कहा कि "इस पुस्तक के एक एक दृष्टांत में जीवनोपयोगी यथार्थ ज्ञान भरा हुआ है। सेंगर साहब आपने अद्भुत कार्य किया है जो समाज के सभी वर्गों को बहुत समय तक प्रकाश देता रहेगा। नि:संदेह, समाज आपके इस महत कार्य के प्रति ऋणी महसूस करेगा। दर्पण घर मुझे अपना ही दर्पण लगा जिसमें मेरी छाया हूबहू दर्पित है"। श्री जवाहर लाल चौधरी ने अपने मन के भाव प्रकट करते हुए कहा कि "दर्पण घर एक सुंदर रचना है। मुझे विश्वास है कि यह मानव जाति के लिए आध्यात्मिक उत्थान हेतु मार्गदर्शक सिद्ध होगी"।

इस पुस्तक में दिए गए उदाहरण प्रतीकात्मक हैं तथा पात्रों के नाम काल्पनिक हैं। इनका किसी भी धर्म, संप्रदाय, पंथ, मत, दल, स्थान और व्यक्ति विशेष से कोई संबंध नहीं है। इसमें व्यक्त किए गए विचार लेखक

के अपने अनुभूतिपरक और साधनागत अनुभव हैं। यदि इनसे किसी विद्वान, शास्त्र, धर्मग्रंथ इत्यादि से कोई असहमति हो तो कृपया अज्ञानी समझकर क्षमा कर दें। असहमति का एक कारण यह भी हो सकता है कि जब अनुभूतिपरक और साधनागत अनुभव लिखे जाते हैं तब वे लीक से हटकर होते हैं। यदि किसी प्रकार की असहमति हो तो उस विचार की उपेक्षा कर दें, महत अनुकंपा होगी।

राजेंद्र सिंह सेंगर
एक विपश्यना प्रेक्टिसनर

यह पुस्तक
राष्ट्र को स्वाधीनता दिलाने वाले
उन सच्चे वीर सेनानियों को

समर्पित है
जो अपने परिवार और प्राणों
की परवाह न कर
देश के लिए बलिदान हो गए।

**ईश्वर! उन सभी महान
आत्माओं को
शांति प्रदान करे।**

अनुक्रमणिका

व्यक्तिनामा
अभ्यास 1 व्यक्तिनामा	2
अभ्यास 2 व्यक्तिनामा	13
अभ्यास 3 व्यक्तिनामा	24
अभ्यास 4 व्यक्तिनामा	35
अभ्यास 5 व्यक्तिनामा	44

युवानामा
अभ्यास 6 युवानामा	52

दंपतिनामा
अभ्यास 7 दंपतिनामा	58

स्त्री-पुरुषनामा
अभ्यास 8 स्त्री-पुरुषनामा	68

वयोवृद्धनामा
अभ्यास 9 वयोवृद्धनामा	80

समाजनामा
अभ्यास 10 समाजनामा	88

प्रशासननामा
अभ्यास 11 प्रशासननामा	102

शासननामा
अभ्यास 12 शासननामा	112
अभ्यास 13 शासननामा	122

श्रीमोदीनामा
अभ्यास 14 श्रीमोदीनामा	132

न्यायनामा
अभ्यास 15 न्यायनामा   142

राष्ट्रनामा
अभ्यास 16 राष्ट्रनामा   158
अभ्यास 17 राष्ट्रनामा   166

लोकनामा
अभ्यास 18 लोकनामा   178
अभ्यास 19 लोकनामा   189
अभ्यास 20 लोकनामा   199
अभ्यास 21 लोकनामा   210

अभ्यास 22 ध्यान की एक वैज्ञानिक साधना -विपश्यना   219

व्यक्तिनामा

अभ्यास 1
व्यक्तिनामा

मनुष्य एक सीधा सरल इंसान नहीं है। वह जटिलता का चलता फिरता नमूना है। उसे जितना ही समझने की कोशिश की जाए वह उतना ही समझ में नहीं आता है। इस अभ्यास में व्यक्ति के मानस को समझने की यथासंभव कोशिश की गई है। साथ ही, उसे राह भी दिखाने की कोशिश की गई है।

▶ व्यक्ति ज्ञान से नहीं अपने चरित्र से महान बनता है।

▶ यदि मनुष्य गलत व्यक्ति से प्रेरणा लेगा तो वह भी एक दिन वैसा ही बन जाएगा।

▶ मद्यपान और चरित्रहीनता एक पारिवारिक शौक है। ये वृत्तियां संस्कारों में ढलती हैं।

▶ व्यक्ति चाहे कितना दूध का धुला हो, दूसरा उसका मूल्यांकन अपने स्वभाव के अनुसार ही करेगा। निर्मल मन का व्यक्ति उसे अच्छा कहेगा और कलुषित मन का बुरा।

▶ व्यक्ति इतनी स्वार्थी है कि यदि उसको अपना हृदय भी काटकर प्लेट में परोस दो, तब भी वह यही कहेगा कि मजा नहीं आया। दुनिया का यही सच है।

▶ जो व्यक्ति जितना बड़ा चालाक है वह उतना ही बड़ा मूर्ख है। चालाक कौए को कौन नहीं जानता कि वह खाने में क्या पसंद करता है और कहाँ बैठता है?

▶ यदि व्यक्ति के पास बुद्धि और बल का सम्यक संतुलन है तो कोई उसका बाल बांका नहीं कर सकता।

- जो व्यक्ति न्याय के साथ नहीं खड़ा होता है, वह एक पशु के अलावा कुछ नहीं है। वह उस पशु की तरह है जो एक तमाशबीन की तरह खड़ा हुआ अपने साथी को सिंह के मुंह में जाते हुए देखता रहता है।
- अपराधी प्रवृत्ति के व्यक्ति का शक्तिशाली होना समाज के लिए अशुभ संकेत है। वह ताकतवर होकर निश्चित ही समाज को पीड़ा देगा।
- जो व्यक्ति लक्ष्यहीन जीवन जीता है वह कभी अपने लक्ष्य तक नहीं पहुंच पाता। लेकिन, जो व्यक्ति लक्ष्य निर्धारित कर जीवन जीता है वह एक दिन अपने लक्ष्य तक अवश्य पहुँच जाता है।
- एक सत्पुरुष इसलिए यश कमाता है कि उसकी संततियाँ सम्मानजनक जीवन जीएं। इसी तरह, एक कुपुरुष भी अपनी संततियों को सम्मानपूर्ण जीवन देने के लिए अपयश कमाता है।
- व्यक्ति अपनी सहिष्णुता की एक हद अवश्य तय करे। वह उस हद के पश्चात ही प्रतिक्रिया व्यक्त करे, यही बुद्धिमानी है।
- संस्कारों के बिना किसी व्यक्ति को सुधारा नहीं जा सकता। संस्कार मन की मनमानी को रोकने की आंतरिक ताकत हैं।
- बुद्धिमान व्यक्ति के पास कुटिलता एक ताकतवर हथियार है। सामान्य व्यक्ति इस शस्त्र से सावधान रहें।
- हरेक व्यक्ति अपनी प्राथमिकताओं के अनुसार कार्य करता है, चाहे यह कार्य अच्छा हो या बुरा, तभी उसकी वृत्तियां तुष्ट होती हैं।
- यदि व्यक्ति गलती पर हो तो उसे स्व-चिंतन का मौका अवश्य दें। इस विराम से वह अपनी गलती समझ लेगा और अपने में सुधार कर लेगा।
- यदि व्यक्ति स्वस्थ है तो उसे दुनिया के सभी रिश्ते सहज दिखेंगे और यदि अस्वस्थ है तो उसे सभी रिश्ते असहज दिखेंगे। केवल अच्छा स्वास्थ्य ही जीवन जीने का असली आनंद है।

- जब व्यक्ति कभी अपनी दब्बू वृत्ति के चलते किसी व्यक्ति को उपयुक्त जवाब नहीं दे पाता है तब उसे पश्चाताप होता है। लेकिन, कुछ समय पश्चात वह यह सोचकर बड़ा प्रसन्न होता है कि उसने जवाब न देकर ठीक ही किया। इससे उसके रिश्ते खराब होने से बच गए। इसलिए हमेशा याद रखें कि हर बात का जवाब ही दिया जाए, कोई जरूरी नहीं है।

- किसी व्यक्ति की मदद करने के पहले उसकी पात्रता की जांच अवश्य कर लें। कुपात्र की मदद करने से उसको ताकत मिलती है और आपके पुण्यों का क्षय होता है।

- जिस व्यक्ति में शासक होने के जींस मौजूद हैं, वह नियम-कानून को मानने में विश्वास नहीं रखता।

- महत्वपूर्ण दस्तावेजों को ध्यानपूर्वक पढ़ने की आदत बनाएं। इससे भविष्य में अनेक समस्याएं नहीं आएंगी।

- जो व्यक्ति अपने कार्य को अनुभूत करते हुए करता है उसके कार्य में गुणवत्ता बढ़ जाती है।

- जो व्यक्ति अभिशाप जैसी नकारात्मक शक्ति का आवाहन नहीं करता है उसका मन शक्तिशाली हो जाता है। उसके जीवन में सकारात्मक ऊर्जाएं सुखद परिणाम देने लगती हैं।

- आदमी अपनी तारीफ चाहता है, दूसरे की नहीं। किन्तु, वह दूसरे को देवता के रूप में देखना चाहता है, अपने को नहीं।

- आज विडंबना यह है कि व्यक्ति गलती करके भी अपनी गलती नहीं मानता।

- कभी किसी कार्य के लिए अपनी पीठ नहीं थपथपाएं। हर कार्य को अपना दायित्व समझकर करें। जग वाले आपकी पीठ आपही थपथपाने आ जाएंगे।

- सुव्यवस्थापसंद व्यक्ति हर व्यक्ति चिंतन की मुद्रा में रहता है क्योंकि उसे हर जगह सुधार की गुंजाइश दिखती है।
- आज ज्यादातर लोग बहती बयार के साथ बहना पसंद करते हैं। उनके पास न अपना स्वाभिमान है और न सिद्धान्त। ये लोग बिना रीढ़ के केचुए हैं।
- गुंडा प्रवृत्ति के व्यक्ति को डराकर ही रखें। जिस दिन उसका डर खत्म हो जाएगा वह अन्याय-अत्याचार करने में देरी नहीं करेगा। अन्याय एक गुंडे की सहज प्रवृत्ति है।
- अन्याय और भ्रष्टाचार ने व्यक्ति को सहनशील बना दिया है। न्याय की स्थापना के लिए व्यक्ति की यह आदत ठीक नहीं है।
- यदि व्यक्ति न्याय के साथ डटकर खड़ा होता है तो अन्यायी के मन में खौफ भरता है। धीरे धीरे अनेक लोग उसके समर्थन में आ खड़े होते हैं। अंततः, अन्यायी परास्त होता है।
- आज आदमी इतना अधिक चालक हो गया है कि जिस व्यक्ति से उसे अपने अस्तित्व का भय होता है वह उसे सिर झुकाता है और जिससे उसे कोई भय नहीं होता है वह उसका अनुशासन नहीं मानता है। उदाहरण के लिए, एक युवा पुत्र माता-पिता की बात को नहीं मानता है, लेकिन वह अपने नियोजक की बात सिर झुकाकर स्वीकार करता है।
- हरेक व्यक्ति अपने कौम की सामूहिक मानसिकता को ही जीता है।
- साले को कभी अपने घर में जगह नहीं दें। घर में रहकर वह अपनी बहन को मजबूत करेगा और बहनोई की स्थिति कमजोर करेगा जिससे पति-पत्नी के बीच दरार पैदा होगी। यहाँ महाभारत के मामा शकुनि को कभी नहीं भूलना चाहिए।
- भयग्रस्त व्यक्ति अपनी बात ठीक ढंग से नहीं रख पाता है जिससे समस्या और गंभीर हो जाती है।

- आज व्यक्ति दिन रात धन कमाने की होड में लगा है। लेकिन, वह शांति कमाने की किसी प्रतिस्पर्धा में नहीं है। धन कब तक साथ देगा? पता नहीं। यदि जीवन में शांति आ गई तो व्यक्ति किसी अमीर से कम नहीं है।
- सकारात्मकता का निरंतर परिचय देने से एक दिन नकारात्मक व्यक्ति भी अपना दृष्टिकोण बदल लेता है।
- चतुर लोग सीधे-सरल इंसान को आसान चारा समझते हैं। सीधे-सरल लोग चतुर इंसान से दूर ही रहें।
- यदि मधुरभाषी व्यक्ति कटु बोलने लगे तो समझ लें कि उसके साथ कोई समस्या है। यदि वह हिंसा पर उतर आए तो समझ लें कि उसकी समस्या और भी गंभीर है।
- विवेकशील पुरुष हमेशा उस अवसर की तलाश में रहता है जब वह एक तीर से कई निशाने कर सके।
- समाज सुधारक जितना चिंतन करता है वह उतना ही परेशान होता है। इसका कारण यह है कि वह इन पलों को जीता है।
- चालाक व्यक्ति स्वार्थ पूर्ति की कला में बड़ा निपुण होता है। वह एक पल में संबंध जोड़ लेता है और एक पल में तोड़ लेता है।
- यदि व्यक्ति के पास शक्ति है तो वह उसका सदुपयोग करे। वरना उसके पास शक्ति होने का कोई औचित्य नहीं है। वह व्यर्थ जीवन जी रहा है।
- व्यक्ति चाहे कितना बदल जाए, लेकिन वह अपनी नस्लगत विशेषता नहीं छोड़ पाता है।
- यदि चिंतन चिंता में बदलने लगे तो समझ लें कि मस्तिष्क की दशा कमजोर है और यदि चिंतन शीघ्र समाधान खोज ले तो समझ लें कि मानसिक दशा मजबूत है। व्यक्ति इस कसौटी पर कसकर अपने मानस को परखे।

- अनुसंधान के बारे में कबीरदास जी ने बड़ी सटीक सलाह दी है- जिन खोजा तिन पाईयां गहरे पानी पैठ, मैं बपुरा बूड़न डरा रहा किनारे बैठ, अर्थात वही व्यक्ति नई खोज कर पाता है जो गहराई तक जाने की क्षमता रखता है।
- एक साधक को हर समय अंतर्मुखता में रहने से सांसारिक व्यवहार में कठिनाई आती है।
- परिवार के साथ जिद ठानने के पहले कई बार इसके पक्ष-विपक्ष में सोचें। परिवार में जिद नुकसानदायी होती है।
- सिद्धांतवादी व्यक्ति रिश्ता बिगाड़ लेगा, लेकिन गलत कार्य नहीं करेगा। सिद्धांतवादी व्यक्ति से कभी पक्षपात की उम्मीद नहीं करें।
- व्यक्ति को हर विरोध की कीमत चुकानी पड़ती है। इसलिए जब कोई विरोध करें तब पहले शक्ति एकत्र कर लें।
- रचनाकार अपनी कृति प्रकाशित होने तक गोपनीय रखें। कृतियों के चोर हर जगह मौजूद हैं।
- जो व्यक्ति जीवन में कई बार हार चुका है उसके लिए हार एक सामान्य घटना है। लेकिन, जो व्यक्ति केवल विजयी रहा है उसके लिए हार एक विक्षिप्तकारी घटना है।
- जब डर स्वभाव बन जाता है तब व्यक्ति की ऊर्जा सूख जाती है।
- अच्छी बातें फैलाते रहें। एक दिन इन बातों को मानने वालों की संख्या बहुत बड़ी होगी, यह निश्चित है।
- जब स्वरचना पढ़ने में, वास्तव में, आनंद की अनुभूति होने लगे तब समझ लें कि यह रचना सभी को पसंद आएगी। प्रकृति ने सभी मानस एक जैसे बनाए हैं।
- बुद्धिमान निरर्थक बात में भी काम की बात खोज लेता है, यही उसकी कुशाग्रता है।

- व्यक्ति के साथ दया-धर्म केवल एक-दो बार ही दिखाएं, यही व्यावहारिकता है।
- अभाव व्यक्ति को चोरी करने के लिए प्रेरित करता है और अपराध कराता है। अभाव जीवन का सबसे बड़ा दुःख है।
- इस युग में यदि व्यक्ति बाइज्जत अपना जीवन यापन कर ले जाए तो यह उसके पुण्यों का प्रताप है।
- मन में कभी किसी डर को स्थायी नहीं बनाएं। यदि कोई डर है तो उसे निकालकर ही दम लें। नहीं तो जीवन जीना दूभर हो जाएगा।
- जब तक व्यक्ति को चोट नहीं लगती है तब तक वह सुधरता नहीं है। आज व्यक्ति की यही बड़ी समस्या है।
- मनुष्य की यह विचित्र मानसिकता है कि जब श्रेय लेनेवाली बात आती है तब सभी टूट पड़ते हैं और जब ज़िम्मेदारी लेने वाली बात आती है तब सभी एक दूसरे का मुँह ताकने लगते हैं। इसी तरह, जब गलती स्वीकार करने की बात आती है तब सभी अपना अपना पल्ला झाड़ लेते हैं और गलती दूसरे के सिर मंढने में लग जाते हैं।
- कुरूप व्यक्ति का मन बहुत सुंदर होता है। वह अप्रतिम सौंदर्य की कल्पना करता है।
- बिना वाद-विवाद के किसी व्यक्ति के अंतरमन को जानना बड़ा मुश्किल है।
- अफवाह को तब तक सही नहीं मानें जब तक पूरी जानकारी नहीं कर लें। अफवाहें अक्सर झूठी होती हैं।
- जहरीला व्यक्ति जहर ही उगलेगा। भला नाग कभी विषहीन हो सकता है?
- हर व्यक्ति के जीवन में एक कठिन दौर आता है। इस समय कोई बड़ा निर्णय लेने से बचें।

- इंसान का अस्तित्व पानी के बुलबुले से कुछ ज्यादा नहीं है जो पलक झपकते फूट जाता है। अणुवत कोरोनावायरस ने यह सिद्ध कर दिया है।
- जो जिसका पात्र है दुनिया उसके साथ वैसा ही व्यवहार करती है।
- आज जो व्यक्ति जितना बड़ा बहुरूपिया है उसकी सफलता की गारंटी उतनी ही अधिक है।
- कुटिल व्यक्ति पर कभी भरोसा नहीं करें, चाहे वह दंडवत ही क्यों न हो जाए?
- घर में बुद्धू बने रहें गृहशांति बनी रहेगी।
- बड़े लोगों के मुंह से की गई प्रशंसा व्यक्ति में ऊर्जा भरने का कार्य करती है।
- मुफ्त का माल व्यक्ति को अकर्मण्य बनाता है। फिर भी मनुष्य मुफ्त के माल की अभिलाषा रखता है।
- बेईमान के मुख से कभी ईमानदार व्यक्ति की प्रशंसा नहीं निकलती।
- आज व्यक्ति दूसरे की सही बात भी नहीं सुनना चाहता है। उसे तो बस अपनी बात सही लगती है।
- दुश्मनी के सभी मोर्चे एक साथ नहीं खोलें। कुछ शत्रुओं को मौन रहकर निष्क्रिय रखें, कुछ शत्रुओं को अपनी तरफ मिलाने की कोशिश करें और शेष से जंग लड़ना जारी रखें।
- कमजोर इंसान ताकतवर प्रतिद्वन्द्वी पर कुत्ते की तरह भौंके। भूँकना कमजोर का एक सशक्त हथियार है।
- व्यक्ति तीन चीजों के प्रति अपने प्रेम को नहीं छोड़ पाता है- माँ, मातृभूमि और मातृभाषा। पशु-पक्षी भी इनके प्रति मोह रखते हैं।
- कमजोर व्यक्ति के लिए दुष्ट की अधीनता स्वीकार नहीं करना उससे शत्रुता मोल लेने के समान है।

- मनुष्य इतना कृतघ्न है कि उसे जैसे ही डकार आती है, वह अन्नदाता पर ही सवाल दाग देता है।
- किसी समस्या से ज्यादा परेशान नहीं हों। हर समस्या का हल मानस में मौजूद है। सही चिंतन करने पर यह समाधान मानस में नवनीत की तरह तैरने लगता है।
- जो व्यक्ति अपने सिद्धांतों पर स्तंभ की तरह अड़ा रहता है एक दिन नकारात्मक ताकतें उसके सामने सिर झुकाती हैं।
- सत्य बात को जब तक असरदार व्यक्ति नहीं बोलता है तब तक उस पर विश्वास कम ही किया जाता है। लेकिन, झूठी बात एक साधारण आदमी के द्वारा भी बोल दिए जाने पर बहुसंख्यक उस पर विश्वास करने लगते हैं।
- उदासी अवसाद की ओर ले जाती है। इसलिए न स्वयं उदास हों और न अपने निकटजनों को उदास होने दें।
- यह दुनिया का दस्तूर है कि व्यक्ति जितना डरेगा, दुनिया उसको उतना ही डराएगी।
- परेशान व्यक्ति की थोड़ी-सी भी मदद उसे बहुत बड़ा संबल प्रदान करती है।
- व्यक्ति के अधिकांश झगड़े स्वयं को ज्यादा बुद्धिमान समझने की वजह से हैं। आज हर आदमी अपने माथे पर बुद्धिमान होने की पट्टी लगाए घूम रहा है।
- चरित्रवान व्यक्ति के चरित्र पर किया गया हमला प्राणांतक होता है।
- जो गलत बात आज आपके लिए सहारा बन रही है, वह कल आपके लिए कांटा बनेगी। गलत बात हमेशा गलत होती है।
- व्यक्ति को केवल एक बार सलाह दें। बार बार सलाह देने से आपका मूल्य समाप्त हो जाएगा।

- मनुष्य और ईश्वर के सृजन में मूलभूत अंतर यह है कि ईश्वर हर चीज को फूलप्रूफ बनाता है, लेकिन इंसान की कृति में कोई न कोई त्रुटि अवश्य रह जाती है।
- चलती गाड़ी के साथ सभी खड़े हो जाते हैं। गाड़ी रुक जाने पर कोई बिरला ही हाथ देता है। इसलिए, ऐसा कोई कार्य नहीं करें जिससे जीवन की गाड़ी कभी रुके।
- नीली आँखोंवाले व्यक्ति समुद्र की तरह गहरे होते हैं। इन्हें समझना आसान नहीं होता।
- आज जो सबसे बड़ा नौटंकीबाज है, वही सफल है।
- चालाक आदमी कभी किसी का सगा नहीं होता। वह अपने स्वार्थ सिद्धि के लिए कब दांव दे देगा? पता नहीं चलेगा।
- जब व्यक्ति ख्याति के चरम पर पहुँचता है तब वह अपने को सर्वगुण सम्पन्न समझता है।
- चालाक की मित्रता में कभी जान जोखिम में नहीं डालें। चालाक व्यक्ति अवसर आने पर आपको मरता हुआ छोड़कर चल जाएगा।
- अव्यवस्था, अकर्मण्यता और भ्रष्टाचार का पोषक व्यक्ति परिवर्तन से घबराता है।
- व्यक्ति को बिना जाने उसके बारे में कोई सुनी-सुनाई राय नहीं बनाएं। यह पूर्वाग्रह है।
- ज्यादा भावुकता मूर्खता है। भावुकता में लिए गए निर्णय पश्चातापकारी होते हैं।
- झूठ, छल और धोखेबाजी व्यक्ति के संस्कारों में होती है। समय आने पर वह इन्हें अवश्य प्रकट करेगा।
- सर्प स्वभाव के व्यक्ति को दूर से प्रणाम करें। कभी उससे नजदीकी नहीं बढाएं।

- चालाकी मनुष्य की एक ऐसी वृत्ति है जो हर किसी को मूर्ख समझती है।
- किसी व्यक्ति को जुबान से नहीं, हृदय से जानें। व्यक्ति को जानने का यह सर्वोत्तम तरीका है।
- चालाक आदमी कमजोर दिमाग के व्यक्ति को अपना शिकार बनाता है और बुद्धिमान से सावधान रहता है।
- मनोविनोद उसी से करें जो खुले दिल का हो। बिना व्यक्ति को जाने मनोविनोद झगड़ा करा देगा।
- चालाक आदमी वहीं जुड़ता है जहां सत्ता होती है।
- आज सिद्धांतवादिता का युग नहीं है। सिद्धांत पालने का मतलब है- कदम कदम पर दुःखी होना।

*****

अभ्यास 2
व्यक्तिनामा

आज इंसान के नैतिक मूल्यों में तेजी से गिरावट हो रही है। वह अपने स्वार्थ के आगे रिश्ते नाते सब भूल गया है। वह स्वार्थ का पुतला बन गया है। ऐसे ही इंसानों को आईना दिखाने के लिए यह अभ्यास लिखा गया है और उसे सुमार्ग भी दिखाने की कोशिश की गई है।

- ► डॉक्टर पृथ्वी पर ईश्वर का भी प्रतिनिधि है और यमराज का भी। वह व्यक्ति को जीवन दे सकता है और उसे मौत की नींद सुला सकता है। अब उसे तय करना है कि वह कौन सी भूमिका पसंद करता है।

- ► खरा आदमी किसी को पसंद नहीं आता।

- ► कभी इतने सरल नहीं बनें कि लोग ठग ही लें।

- ► यदि अच्छा कार्य किया है तो असफल होने पर कभी पश्चाताप नहीं करें।

- ► प्रतिभा का प्रसार परदेश में ही होता है। अपने तो बढ़ती लोकप्रियता से ईर्ष्या ही करते हैं।

- ► किसी के लिए प्राण दें, यही अच्छी बात है। किंतु, इस बात की कोई गारंटी नहीं है कि वह व्यक्ति भी आपके लिए प्राण दे देगा। इसलिए बहुत सोच समझकर किसी के लिए प्राण दें।

- ► किसी कमी को व्यक्ति के मुँह पर बोल देना काने को काना कहने के समान है। बुद्धिमान इस वृत्ति से बचते हैं।

- ► यदि मनमुटाव हो तो हंसी मजाक से बचें। इसका दोहरा अर्थ निकाला जा सकता है जिससे रिश्ते और खराब हो सकते हैं।

- यदि व्यक्ति कान का कच्चा है तो वह बिना अक्ल का इंसान है। उसने अपने आसपास अनेक सर्प पाल रखें हैं। किन्तु, उसे इस बात का एहसास नहीं है।
- चुगलखोरी और चाटुकारिता सहज गुण हैं। इन्हें किसी से सीखा नहीं जाता। ये विरासत में मिलते हैं।
- इंसान इतना गिर गया है कि आप जिसे ऊपर उठाएंगे, वही आपको नीचे गिराने की कोशिश करेगा।
- बिना पेंदी के लोटेवाले स्वभाव के व्यक्ति से बहुत सावधान रहें। यह व्यक्ति किसी का सगा नहीं होता। वह आज आपके साथ है, कल विरोधी के साथ खड़ा होगा। रिश्तों को इस्तेमाल करना उसका स्वभाव है।
- यदि किसी को वश में करना है तो उसे लालच की अफीम पिला दें। फिर, वह आपके इशारे पर नाचेगा।
- यदि व्यक्ति अपने साथ हुए अन्याय का विरोध नहीं करेगा तो लोग उसे ही गलत समझ बैठेंगे।
- यदि किसी स्थान पर अपना प्रभाव बढ़ाना है तो वहाँ पहुँचने के पहले अपना यश भेज दें, वहाँ आपका प्रभाव अप्रत्याशित रूप से बढ़ जाएगा।
- आदमी को एक बार नहीं दस बार पढ़ें। आदमी एक चेहरे पर दस चेहरे लगाने की कला जानता है।
- जिस व्यक्ति के डीएनए में अपराध है, उसे केवल कठोर दंड देकर ही सुधारा जा सकता है।
- महान व्यक्ति की आलोचना बहुत सोच-समझकर करें। इससे बाद में, पश्चाताप की अनुभूति होती है।

- जब तक व्यक्ति दो चेहरे लगाकर व्यवहार करता है तब तक कोई रिश्ता मजबूत नहीं हो सकता।
- बुद्धिमान व्यक्ति मधुमक्खी की तरह सत्ता के आसपास मंडराता है और सत्ता का मधुपान करता है।
- महापुरुष कभी बदले की आग में नहीं जलते। वे जानते हैं कि प्रतिशोध से दूसरे की कम स्वयं की क्षति ज्यादा होती है।
- गुणशील व्यक्ति जिस इंसान से दूर भागने लगे तो समझ लें कि वह एक छँटा हुआ इंसान है।
- व्यक्ति की अतिचातुर्यता ज्यादातर मामलों में अपनी ही हानि कर डालती है।
- चार लोगों से मिलना जुलना और बातचीत करना ही जीवन है। संसारी व्यक्ति के लिए एकांत जीवन नहीं है।
- संसार में बढ़ रहे लड़ाई झगड़ों का एक बड़ा कारण व्यक्ति का प्रतिक्रियावादी होना है। आज मनुष्य का सहनशील स्वभाव लुप्त हो गया है।
- यदि परदेश में रहकर राजनीति करें तो केवल सकारात्मक राजनीति करें। यहाँ आक्रामक राजनीति अहितकारी होगी क्योंकि स्थानीय लोग कुपित हो उठेंगे।
- व्यक्ति को अपनी महानता के लिए कभी घर में सम्मान नहीं मिलेगा। उसे जो भी सम्मान मिलेगा, बाहरी लोगों के द्वारा मिलेगा। इसलिए कभी अपने लोगों के बीच महानता का ढिंढोरा नहीं पीटें।
- संभाषण के समय दिल से अवश्य कनेक्ट रहें। यदि तथ्य भावना संमिश्रित होंगे तो श्रोता तुरंत ही कनेक्ट हो जाएंगे।

- डिजिटल दुनिया में अनेक चोर, डकैत आपकी पूंजी पर घात लगाए बैठे हैं। जैसे ही उन्हें आपकी लापरवाही का पता चलेगा, वे इसे लूट लेंगे।

- सिद्धांतविहीनता से उन्नति के शिखर पर तो चढ़ा जा सकता है। लेकिन, यह शिखर कितने दिन अक्षुण्ण रहेगा, इस बात की कोई गारंटी नहीं है। अनेक लोग इस शिखर पर पहुँचने का प्रयास कर रहे हैं। जो भी ताकतवर इस शिखर पर पहुँचेगा वह कमजोर को गिराकर ही दम लेगा।

- मनुष्य अपने पक्ष में परिभाषाएं गढ़ने में बहुत चतुर है। वह जब पशु-पक्षी की हत्या करता है तब कहता है कि उनको काट दिया गया और जब आदमी को काटता है तब कहता है कि उसकी हत्या कर दी गई। ईश्वर ने पेड़, पशु-पक्षी और मनुष्य सभी में समान रूप से जीव डाला है। फिर, जीव-जीव में फर्क कैसा?

- जीवन में गिरगिट बनकर, गैंडा बनकर और श्वान बनकर सफलता पाई जा सकती है। लेकिन, ये सफलता की सम्माननीय कोटियां नहीं हैं।

- सिद्धांतों पर चलना सतयुगी आचरण है और सिद्धांतविहीन होकर जीवन जीना कलियुगी।

- आज सज्जन शब्द अपनी गरिमा खो चुका है। अब यह कमजोर व्यक्ति के लिए किया जाने वाला सम्बोधन है।

- दृढ संकल्पवान व्यक्ति को शुरू शुरू में शेखचिल्ली कहा जाता है। कालांतर में, वही युग परिवर्तक साबित होता है।

- समाज में नकारात्मकता फैलाना राक्षसी कार्य है। सनातन धर्म में यह कार्य राक्षस किया करते थे।

- यदि सार्वजनिक जीवन में सफल होना है तो सहज भावनाओं का गला घोंट दें।

- सत्ता की प्रशंसा करना सीखें। सफल जीवन जीने के लिए यह एक श्रेष्ठ कला है।
- जो व्यक्ति मौसम के अनुसार रंग बदलता है, वह किसी का नहीं हो सकता। वह अवसरवादी है।
- अधिनायकवादी वृत्ति का व्यक्ति किसी की नहीं सुनता। वह केवल अपनी सुनाता है।
- सम्पन्न लोग गरीब के प्रति अपनी सोच सकारात्मक रखें। वे सोचें कि जैसे उनके परिवार को भूख लगती है वैसे ही गरीब के परिवार को भी भूख लगती है। वे प्रयास करें कि गरीब का चूल्हा जले और कोई व्यक्ति भूखा न सोए।
- जहाँ आदर न हो वहाँ कभी अच्छी सलाह नहीं दें। ऐसी जगह मौन रहें, सम्मान बना रहेगा।
- अपने हितों की रक्षा के लिए राजनीति के प्रति जागरूक बनें। जहां राजनैतिक जागरूकता नहीं है, वहाँ लोग बड़ी आसानी से चालाक राजनीतिज्ञों द्वारा ठगे जाते हैं।
- मतभेद के बाद मनभेद होना स्वाभाविक है। इसीलिए, बुद्धिमान लोग प्रांरभ में ही मतभेद को सुलझा लेते हैं।
- अक्खड़ व्यक्ति को विनम्रता से अनुकूल बनाएं।
- यदि नायक के पास साहस नहीं है तो उसे अपने लोगों को आग में झोंकने का कोई अधिकार नहीं है।
- जिस घर के लोग अपने मन के होते हैं, उस घर की आवाजें चहारदीवारी के बाहर गूँजती हैं।
- जो व्यक्ति अपनी ही नजरों में गिर जाए, उसे दुनिया की कोई ताकत ऊपर नहीं उठा सकती।

- इस पृथ्वी पर सबसे खतरनाक प्राणी सिद्धांतहीन व्यक्ति है। वह केवल स्वार्थ के लिए जीता है। उसके लिए धर्म, नियम, आदर्श और मूल्य सब बेमानी हैं।
- सिद्धांतवादी व्यक्ति के मित्र ज्यादा नहीं होते क्योंकि वह हमेशा न्याय के साथ खड़ा होता है, संबंधों के साथ नहीं। उसकी दृष्टि में न्याय संबंधों से ऊपर है।
- व्यक्ति का सिर्फ अच्छा होना पर्याप्त नहीं है। उसे अच्छे लोगों के समर्थन में भी खड़ा होना चाहिए, तभी उसे अच्छा कहा जाएगा।
- जैसे जहरीले नाग का फन कुचल देने में ही भलाई है वैसे ही दुश्मन के मनोबल को तोड़ देना बुद्धिमानी है।
- पापी लोग ईमानदार के पीछे इसलिए पड़ते हैं क्योंकि उन्हें भय है कि एक दिन वह उनके पापों की फैक्टरी बंद करवा देगा या उनका भंडाफोड़ कर देगा।
- ज्यादा ईमानदारी आत्मघाती है। ईमानदारी में चुटकी भर बौद्धिक बेईमानी भी होनी चाहिए।
- बुद्धिमान व्यक्ति ताकतवर के विरुद्ध अमूमन दो अस्त्रों का प्रयोग करता है- एक, चरित्र हनन और दूसरा, जातीय आक्षेप।
- चाहे पशु हो या मनुष्य जिसे भी खून का स्वाद लग जाता है, उसे फिर हत्या करने में कोई संकोच नहीं होता है।
- आज मनुष्य को ईश्वर नहीं चाहिए। उसे अपनी मनवांछित वस्तुओं को प्राप्त करने के लिए मात्र ईश्वर का आशीर्वाद चाहिए।
- बुद्धिमान आदमी कठिन परिस्थितियों में महत्त्वाकांक्षी को आगेकर लड़ाई लड़ता है और परिस्थितियां अनुकूल हो जाने पर उसे पीछे ढकेलकर स्वयं आगे हो जाता है।

- जो व्यक्ति न्याय और अन्याय में फर्क नहीं करता है, वही राक्षस है और जो न्याय और अन्याय के बीच फर्क करता है, वही सुर है। सुर और असुर इसी समाज में रहते हैं। वे किसी दूसरी दुनिया में नहीं रहते हैं।
- बुद्धिमान व्यक्ति कठिन परिस्थितियों में त्याग का मार्ग अपना लेगा, लेकिन कभी अपराध का मार्ग नहीं चुनेगा।
- प्रतिभाशाली व्यक्ति जब तक सफलता की सीढ़ियाँ नहीं चढ़ जाए तब तक लो-प्रोफाइल में ही रहे, यही उसकी बुद्धिमानी होगी। समाज का हाजमा दुरुस्त नहीं है।
- मित्रता और परिवार के आपसी मतभेद मिल बैठकर सुलझा लें। तीसरे व्यक्ति को अपनी व्यथा बताकर संबंधों को और नहीं उलझाएं।
- अपने हाथ से लगाए गए पेड़ से जब फल प्राप्त होते हैं तब अपार खुशी मिलती है। सच है कि मेहनत के फल का स्वाद बेमिसाल होता है।
- मित्रों के बीच जो समय कटता है, वह अमूल्य थाती है।
- यदि आत्मशक्ति नहीं हो तो कभी इतनी ऊँची उड़ान नहीं उड़ें कि घात लगाए बैठा बाज एक झटके में दबोच ले।
- जब तक व्यक्ति के शत्रु की निंदा आलोचना नहीं की जाए तब तक उसके प्रति लॉयल्टी साबित नहीं होती। यह एक विचित्र सत्य है।
- दुष्ट से झगड़ा बचाने की जितना कोशिश करेंगे, झगड़े की संभावनाएं उतनी ही बढ़ती जाएंगी। दुष्ट केवल दुष्टता की भाषा जानता है।
- जो कर्मठ है वह चुपचाप काम करता है, लेकिन जो कामचोर है वह काम कम शोर ज्यादा मचाता है।
- इतिहास गवाह है कि हमेशा कमजोर को ही मारा गया है। इसलिए, हर व्यक्ति, समाज और देश का अनिवार्य कर्तव्य है कि वह ताकतवर बने।
- कभी किसी गरीब के पैसे नहीं छीनें। गरीब व्यक्ति आत्मा की गहराइयों से अभिशाप देता है जिसमें वज्र की शक्ति होती है।

- कभी ताकतवर मित्र के बल पर गलतफहमी नहीं पालें। मित्र अपने स्वार्थ के अनुसार ही आपका साथ देगा।
- यदि बड़े लक्ष्य में लगे हो तो छोटे-मोटे अवरोधों की उपेक्षा कर दें। इनसे उलझने पर आपकी काफी ऊर्जा अपव्यय हो जाएगी। लक्ष्य बड़ा हो तो सोच भी बड़ी कर लें।
- चाहे कैसी भी परिस्थितियां आ जाएं, कभी गैरों के सामने अपने परिजनों की निंदा नहीं करें। नहीं तो एक दिन पश्चाताप करना पड़ेगा।
- यदि दुष्ट आपको बदनामकर समाज में कलंकित करने का कुचक्र रचे तो आप भी उसके विरुद्ध ऐसे ही अस्त्र का प्रयोग करें। लोहे को लोहा ही काट सकता है, सोना नहीं।
- मनुष्य की यह कितनी बड़ी विडंबना है कि वह उस गलती के लिए दूसरे व्यक्ति को माफ नहीं कर पाता है जिसे करने में उसे कोई गुरेज नहीं होता है।
- कुटिल व्यक्ति की किसी बात पर विश्वास नहीं करें। यह व्यक्ति विश्वास हासिल करने के लिए अनेक हथकंडे अपनाता है और विश्वास में लेकर धोखा देता है।
- इंसान इतना स्वार्थी है कि वह उसी भगवान को मानता है जिससे उसकी स्वार्थपूर्ति होती है। बिना स्वार्थ के उसके लिए भगवान भी व्यर्थ है।
- आज इंसान कितना एहसानफरामोश हो गया है? इसका अंदाजा इस बात से बड़ी आसानी से लगाया जा सकता है कि आप किसी व्यक्ति पर अपने प्राण ही क्यों न न्योछावर कर दें? यदि आपसे थोड़ी-सी भी गलती हो गई तो वह आपको तुरंत अपना विरोधी मान लेगा और निंदा-बुराई शुरू कर देगा।
- सिद्धांतहीन व्यक्ति उस गणिका की तरह है जो उचित मूल्य मिल जाने पर अपना सब कुछ सौंपने को तैयार हो जाती है।

- व्यक्ति चाहे कितना परिष्कृत हो जाए, उसका मूल चरित्र कभी नहीं बदलता।
- जैसे एक वीर पुरुष वीरता में किसी को आगे नहीं निकलने देना चाहता, वैसे ही एक यशस्वी पुरुष किसी को अपने से अधिक यशस्वी नहीं देखना चाहता।
- जो डरवा लेता है उसे सम्मान मिलता है और जो डर जाता है लोग उससे नजरें फेर लेते हैं। दुनिया की यही वास्तविकता है।
- बिना स्वार्थ के कोई रिश्ता नहीं बनता। जहां स्वार्थ नहीं है वह रिश्ता केवल भगवान और संन्यासी का है, मनुष्य का नहीं।
- संसार में जो निर्बल है उसे एक दिन ताकतवर का निवाला बनना ही पड़ेगा, प्रकृति का यही न्याय है। बकरे की माँ कब तक खैर मनाएगी?
- साँप को चाहे कितना दूध पिलाएं वह कभी निर्विष नहीं हो सकता। इसी तरह, दुष्ट व्यक्ति की चाहे कितनी खातिरदारी की जाए वह मौका पाकर डस ही लेगा।
- कभी चमत्कार से चमत्कृत नहीं हों। चमत्कार एक ठग विद्या है। जरा सोचकर देखें कि चमत्कार करनेवाले को अंत में पैसे की ही क्यों दरकार होती है? यदि उसके पास दैवीय शक्ति है तो वह पैसे क्यों नहीं सृजित कर लेता? चमत्कार केवल हाथ की सफाई है और कुछ नहीं।
- मौलिक चिंतक यथास्थितिवादी लोगों के लिए प्रतिद्वन्द्वी हैं।
- कभी किसी का अपमान नहीं करें। ऐसे समय हमेशा सोचें कि यदि स्वयं के साथ ऐसा व्यवहार किया जाए तो कैसा लगेगा?
- आज कुछ ऐसे बहुरुपिए गुरु हैं जो पहले किसी सुंदर युवती को पुत्री के रूप में संबोधित कर अपनी विश्वसनीयता कायम करते हैं। फिर, स्वयं को परमात्मा और उस युवती को परमात्मा का अंश बताकर सांसारिक संबंधों को धुंधला करते हैं। फिर, अध्यात्म की आड़ लेकर अपना असली खेल शुरू करते हैं।

- कमजोर आदमी तुरंत आरोप लगाता है। यह उसका आत्मसुरक्षा का एक फौरी तरीका है।
- कलियुग में सतयुगी वृत्ति के लोग कष्ट उठाने के लिए पैदा होते हैं।
- जबसे चोर, बदमाश और गुंडे सफेद वेश धारण कर राजनेता कहलाने लगे हैं तब से राजनीति ने अपना स्तर खो दिया है।
- कुटिल व्यक्ति बुद्धिमान से बहुत डरता है।
- जिस व्यक्ति के डीएनए में सह अस्तित्व की भावना नहीं है, उसे स्वर्ग में भी बसा दीजिए, वह वहां भी अशांति मचा देगा।
- जहां भी रहें, सत्य का खुलकर समर्थन करें। सत्य को समर्थन न देने से सत्य हार जाएगा जिसके लिए बाद में मन में पश्चाताप होगा।
- समाज में झूठे आदमी को सुधारने का एक ही उपाय है उसका सामाजिक बहिष्कार।
- लोकप्रिय व्यक्ति अपने जीवन के गोपनीय अंशों को मोटी चादर से ढककर रखें। सफलता के लिए यह अत्यावश्यक है।
- उत्तराधिकार में मिली संपत्ति के प्रति मन में कभी वैसा मोह भाव उत्पन्न नहीं होता है जैसा मेहनत से कमाई गई संपत्ति के प्रति होता है। व्यक्ति को मुफ़्त की संपत्ति खैरात लगती है और मेहनत से कमाई गई संपत्ति प्राण से प्यारी लगती है।
- लेखन से अधिक कठिन कार्य संपादन है। लेखक एक रचना भावों के प्रवाह में सृजित करता है। लेकिन, संपादक उसे विवेक की कसौटी पर कसकर उसका औचित्य सिद्ध करता है।
- यदि सभी लोग स्वस्थ हो जाएं तो डॉक्टर क्या करेंगे और यदि अपराध समाप्त हो जाएं तो अधिवक्ता क्या करेंगे और यदि रामराज्य आ जाए तो लोभी लालची क्या करेंगे? जब तक लालच है तभी तक इंसान का कारोबार है।

- शातिर व्यक्ति की नस नस में जहर भरा होता है।

- व्यक्ति जब बड़ी शक्ति से डरता है तब वह अपने अधीनस्थों को डराने की कोशिश करता है। व्यक्ति की यह स्वाभाविक वृत्ति है।

- व्यक्ति पर संकट का आना एक कर्मगत घटना है। जो व्यक्ति गलत कार्य करता है या दूसरे व्यक्ति के कष्ट को अपने ऊपर ओढ़ता है उसे प्राकृतिक नियम के उल्लंघन की सजा मिलनी तय है। कर्म का एक प्राकृतिक विज्ञान है कि जो घटना घटनी है वह घटित होगी ही, उसे कोई नहीं रोक सकता।

- किसी व्यक्ति पर उतना ही विश्वास करें जितनाकि अपने स्वास्थ्य के लिए अच्छा है। ऐसे समय यह बात हमेशा ध्यान रखें कि कोई व्यक्ति कभी अपने हितों का परित्याग नहीं करेगा।

- अपनों से सेवा लेने के पश्चात व्यक्ति ज्यादा शिकायतें करता है। इंसान की यह वृत्ति ठीक नहीं है।

- यदि शत्रु ताकतवर हो तो उससे टकराने के पहले अपना सुरक्षा कवच मजबूत कर लें। इसके लिए एक ऐसा आभामंडल तैयार करें जिससे शत्रु पहल करने के पहले चार बार सोचे।

- एक स्वास्थ्य परिचारिका देवदूती है। वह मधुर वाणी और मृदुल स्पर्श से स्वास्थ्य बांटती है। इसलिए, कभी उसके प्रति मन में कोई कुत्सित भाव नहीं लाएं। ऐसा चिंतन ईश्वर का अपमान है।

- परिवार न ही गलत कार्य में सहभागी होता है और न ही फलभोग में। व्यक्ति ने जो अपराध किया है, उसकी सजा उसे स्वयं भोगनी है। इसलिए, परिवार मोह में पड़कर कभी कोई गलत कार्य नहीं करें।

*****

अभ्यास 3
व्यक्तिनामा

आदमी को मानव जीवन बड़े पुण्यों के बाद मिलता है। इसीलिए, पृथ्वी पर मानव जीवन सर्वोत्तम है। किन्तु, बिडम्बना यह है कि आज मनुष्य अपने निर्धारित लक्ष्य से भटक गया है। वह शांति, आनंद और प्रेम का जीवन जीने के बजाए अशान्ति, कटुता और दुःख का जीवन जी रहा है। यह उसके कर्मों का फल है। इस अभ्यास में कुछ ऐसी ही बातें शामिल की गई हैं।

- संसार में रहकर व्यक्ति जितना पवित्र होना चाहेगा, लोग उसे उतना ही दूषित करने की कोशिश करेंगे। यही कारण है कि आज समाज से ऋषि, मुनि और तपस्वी लुप्त हो गए हैं।

- चतुर व्यक्ति महापुरुष की निकटता को बड़ी सफाई से भुनाता है।

- केवल गरीब व्यक्ति ही गरीबी के असली दुःख को समझ सकता है। अमीर व्यक्ति गरीब के प्रति ज्यादा से ज्यादा दया दर्शा सकता है, लेकिन वह उसके दुःख को महसूस नहीं कर सकता।

- परिपक्व बुद्धि से लिए गए निर्णय त्याग आधारित होते हैं। यही कारण है कि ये निर्णय स्वार्थी लोगों की समझ में नहीं आते हैं।

- आज बहुत कम लोग ऐसे हैं जो सुलझाने की बात करते हैं। अधिकांश लोग उलझाने की बात करेंगे ताकि मजा ले सकें।

- व्यक्ति की वाणी और व्यवहार का ढंग उसके व्यक्तित्व का प्रथम परिचय है।

- चरित्रहीन व्यक्ति के किसी परिवार में प्रवेश करते समय परिवार के लोग उसके प्रति वैसे ही सतर्क हो जाते हैं जैसे घर में कोबरा के घुसते समय सतर्क हो जाते हैं।

- जैसे साँप से कभी निर्विष होने की उम्मीद नहीं की जा सकती वैसे ही शठ से कभी सत्पुरुष होने की आशा नहीं की जा सकती। शठ का सही इलाज ही बुद्धिमानी है।

- जब कुटिल व्यक्ति कान भरकर जहर घोले तब उसकी बात पर कोई प्रतिक्रिया करने के पहले उसकी सत्यता की जांच अवश्य कर लें, यही बुद्धिमानी होगी।

- दुष्ट व्यक्ति के भूत को उतारने के लिए कभी कभी अपनी आवाज तेज कर लें। अनुभव में देखा गया है कि बिना ऊंची आवाज के दुष्ट के सिर से भूत नहीं उतरता है।

- अपराध के प्रति चुप रहना अपराध में शामिल होने जैसा कृत्य है।

- सिरफिरे व्यक्ति की बातों की उपेक्षा कर देना ही बुद्धिमानी है। एक कहावत है कि 'कुत्ते की लातें और भूतों की बातें' उपेक्षा करने योग्य ही होती हैं। जैसे कुत्ते की दुलत्ती में कोई दम नहीं होती है और भूत की बातों में कोई सत्यता नहीं होती है, वैसे ही सिरफिरे व्यक्ति की बातें भी बेसिर पैर की होती हैं।

- बुद्धिमान आदमी ताकतवर के आगे झुक जाता है, लेकिन मूर्ख आदमी अकड़ जाता है। फिर, वह अपनी शामत बुला लेता है।

- ईमानदारी व्यक्ति की एक ऐसी सशक्त नैतिक वृत्ति है जो अन्याय मिटाने के लिए छटपटाती है। यही कारण है कि ईमानदार आदमी न्याय की स्थापना के लिए अपना सर्वस्व दांव पर लगा देता है।

- जिस मित्र की वृत्ति में सच्चाई नहीं है वह दोस्ती भविष्य में दु:खका कारण बनेगी, यह निश्चित है।

- दो अभिमानी तब तक शांत नहीं होते हैं जब तक वे अपनी दुर्गति नहीं करा लेते।
- कुटिल व्यक्ति स्थान छोड़ने के पहले रायता अवश्य फैलाता है। यह उसकी फितरत है।
- जो व्यक्ति व्यंग और उपहास को अपने ऊपर घटाने लगता है, वह या तो मनोरोगी है या अतिअभिमानी।
- अध्ययनशील व्यक्ति की एक अलग दुनिया होती है। उसे अपनी इस दुनिया में भौतिक दुनिया से अधिक आनंद आता है।
- किसी महान कृति को पढ़ते समय आदर्श पात्र के मुख से निकले अनुचित शब्द मन को बहुत खटकते हैं। महान व्यक्ति के मुख से केवल उपयुक्त भाषा ही शोभा देती है।
- चतुर आदमी दोनों हाथों में लड्डू चाहता है। जहां उसका उल्लू सीधा होता है वह वहां ताकतवर से मिल जाता है और कमजोर का साथ छोड़ देता है और जब कमजोर ताकतवर बन जाता है तब वह उसकी चापलूसी करने लगता है। स्वार्थ सिद्धि ही चतुर व्यक्ति का मुख्य ध्येय होता है।
- कभी किसी व्यक्ति को झूठा आश्वासन नहीं दें। एक दिन यह आश्वासन उस व्यक्ति का अधिकार बन जाता है।
- हमेशा ऐसे मित्रों से दूर रहें जो ताली, थाली और प्याली प्रकृति के हैं अर्थात जो झूठी प्रशंसा के लिए तालियां बजाते हैं, जो भोग विलास की पार्टियों में आमंत्रित करते हैं और जो मदिरा पान के शौकीन हैं।
- दुनिया में ज्ञानी व्यक्ति का कोई शत्रु नहीं होता। वह जहां भी जाता है उसका स्वागत किया जाता है। ज्ञानी के लिए सारी दुनिया उसका घर है।
- कभी किसी के पारिवारिक मामलों में हस्तक्षेप नहीं करें। अन्यथा, विलेन बनना पड़ेगा।

- जिस व्यक्ति के जीवन में भक्ति और ज्ञान का संगम है वही श्रेष्ठ है।
- सभी को अपने अपने ईश्वर प्यारे हैं। इसलिए कभी किसी के विश्वास पर उंगली नहीं उठाएं और न ही उसके ईश्वर की निंदा करें।
- मनुष्य का पूरा जीवन आदतों का गुलाम है। यदि उसे गुलामी की आदत लग जाए तो स्वतंत्रता में आनंद नहीं आता है और यदि स्वतंत्रता में रहने की आदत लग जाए तो फिर गुलामी में आनंद नहीं आता है।
- अधिकांश लोग तथ्यों के आधार पर नहीं, पूर्वाग्रह के वशीभूत हो बहस करते हैं जिससे विवाद होता है। पूर्वाग्रह व्यक्ति के मानस की जड़ आदतें हैं।
- एक व्यक्ति मृत्यु के बाद पाँच चीजें अपने साथ ले जाता है- कामना, वासना, कर्म, संसारी कर्ज और पाँच ऋण। मनुष्य को जीते जी इन चीजों से मुक्ति बिना मोक्ष नहीं मिल सकता।
- व्यक्ति तीन स्थितियां अकेला ही भोगता है मृत्यु, यश और राजसिंहासन।
- अजनबी व्यक्ति से हमेशा संतुलित भाषा में बात करें, यही बुद्धिमानी है।
- एक दृढ़ प्रतिज्ञ व्यक्ति को अक्सर तानाशाह की संज्ञा दी जाती है। किन्तु, जगवालों का यह मूल्यांकन सही नहीं है। दृढ़ प्रतिज्ञा एक संकल्प होती है जिस पर ऐसा व्यक्ति पूर्ण निष्ठा से चलता है।
- ब्राह्मण जीवनशैली धर्म कर्म और अध्ययन अध्यापन पर आधारित जीवन शैली है। ब्राह्मणों ने यह शैली हजारों वर्षों से अच्छी अच्छी बातों को अपने आचरण में ढालकर विकसित की है। यह श्रेष्ठ जीवन जीने की शैली है।
- ताकतवर लोगों में अभिमान की एक बुरी वृत्ति पाई जाती है। इसी कारण, एक बुद्धिमान दूसरे बुद्धिमान से और एक बाहुबली दूसरे बाहुबली से अपने को सुपर समझता है।

- संसार में सफल होने के लिए बुद्धिमान बनें। बुद्धिमान होने का मतलब है कि रबड़ की तरह प्रत्यास्थ बनें, थोड़ा कुटिल बनें, अवसरवादी बनें, निरहंकारी बनें, अपनी गरज पर झुकना सीखें, कभीकभी सर्प की तरह फुफकारने की आदत बनाएं, ज्ञानी बनें, धर्म को अपने दैनिक आचरण का अंग बनाएं, अपनी संततियों को शिक्षा और धर्म के संस्कार दें, स्वच्छ वेशभूषा पहने की आदत बनाएं, मीठा बोलें, विनम्र बनें, प्रशंसा की आदत बनाएं, कभी किसी के मुंह पर कड़वी बात नहीं कहें, हमेशा मध्यम मार्ग अपनाएं, झगड़ा फसाद से बचें, कभीकभी नारद बनकर आग लगाने की कला सीखें, व्यावहारिक झूठ बोलें जिससे दैनिक जीवन आसान बने, दूरदर्शी बनें, राजनीति की समझ पैदा करें, सत्ता के नजदीक रहने की कोशिश करें, अपने भविष्य को हमेशा उज्जवल बनाने का कार्य करें, अनैतिक कार्यों से दूर रहें, अतिशय लोभ लालच से बचें, स्वाध्याय को अपनी आदत बनाएं, अच्छा वक्ता बनें। इन गुणों को धारणकर एक व्यक्ति बड़ी आसानी से अपने को बुद्धिमान कहला सकता है।

- बुद्धिमान व्यक्ति कभी गलत कार्य का साथ नहीं देता क्योंकि वह ऐसे कार्य का अंजाम भली भांति जानता है। हां, यदि कोई विवशता हो तो वह अप्रत्यक्ष रहकर ही साथ देता है।

- व्यक्ति का आनुवंशिक स्वभाव कभी नहीं छिपता। अवसर आने पर यह स्वमेव प्रकट हो जाता है।

- जब व्यक्ति को सात्विकता का चस्का लग जाता है तब उसे केवल नैतिक बातें अच्छी लगती हैं और दुनियादारी की बातें नहीं रुचती हैं।

- जिस व्यक्ति में सामंती संस्कार मौजूद हैं वह कभी किए गए एहसान को नहीं मानता।

- गुंडा केवल एक ही भाषा समझता है लाठी डंडे की। उसे कोई और भाषा समझ में ही नहीं आती है।

- धमकी व्यक्ति के संस्कारों की प्रदर्शन वृत्ति है।
- छली कपटी पर कभी भरोसा नहीं करें। उस पर तब भी भरोसा नहीं करें जब वह अपना वचन भी पूरा करके दिखा दे।
- दुनिया में अशांति प्रकृति के व्यक्ति को कोई नहीं पसंद करता, उसके अपने भी नहीं।
- अहिंसक व्यक्ति के अंदर भी एक क्रूर पिशाच छिपा रहता है। उसका यह पिशाच तब जागता है जब उसकी सहनशीलता की पराकाष्ठा हो जाती है।
- घृणित भावनाओं को शब्द देने से बचें। इन भावनाओं को शब्द देने से आग लगती है।
- जब अप्रिय विषय पर बोलने की बात आए तब कभी पहल नहीं करें बल्कि अपने प्रतिद्वंदी को ऐसा करने दें।
- सरस व्यक्ति सभी की पसंद आता है।
- गुस्से के निष्कासन के लिए एक सेफ्टी वाल्व अवश्य बनाएं। क्रोधजनित समस्याओं से बचने का यह बौद्धिक तरीका है।
- जीवन एक महाभारत है। इसलिए, हमेशा युद्ध के लिए तैयार रहें।
- जो व्यक्ति सत्ता पाकर न्याय-अन्याय के फर्क को भूल जाता है, कुदरत उससे एक दिन आना-पाई का हिसाब लेती है।
- सामान्य आदमी अवसर की प्रतीक्षा करता है, लेकिन बुद्धिमान अवसर खोज लेता है।
- संतुलित मनवाले व्यक्ति का आभामंडल सदैव देदीप्यमान रहता है। वह हजार लोगों के बीच अलग ही दिखता है।
- व्यक्ति इंसान पहले बने, धार्मिक बाद में। यही असली धर्म है।
- जो सदमार्ग बताए वही सतगुरु है।

- कभी अच्छे व्यक्ति से मित्रता नहीं तोड़े। यह व्यक्ति जीवन भर का विश्वसनीय साथी है।
- कभी बिना पेंदी के लोटे के स्वभाव वाले व्यक्ति को हृदय मित्र नहीं बनाएं। ये धोखेबाज होते हैं।
- किसी को दोषी ठहराने के पहले स्वयं अपनी गिरेहवाँ में झाँक लें, यही आत्मज्ञान है।
- अच्छा दोस्त मित्र की समस्या को सुलझाता है, उलझाता नहीं।
- भोले-भाले व्यक्ति सदाशयता के पात्र होते हैं। इन्हें दुष्ट लोगों से बचाएं।
- व्यक्ति ज्यादा बड़े बोल बोलकर अपने मान सम्मान को कम अवश्य कर सकता है लेकिन, बढ़ा नहीं सकता।
- जो व्यक्ति अपने दिमाग से काम न कर उधार के दिमाग से काम करता है वह अंत में बर्बाद हो जाता है।
- एक आध्यात्मिक व्यक्ति अन्याय के प्रति पत्थर से ज्यादा कठोर होता है और न्याय के प्रति नवनीत से ज्यादा मुलायम।
- किसी कार्य में सांसारिक व्यक्ति की दृष्टि सबसे पहले उसके नफे-नुकसान पर जाती है और आध्यात्मिक व्यक्ति की दृष्टि उस कार्य के श्रेष्ठ लक्ष्य की ओर जाती है।
- जिस व्यक्ति की वृत्ति में अपराध है वह चाहे जितना सुधर जाए, मौका पाते ही वह अपना हाथ अवश्य साफ करेगा।
- कभी अपनी कमजोरी शेयर नहीं करें। भविष्य में, यह गलती बहुत भारी पड़ेगी।
- इस संसार में यदि सफलतापूर्वक जीवन जीना है तो षड्यंत्रों के चक्रव्यूह को भेदने की युक्तियां सीखें। इसके लिए सामाजिक अनुभव जुटाएं और बुद्धि-विवेक को कुशाग्र बनाएं।

- मूर्ख व्यक्ति को अच्छी बातें देर से समझ में आती हैं लेकिन आती जरूर हैं।
- मूर्ख अपने मूर्खतापूर्ण कर्मों से न केवल अपना बंटाधार करता है बल्कि अपने लोगों की भी ऐसी तैसी कराकर छोड़ता है।
- असत्य का साथ देने वालों की अंतत: दुर्गति होनी निश्चित है।
- मन जब किसी व्यक्ति की निंदा-बुराई करने के लिए विवश हो उठे तब मौन धारण कर लें। एक-दो दिन मौन ही रहें। इससे मन का जहर शांत हो जाएगा।
- कभी अपने मस्तिष्क को किसी दूसरे के द्वारा संचालित नहीं होने दें अर्थात सुनें सबकी और करें मन की।
- बदले की भावना एक भयानक आग है। बुद्धिमानी इसी में है कि इसमें पानी डाला जाए।
- क्रूर इंसान से सभी डरते हैं। केवल ईश्वर का दंडा ही उसे डरा पाता है।
- किसी के भड़काए जाने पर कभी भड़के नहीं। ऐसे मौकों पर बुद्धि विवेक से काम लें। चालाक लोग अक्सर भावनाएं भड़काकर अपना उल्लू सीधा करते हैं।
- जैसे एक क्रूर व्यक्ति हजार पर भारी पड़ता है वैसे ही एक बुद्धिमान व्यक्ति लाख पर भारी होता है।
- यदि व्यक्ति के जीवन में सम्यक शिक्षा नहीं है तो वह विवेकवान नहीं हो सकता।
- ईश्वर ने हर इंसान को अच्छा ही पैदा किया है। वह इस संसार में आकर बुरा बना है। इसका एकमात्र कारण यह है कि उसने अपने जीवन में कोई सद्गुरु नहीं बनाया है जो उसे सन्मार्ग दिखाता।

- सच्चाई पर चलने के लिए हिम्मत की जरूरत होती है। कमजोर कभी सच्चाई के मार्ग पर नहीं चलते।
- अहंकार बुद्धि के सभी दरवाजे बंद कर देता है। ऐसा व्यक्ति केवल अपने को ही बुद्धिमान समझता है।
- जब किसी से मिलें तो सहज भाव से मिलें, अपने शत्रु से भी। किसी से मिलने का यही सही तरीका है।
- यदि व्यक्ति, वास्तव में, न्यायप्रिय है तो वह हमेशा कमजोर के साथ खड़ा होगा, ताकतवर के साथ नहीं।
- जिस व्यक्ति को किसी का यश नहीं पचता, वह किसी न किसी रूप में तुरंत प्रतिक्रिया करता है।
- सार्वजनिक मंच पर अनौपचारिक बात कहना या भाषा बोलना ठीक नहीं। इससे यश जा सकता है और कई तरह की बातें हो सकती हैं।
- आत्मीय-जनों के साथ बिताए गए क्षण मधुर होते हैं।
- इस दुनिया में वही व्यक्ति सुखी है जिसका मन अपने बस में है।
- जब तक मन को खाली नहीं किया जाता तब तक व्यक्ति सुखी नहीं हो सकता।
- जब तक व्यक्ति दूसरे पर भरोसा नहीं करेगा तब तक दूसरा भी उस पर भरोसा नहीं करेगा। संबंधों का यही मूल मंत्र है।
- आज असत्य का युग है। इसलिए, सत्य को अपने हृदय में ही दबाकर रखें। आज सत्यग्राही, लाखों में कोई एकाध है।
- चोरी या हेराफेरी करने वाला व्यक्ति कभी किसी पर विश्वास नहीं करता। उसे हरेक व्यक्ति अपने जैसा नजर आता है।
- ज्यादा बोलने से यदि व्यक्ति बुद्धिमान कहलाता तो सबसे पहले यह हक पागल को जाता। ज्यादा बोलना विक्षिप्तता है। वृद्धावस्था इसका अपवाद है।

- जो व्यक्ति अर्जित ज्ञान को अपने जीवन में नहीं उतारता, उसका ज्ञान व्यर्थ है।
- जो व्यक्ति ईश्वर पर डालकर अपने कार्य करता है उसके कार्यों के परिणाम सुंदर होते हैं।
- भाई हो या रिश्तेदार या पड़ोसी, विवाद की दशा में थोड़ा त्याग कर लें, कभी रिश्ते नहीं बिगड़ेंगे।
- निंदा बुराई में मन को आनंद तो आता है, लेकिन यह आदत दुःखकारी है। यह आदत एक तरफ, रिश्ते खराब करती है तो दूसरी तरफ, स्वास्थ्य। निंदा बुराई की आदत तन मन दोनों के लिए घातक है।
- व्यावहारिक जीवन में सिद्धांतों के एप्लीकेशन से समस्याएं पैदा होती हैं। व्यावहारिक और सैद्धांतिक जीवन दो अलग अलग किनारे हैं।
- जीवन में कभी एक साथ अनेक मोर्चे नहीं खोलें। एक समय में केवल एक लड़ाई लड़ें, तभी विजय हासिल होगी।
- बुद्धिमान व्यक्ति सबसे पहले किसी घटना में सकारात्मक बात खोजता है और सकारात्मक ढंग से प्रतिक्रिया करता है। लेकिन, मूर्ख व्यक्ति सबसे पहले उसमें नकारात्मक बात खोजता है और नकारात्मक ढंग से प्रतिक्रिया करता है।
- व्यक्ति ईमानदार दो वजहों से होता है एक, संस्कारों के कारण और दूसरा, अति असुरक्षा की भावना के कारण।
- जीवन में असली तरक्की मन के तराशने के स्तर पर निर्भर करती है। जो व्यक्ति मन को भली भांति तराश लेता है उसका उन्नति के शिखर पर पहुंचना निश्चित है।
- अल्पज्ञान अनाड़ी व्यक्ति के हाथ में एक ऐसी तलवार है जिसके चलाने से न केवल वह स्वयं घायल होता है बल्कि वह दूसरों को भी घायल कर देता है।

- अशक्त हो जाने पर अहंकारी व्यक्ति का साथ उसका परिवार भी छोड़ देता है, ठीक जंगल के बूढ़े सिंह की तरह। पाया गया है कि सिंह जब वृद्ध हो जाता है तब उसका परिवार उसे अपने भाग्य पर छोड़ देता है। अब उसकी दुर्दशा का काल शुरू हो जाता है। भैसे, कुत्ते और लकड़बग्घा उसे तड़पा तड़पा कर मार डालते हैं। अहंकारी व्यक्ति की अंतगति बुरी ही होती है।
- निम्न स्वभाव के व्यक्ति को मुंह लगाकर कभी वाद विवाद नहीं करें। इससे हासिल कुछ नहीं होगा, बल्कि स्वयं की गरिमा गिर जाएगी।
- एक रचनाकार समाज का चित्रकार है। वह सामयिक समाज का ही चित्रांकन करता है।
- जब तक व्यक्ति का मन निर्मल नहीं होता तब तक उसका पूजा पाठ, धर्म-कर्म और कर्मकांड सब व्यर्थ है। ईश्वर ऐसे व्यक्ति से कभी प्रसन्न नहीं होता। ईश्वर केवल मन के निर्मल व्यक्ति को ही पसंद करता है। ढोंगियों से वह कोसों दूर भागता है।

*****

अभ्यास 4
व्यक्तिनामा

यह व्यावहारिक दुनिया है। यहाँ रिश्ते नाते सब स्वार्थ आधारित हैं। आप अच्छे हैं, यह आपकी समस्या है। लेकिन, आप कितने उपयोगी हैं समाज की आपसे यही अपेक्षा है। इस अभ्यास में व्यक्ति को विभिन्न मानकों पर कसने की कोशिश की गई है।

► आज के युग में शांति के साथ रहना बड़ा मुश्किल है। न जीवनसाथी शांति से रहने देगा, न बच्चे और न रिश्ते नातेदार। सभी अपने अपने स्वार्थ की पूर्ति के लिए शांति में खलल डालने की कोशिश करेंगे। वास्तव में, समाज में रहकर कभी शांति नहीं पाई जा सकती। असली शांति केवल जंगल और पहाड़ में रहकर ही पाई जा सकती है।

► जिस व्यक्ति के पास प्रतिक्रिया व्यक्त करने का विवेक है, वही लौकिक जीवन में सफल है।

► हर जगह व्यक्ति का नहीं, उसके व्यक्तित्व का सम्मान होता है।

► गुंडे को कभी वीर नहीं कहा जा सकता, चाहे वह कितना ही साहसपूर्ण कार्य क्यों न करे?

► अपने सीक्रेट्स हृदय की गहराइयों में छुपाकर रखें, यही बुद्धिमानी है।

► परिवार में जब कोई प्रतिक्रिया व्यक्त करनी हो तब यह विचार अवश्य कर लें कि क्या यह प्रतिक्रिया व्यक्त करना उचित है? यदि उचित हो तभी प्रतिक्रिया करें अन्यथा चुप रहें।

► दुष्ट व्यक्ति के हाथ में बंदूक जो काम करती है, बुद्धिमान व्यक्ति की कुटिलता उससे भी अधिक जघन्य कार्य कर डालती है।

- जो पढ़ा लिखा व्यक्ति न्याय अन्याय को भुलाकर अपने स्वामी के हितों की रक्षा के लिए किसी को अनाप शनाप गाली बके या अपशब्द बोले, वह व्यक्ति बाउंसर या पालतू के अलावा कुछ नहीं है।
- निकट संबंधियों को कभी बिना मांगे की सलाह नहीं दें। स्वार्थपूर्ण सलाह तो कतई नहीं दें। यह सलाह एक दिन आप पर ही भारी पड़ेगी।
- जब व्यक्ति, वास्तव में, ज्ञानी होता है तब वह स्वभाव में सरल होता है। लेकिन, जब व्यक्ति बुद्धिमान होता है तब वह कुटिल भी हो सकता है।
- बुद्धिमानी इसी में है कि कभी अपने प्रतिद्वंदी को इतनी ताकत नहीं दें कि वह एक दिन आपसे ही ताल ठोकने लगे।
- जो व्यक्ति निंदा और बुराई से असंपृक्त है वही लौह पुरुष है। वह शत्रु और मित्र दोनों के बीच निर्भीक है।
- पौरुषवान व्यक्ति कभी झूठ का सहारा नहीं लेता। केवल स्त्रैण स्वभाव का व्यक्ति ही झूठ का सहारा लेता है।
- गुरु पूजा व्यक्ति पूजा है। यह ईश्वर पूजा नहीं है।
- वाणी की श्रेष्ठता व्यक्ति को महान बनाती है और वाणी की निम्नता उसे रसातल पहुँचा देती है।
- दुधारू गाय की लात खा लेने में ही बुद्धिमानी है।
- एक व्यक्ति अपने जीवन में बोई हुई फसल को ही काटता है। यदि उसने मीठे बीज बोए हैं तो वह अच्छे फल खाता है और यदि उसने कड़वे बीज बोए हैं तो वह कड़वे फल खाता है। व्यक्ति के सुख दुःख उसकी बोई हुई फसल के ही उत्पाद हैं।
- हद से ज्यादा विनम्रता और हद से ज्यादा सहनशीलता एक व्यक्ति के आत्मसम्मान के विरुद्ध है। यह स्थिति केवल एक संत को शोभा दे सकती है, सामान्य आदमी को नहीं।

- जिस व्यक्ति की वाणी में संयम नहीं है उसके सामाजिक रिश्ते कभी अच्छे नहीं रह सकते और न ही उसे मानसिक शांति हासिल हो सकती है।
- समाज में बुद्धिमान ही असली शासक है।
- व्यक्ति अपनी गलतियों से इतना अधिक सीखता है जितना कोई गुरु उसे नहीं सिखा सकता।
- बुद्धिमान व्यक्ति उसे ही कहा जाएगा जो आत्म संयम जानता है और सामान्य मनुष्य के मस्तिष्क को नियंत्रित करने का कौशल रखता है।
- बुद्धिमान व्यक्ति हमेशा राजा से नजदीकी चाहता है ताकि वह सत्ता के मीठे फल खा सके।
- संसार में हरेक व्यक्ति कर्तव्य के बंधनों में बंधा है। यदि ये कर्तव्य नहीं हों तो उसे यह जीवन ढोना मुश्किल हो जाए।
- जो व्यक्ति केवल आज के स्वार्थों में जीता है उसका भविष्य अनिश्चित है।
- प्रलापी, बेहया और गालीबाज़ के प्रति सबसे अच्छी प्रतिक्रिया मौन है।
- आज अपना ही व्यक्ति किए गए एहसान को नहीं मानता है तो फिर, गैर तो गैर है। यह इस युग का भयानक सत्य है।
- कामी व्यक्ति आश्विन माह का ऐसा श्वान है जिसे लाठी-डंडे का भय भी नहीं डरा पाता है।
- यदि पुरुष, स्त्री की तरह काम संयम सीख ले तो वह अनेक दुर्घटनाओं से बच सकता है। प्रायः कामातुरता में पुरुष वह अपराध कर डालते हैं जिसके लिए वे जीवन भर पश्चाताप करते हैं।
- चालाक आदमी के पास कुटिल बुद्धि होती है जिसे वह हथियार की तरह इस्तेमाल करता है। वह तथ्यों को तोड़ने मरोड़ने की बेहतरीन कला जानता है। इसलिए चालाक आदमी पर कभी भरोसा नहीं करें।

- जब तक व्यक्ति अपने ईगो को अलगकर अपने मन दर्पण में नहीं झाँकता तब तक उसे अपनी समस्याओं का सटीक समाधान नहीं मिल सकता। आत्म-दर्शन ही सभी समस्याओं का समाधान है।
- यह निश्चित है कि दुष्ट आदमी दुष्ट का समर्थन करेगा। लेकिन, यह निश्चित नहीं है कि सज्जन आदमी सज्जन का साथ देगा।
- जहां रहें वहां अपने अच्छे कर्मों की छाप अवश्य छोड़ें ताकि अवसर आने पर वहाँ के लोग आपको याद करते रहें।
- कभी किसी के आगे हाथ नहीं फैलाएं। मांगने से कद छोटा हो जाता है।
- भावना प्रधान व्यक्ति आसानी से सम्मोहित हो जाता है।
- चालाक आदमी के साथ दोस्ती लंबे समय तक नहीं चलती, यह अनुभवसिद्ध बात है।
- इस दुनिया में वही व्यक्ति स्वाभिमानी है जो माता-पिता की संपत्ति पर लालच की दृष्टि नहीं रखता है।
- सिद्धांतवादी व्यक्ति संसार के अनेक मामलों में अपने को अनफिट पाता है। उसके साथ ऐसा होना स्वाभाविक ही है क्योंकि कभी एक साथ दो नावों पर पैर रखकर यात्रा नहीं की जा सकती। एक सिद्धांतवादी व्यक्ति के लिए सिद्धांतों पर चलना ही बुद्धिमानी है।
- अनुशासन के प्रति एक विद्यार्थी की तरह सजगता व्यक्ति को आदर्श पुरुष बनाती है।
- व्यक्ति जुबान से शत्रु है और जुबान से मित्र। जुबान में विष है तो शहद जैसी मिठास भी। जुबान संबंधों को जोड़ने वाली संजीवनी बूटी है तो काटने वाली चाकू भी। संसार में जुबान ही सब कुछ है।

- जिस व्यक्ति को पराई थाली में झाँकने की आदत हो जाती है वह जीवन में कभी संतुष्ट नहीं हो सकता। फिर चाहे उसे सोने की लंका का अधिपति ही क्यों न बना दिया जाए?
- बाल की खाल निकालकर बहस करने वाला व्यक्ति निकृष्ट प्रकृति का होता है। वह केवल बहस जानता है बहस का समाधान नहीं।
- आज व्यक्ति-व्यक्ति के बीच अहमन्यता ही टकराव की असली जड़ है।
- व्यक्ति को असली सम्मान महज अच्छे कपड़ों से नहीं, उसके व्यक्तित्व से मिलता है। हाँ, अच्छे कपड़े उसके व्यक्तित्व में चार चांद अवश्य लगा देते हैं।
- कभी किसी का अपमान नहीं करें। कुदरत हर व्यक्ति को अपने अपमान का बदला लेने का अवसर अवश्य देती है।
- चतुर आदमी केवल छल कपट के आगे सिर झुकाता है।
- अति जोश में रहने वाला व्यक्ति अक्सर होश खो देता है और फिर पश्चाताप करता है।
- दुनिया में हर चीज की कीमत बढ़ी है, लेकिन माचिस की कीमत नहीं बढ़ी है। इसका एक ही कारण है कि माचिस आग लगाने का कार्य करती है। समाज आग लगाने वालों का ऐसा ही मूल्यांकन करता है।
- कितनी बड़ी विडंबना है कि व्यक्ति को अपने पहाड़ जैसे दोष नहीं दिखते, लेकिन दूसरे के सुई जैसे दोष पहाड़ नजर आते हैं।
- कभी दया-धर्म में पड़कर किसी गलत व्यक्ति को अपने जहाज में नहीं बैठाएं। यह व्यक्ति जहाज डुबो देगा।
- कभी किसी को अपना हाथ नहीं दिखाएं क्योंकि कोई आपका भाग्य नहीं बदल देगा और न ही कभी किसी को अपने मन की बात बताएं क्योंकि कोई आपके दु:ख को नहीं बांट लेगा।

- सदप्रयत्नों से मिली असफलता से निराश नहीं हों। कल यही असफलता आपकी सफलता बनेगी।
- इज्जतदार आदमी झगड़े से बचता है और बेआबरू झगड़े को निमंत्रण देता है।
- अहंकारी का घमंड तब तक नहीं टूटता है जब तक उसके सिर पर चोट नहीं पड़ती है और मूर्ख की मूढ़ता तब तक नहीं टूटती है जब तक उसे कोई बड़ी हानि नहीं होती है।
- जिस इंसान को बात करने की तमीज नहीं हो उससे बातचीत तुरंत बंद कर दें, इसी में भलाई है।
- धोखेबाज आदमी पहले लालच देकर फंसाता है। फिर, अपना उल्लू सीधा कर निकल लेता है।
- संतोषी परम सुखी है और असंतोषी परम दु:खी।
- जो व्यक्ति हवा का रुख भाँपकर नौका की दिशा बदल लेता है, वह समझदार है और जो व्यक्ति नौका की दिशा न बदलकर उससे टकराने का दुस्साहस करता है, वह मूर्ख है। मौके की नजाकत देखकर बदलाव कर लेना ही बुद्धिमानी है।
- मन का सरल व्यक्ति बुद्धिमान हो सकता है, लेकिन कुटिल नहीं। इसी तरह, मन का वक्र व्यक्ति चतुर, बुद्धिमान और कुटिल सब कुछ हो सकता है, लेकिन सरल नहीं।
- जिसका जो स्वभाव है वह वैसे ही कार्य करेगा। स्वच्छ स्थान पर नाली से निकालकर रखा गया कीड़ा लुढ़ककर पुनः नाली में ही गिरेगा।
- आरोप प्रत्यारोप लगाने से संबंध बिगड़ते हैं और उन्हें पी जाने से सुधरते हैं।
- अहंकार दु:खदायी है। लेकिन, उसे प्रदर्शित करना और भी दु:खदायी है।

- जो व्यक्ति आपत्ति के समय पहाड़ की तरह खड़ा रहता है, वही स्थितप्रज्ञ है।
- सिद्धांतवादी का व्यावहारिक व्यक्ति से उसी प्रकार तालमेल नहीं बैठता जिस प्रकार सरल व्यक्ति का चतुर से।
- आज व्यक्ति को मापने का केवल एक ही तरीका है- पाश्चात्य ढंग की प्रगति। किन्तु, यह पैमाना एकांगी है। व्यक्ति की पैमाइश का केवल एक ही तरीका सम्पूर्ण हो सकता है वह है सनातनी, जिसके अंतर्गत व्यक्ति की भौतिक उन्नति के साथ साथ नैतिक, चारित्रिक और शैक्षिक योग्यता का भी मूल्यांकन किया जाता है।
- चार दिन का जीवन है। इंसान बनकर रहें, यही बुद्धिमानी है।
- यदि व्यक्ति के पास जीवन यापन के लिए पर्याप्त धन है तो वह आर्थिक रूप से स्वस्थ माना जाएगा; यदि व्यक्ति के पास कोर्ट, कचहरी, पुलिस का कोई लफड़ा नहीं है तो वह कानूनी रूप से स्वस्थ माना जाएगा; यदि व्यक्ति की कोई दुश्मनी नहीं है तो वह सामाजिक रूप से स्वस्थ माना जाएगा; और यदि व्यक्ति के पास कोई रोग नहीं है तो वह शारीरिक और मानसिक रूप से स्वस्थ माना जाएगा। लेकिन, यदि व्यक्ति के पास इनमें से एक भी बीमारी है तो वह स्वस्थ नहीं माना जाएगा। एक व्यक्ति पूर्णरूपेण स्वस्थ तभी माना जाएगा जब वह शारीरिक, मानसिक, आर्थिक, कानूनी और सामाजिक रूप से स्वस्थ हो।
- यह कलियुग है। यहां सौ अच्छे कार्य करने के बाद भी यदि एक गलती हो जाए तो व्यक्ति समाज में असम्मान का पात्र बन जाता है और सौ बुरे कार्य करने के बाद भी यदि व्यक्ति एक अच्छा कार्य कर ले तो वह समाज में सम्मान का पात्र बन जाता है।
- जब एक सज्जन व्यक्ति की सहनशीलता की हद हो जाती है तब वह परमाणु बम की तरह फूटता है। यह उसका दुर्लभ रूप है।

► एक बुद्धिमान और एक बुद्धिवान व्यक्ति में अंतर है। बुद्धिमान अपनी बुद्धि पर अहंकार करता है, लेकिन बुद्धिवान कभी अपनी बुद्धि पर अहंकार नहीं करता। सही मायने में बुद्धिवान व्यक्ति ही बुद्धिमान है।

► बुद्धिमान आदमी मूर्ख को उसी प्रकार झूठे लालच में फँसा लेता है जिस प्रकार एक सपेरा कपड़ा डालकर सर्प को उसमें उलझा देता है।

► गुणवान व्यक्ति के स्वागत के लिए हमेशा मन के दरवाजे खोलकर रखें। वह कोई न कोई अच्छी बात जरूर देकर जाएगा।

► व्यक्ति में जब तक स्वाभिमान है तब तक ठीक है। लेकिन, जब यह अभिमान बन जाए तब वह खतरनाक है। यह विनाश का बीज है।

► यदि आप बड़े हैं तो अपना बड़प्पन संभाल कर रखें। कभी छोटों के साथ प्रतिस्पर्धा नहीं करें और उनके प्रति न ही कोई ईर्ष्या भाव रखें। छोटे छोटे हैं, उनका कुछ नहीं बिगड़ेगा। उनके मुंह लगने पर आपका ही सम्मान चला जाएगा। आयु में छोटे स्नेह के पात्र हैं, ईर्ष्या-प्रतिस्पर्धा के नहीं।

► यह सत्य का नहीं, झूठ का युग है। यहां झूठ आसानी से स्वीकार्य है। लेकिन, सत्य किसी को स्वीकार्य नहीं है।

► एक सामान्य व्यक्ति के लिए रूपाकर्षण को रोक पाना अत्यंत कठिन कार्य है। कोई विरक्त महात्मा ही इस कार्य में सफल हो पाता है।

► कभी किसी व्यक्ति को अपनी कमजोर नस नहीं बताएं, चाहे यह कितना ही विश्वास-भाजन क्यों न हो? एक दिन यही प्रियभाजन आपकी इसी नस को दबाकर आपको झुकाना चाहेगा।

► अच्छे मन का व्यक्ति अच्छे कार्यों को प्रोत्साहित करता है और प्रशंसा करता है जबकि बुरे मन का व्यक्ति अच्छे कार्यों को हतोत्साहित करता है और त्रुटियाँ निकालता है। अच्छे और बुरे व्यक्ति की पहचान इस कसौटी पर आसानी से की जा सकती है।

- जो भी निर्णय लें गलत हो या सही, उस पर अडिग रहना सीखें। यही दृढ़ संकल्प है।
- शिक्षा हासिलकर व्यक्ति क्या नहीं पा सकता? शिक्षा सभी सफलताओं की कुंजी है।
- दुनिया कभी आपके त्याग को नहीं देखेगी। वह केवल प्रपंची के बनावटी रूप को ही सही मानेगी।
- बुद्धिमान को बुद्धि से हराया जा सकता है, बलशाली को बल से हराया जा सकता है और चतुर को चतुरता से हराया जा सकता है। लेकिन, एक नंगा व्यक्ति को इनमें से किसी भी युक्ति से नहीं हराया जा सकता। उसे केवल नंगई से हराया जा सकता है। लेकिन, कोई बिरला ही व्यक्ति ऐसा आचरण करने का दुस्साहस कर पाता है।
- जो बुद्धिमान का सम्मान नहीं करेगा, समय उसका कभी सम्मान नहीं करेगा।
- कुछ लोग वाद-विवाद में बड़े चतुर होते हैं। जब वे फँसने लगते हैं तब वे विषय को तुरंत बदल देते हैं। कभी ऐसे व्यक्ति की चाल में नहीं आएं। उलटे उसे ही अपने जाल में फंसने के लिए तब तक मुख्य विषय पर अड़े रहें जब तक वह कोई माकूल जवाब नहीं दे दे। इसके लिए धैर्य रखें। विवादी प्रतिक्रिया अवश्य करेगा, क्रोधित अवश्य होगा और अपशब्दों का प्रयोग अवश्य करेगा। उसके ऐसा करते ही आपकी विजय सुनिश्चित है। चालाक विवादी के साथ हमेशा चालाकी से वाद-विवाद करें।

*****

अभ्यास 5
व्यक्तिनामा

व्यक्ति की अनेक कोटियाँ हैं। कोई शांतिप्रिय है तो कोई झगड़ालू, कोई स्वार्थी है तो कोई परोपकारी। पृथ्वी पर मनुष्य लाजवाब है। उसके ऐसे ही गुणों और अवगुणों की इस अभ्यास में चर्चा करने की कोशिश की गई है।

- ▶ समस्या से निपटने के लिए हमेशा विकल्प तैयार रखें, असफलता की संभावना कम हो जाएगी।

- ▶ यदि मित्र हितैषी है तो वह विकट परिस्थिति में केवल शांति और धैर्य का मार्ग बताएगा और यदि मित्र कुटिल है तो वह केवल युद्ध और प्रतिवाद का मार्ग बताएगा।

- ▶ जोंक स्वभाव वाले व्यक्ति को आसानी से असफल नहीं किया जा सकता।

- ▶ दुष्ट व्यक्ति को अपने हाल पर छोड़ दें। एक दिन वह अपनी ही बुराइयों तले दबकर मर जाएगा।

- ▶ बुद्धिमान व्यक्ति हमेशा किंग मेकर रहा है। वह अतीत में भी किंग मेकर रहा है, आज भी है और कल भी रहेगा। समाज में व्यवस्था स्थापन ही बुद्धिमान व्यक्ति का मूल ध्येय होता है।

- ▶ समस्या चाहे कितनी विकट हो, यदि व्यक्ति के पास धैर्य और साहस है तो उसका कोई न कोई समाधान अवश्य निकल आता है।

- ▶ निंदा करते समय कभी किसी की तुलना राक्षस से नहीं करें। ऐसे समय शब्दों का संयम बरतें।

- जब तक व्यक्ति किसी के सामने अपनी गरज व्यक्त नहीं करता तब तक उसका सम्मान बना रहेगा। दीनता को कोई पसंद नहीं करता।
- जीवन में कदम-कदम पर अशांति बांटने वाले मिलेंगे। बुद्धिमानी इसी में है कि अशांति का चयन नहीं करें। शांति और अशांति का चयन व्यक्ति का स्वयं अपना है।
- जब समाज के लोग आपकी बात गौर से सुनने लगें तब समझ लें कि वे आपको सम्मान दे रहे हैं। आप उनकी नजर में कुछ हैं।
- आज जब बड़ा भाई राम बनने को तैयार है तब छोटा भाई लक्ष्मण बनने को तैयार नहीं है और जब छोटा भाई लक्ष्मण बनने को तैयार है तब बड़ा भाई राम बनने को तैयार नहीं है। इसी कारण, आज भाई-भाई के रिश्ते मधुर नहीं हैं। कहें कि वे दिन व दिन विषाक्त होते जा रहे हैं तो गलत नहीं होगा।
- जैसे बटलोई का एक चावल देखकर सभी चावलों की स्थिति का पता चल जाता है वैसे ही व्यक्ति के एक लक्षण को देखकर उसकी पूरी कुंडली पढ़ी जा सकती है।
- चाहे कैसी ही विकट परिस्थितियां आ जाएं कभी परिवारी-जनों के बीच निराशा और हताशा भरी बातें नहीं करें। ऐसे समय केवल सकारात्मक और मोटिवेशनल बातें करें। इससे उनका मनोबल ऊंचा रहेगा और वे समस्या को सुलझाने में सहायक होंगे।
- दूरदर्शी व्यक्ति उस परिचय को लंबे समय तक संभालकर रखता है जिससे भविष्य में उसके किसी स्वार्थ पूर्ति की आशा होती है।
- बौद्धिक षड़यंत्र को एक दूरदर्शी व्यक्ति ही पकड़ सकता है।
- कभी किसी व्यक्ति को इतनी कटु बात नहीं कहें कि वह उसके हृदय में गहराई तक गड़ जाए और वह इसे जीवन मरण का प्रश्न बना ले।
- चरित्रवान व्यक्ति को कौन पसंद नहीं करता और चरित्रहीन व्यक्ति को कौन घृणा नहीं करता? मनुष्य का चरित्र ही सब कुछ है।

- जो व्यक्ति यूज एंड थ्रो की नीति पर चलता है, वह स्वार्थी ही नहीं, कुटिल भी है।
- जिसे पुस्तकें पढ़ने की आदत नहीं है वह ज्ञानी नहीं बन सकता।
- कटु बात कहते समय हमेशा अपनी भाषा पर ध्यान रखें कि बात भी कह लें और व्यक्ति को इसकी तीक्ष्ण अनुभूति भी न हो अर्थात सांप मरे न लाठी टूटे।
- स्वाभिमानी कभी चाटुकार नहीं हो सकता और चाटुकार कभी स्वाभिमानी नहीं हो सकता।
- ईमानदार व्यक्ति कभी सत्ता का चाटुकार नहीं होता। यदि ईमानदार व्यक्ति सत्ता का चाटुकार है तो वह ईमानदार नहीं हो सकता।
- निम्न प्रकृति का व्यक्ति सम्मान और पद-प्रतिष्ठा पाकर कुकुरमुत्ते की तरह फूल उठता है और टेढ़े मेढ़े चलने लगता है।
- जीवन में जो झटके लगते हैं वे सबक हैं। जो व्यक्ति इनसे सीख लेकर स्वयं में बदलाव कर लेता है वह बुद्धिमान है और जो झटके खाकर केवल कराहता है और कोई सबक नहीं लेता है, वह मूर्ख है।
- जो व्यक्ति उस माँ का नहीं हुआ जिसने उसे अपना खून पिलाकर पैदा किया है और जो व्यक्ति उस मातृभूमि का नहीं हुआ जिसने उसे पाल-पोषकर बड़ा किया है तब ऐसे व्यक्ति को कृतघ्न के अलावा क्या कहा जाएगा?
- युद्ध शुरूकर कभी वापस नहीं मुड़ें। ऐसा करना मृत्यु को दावत देना है। वीर पुरुष कभी पीछे मुड़कर नहीं देखते। वे जानते हैं कि मृत्यु आगे भी है और पीछे भी। पीठ देकर मरना कायरता है।
- व्यक्ति को एक गुरु या फिर, वक्त ही बदल सकता है।
- परिवार एक राजा के राज्य की तरह है। जब राजा के राज्य में गृह युद्ध होता है तब उसके बाहरी शत्रु उस पर आक्रमण तेज कर देते हैं, ठीक

इसी प्रकार, जब परिवार में अशांति होती है तब निकट जन निंदा बुराई जैसे अनेक कटु हमले शुरू कर देते हैं। जीवन में शांति बहुत जरूरी है चाहे यह राज्य हो या परिवार।

► कमजोर आदमी सबसे ज्यादा बोलता है।

► निम्न प्रकृति का व्यक्ति जब तक अपनी औकात नहीं दिखा देता है तब तक उसे चैन नहीं आता है।

► किसी देश के नागरिकों की राजनीतिक उदासीनता उन्हें और उनकी पीढ़ियों के भविष्य को गर्त में डाल देती है।

► अच्छे आदमी को पकड़कर रखें, यही दूरदर्शिता है।

► संसार में रहकर यदि व्यक्ति काम विरक्त होने का स्वांग करे तो यह अविश्वसनीय है। काम से विरक्ति केवल हिमालय की कन्दराओं में रहकर पाई जा सकती है। संसार में रहकर काम से विरक्ति एक असंभव घटना है।

► संबंधों की यह विचित्र घटना है कि भाई ही भाई का सबसे बड़ा मित्र है और भाई ही भाई का सबसे बड़ा शत्रु है।

► चतुरता के क्षेत्र में चतुर और घाघ दो तरह के व्यक्ति होते हैं। चतुर अपनी चतुरता में असफल हो सकता है लेकिन घाघ नहीं। घाघ धनुर्धारी अर्जुन की तरह हमेशा अपने लक्ष्य पर दृष्टि केंद्रित रखता है।

► सत्ता या सत्ता से निकटता का घमंड व्यक्ति के सिर चढ़कर बोलता है।

► जीवन में रणनीति की महिमा अनंत है। एक व्यक्ति रणनीति बनाकर कठिन से कठिन कार्य में सफल हो सकता है, जीवन की कठिन पहेलियां हल कर सकता है और बड़ा से बड़ा युद्ध जीत सकता है।

► यदि अच्छा आदमी ताकतवर होता है तो वह कभी अच्छे आदमी को नहीं सताता है। यदि वह किसी को सताएगा तो केवल दुष्ट को। इसके विपरीत, यदि बुरा आदमी ताकतवर होता है तो वह केवल अच्छे

आदमी को सताता है। वह बुरे आदमी से टकराने से बचता है। यहाँ एक कहावत चरितार्थ होती है चोर चोर मौसेरे भाई।

- मनुष्य आदिमकाल से अपने अस्तित्व की रक्षा के लिए जीवों को मारकर खाता आ रहा है। यदि वह यह कार्य नहीं करता तो पृथ्वी पर उसका जीना दूभर हो जाता। आज भी वही प्रश्न है। क्या जीवों की संख्या बेतहाशा बढ़ जाने पर मनुष्य उनके साथ रह पाएगा? नहीं बिल्कुल नहीं। मनुष्य और पशुओं का एक साथ रह पाना असंभव है।

- आदमी अपनी सोच से बूढ़ा और जवान होता है। बूढ़ी सोच वाला युवा जवानी में बूढ़ापन महसूस करता है और युवा सोच वाला वृद्ध बुढ़ापे में युवापन की अनुभूति करता है।

- काम एक सहज स्फूर्त ज्ञान है। युवा होते ही प्राणी यह ज्ञान स्वयं सीख लेता है। मनुष्य अपने बच्चे को अल्पायु में कामज्ञान देकर उसके साथ अन्याय ही करता है। उसका यह कृत्य उसके कच्चे मन को कुरेदने जैसा है।

- व्यसन भी अजीब होते हैं। एक लेखक को लेखन न करने पर बेचैनी की अनुभूति होती है और एक पठन पाठन करने वाले व्यक्ति को पुस्तकें न मिलने पर व्यग्रता की अनुभूति होती है। इन लोगों को व्यग्रता की अनुभूति ठीक वैसे ही होती है जैसी एक शराबी को शराब न मिलने पर होती है।

- निर्बल, धर्मशील और आध्यात्मिक पुरुष की आह से बचें। ये आहें ब्रह्मास्त्र हैं।

- महान व्यक्ति का कोई भी कार्य कभी निरुद्देश्य नहीं होता। द्वापर युग में श्रीकृष्ण ने जब गोपियों का चीर हरण किया तब उन्होंने स्त्रियों को यही संदेश दिया कि उन्हें स्नान करते समय अपनी मान मर्यादा का ध्यान रखना चाहिए और निर्वस्त्र होकर नहीं नहाना चाहिए।

- जीवन में तरक्की के लिए लिए मान-सम्मान की बलि आवश्यक है। मान-सम्मान की अधिकता तरक्की के मार्ग में अवरोधक है।

- जैसे पत्थर मारने पर एक श्वान अपनी पीड़ा को व्यक्त करने के लिए देर तक कराहने की आवाज निकालता है, ठीक इसी तरह एक निर्बल व्यक्ति आहत किए जाने पर अपनी व्यथा को शब्द दे देकर व्यक्त करता है।

- टुकड़ों के लिए बिकना इंसान के जमीर के विरुद्ध है। ऐसे व्यक्ति और श्वान में कोई अंतर नहीं है।

- एक सच्चे लेखक को किसी बंधन में नहीं बांधा जा सकता। वह किसी की चाकरी करने से बचता है और स्वतंत्र होकर अपने मन की बात कहना चाहता है। यही कारण है कि सच्चे लेखकों की आर्थिक स्थिति अच्छी नहीं होती।

- व्यक्ति अपनी वृद्धावस्था के लिए नियमित रूप से इतना अवश्य बचाए जिससे उसका बुढ़ापा मान सम्मान के साथ गुजरे, उसे अपने बच्चों के सामने हाथ न फैलाना पड़े और बच्चों को कंगाल मां बाप को वृद्धाश्रम छोड़ने के लिए विवश न होना पड़े।

- अति मान-सम्मान की भावना व्यक्ति को बहुत पीड़ा देती है। ऐसा व्यक्ति जहां भी जाता है उसे वहां आत्म संतोष की अनुभूति नहीं होती है। वह कहीं न कहीं आहत जरूर दिखता है। व्यक्ति में अति मान-सम्मान की मनोवृत्ति एक विकृति है।

- दोस्त का पाला चुनते समय हमेशा बुद्धि विवेक से काम लें। यहां भावनाओं में पड़कर फैसला लेना आत्मघाती होगा। भारत विभाजन के समय कुछ हिंदुओं का पड़ोसी देश के साथ जाना आत्मघाती साबित हुआ। आज वे कहाँ हैं और उनकी स्थिति कैसी है? सारी दुनिया जानती है। इसलिए बहुत सोच समझकर मित्र का चयन करें और उसके खेमे में शामिल होने के पहले कई बार चिंतन करें।

- जो व्यक्ति राष्ट्र को नुकसान पहुंचाने के लिए विदेशी मदद लेकर षड़यंत्र करता है वह देशद्रोही है और गद्दार है। उसे एक पल के लिए भी जेल की सलाखों के बाहर रहने का अधिकार नहीं है।
- यश प्रतिष्ठा को संभालकर रखना हर व्यक्ति के बूते की बात नहीं है। इसे कोई विरला ही शूरवीर संभालकर रख पाता है और इंसान बना रहता है।
- कभी अपने परिजनों के मस्तिष्क में कोई नकारात्मक बात नहीं डालें। एक दिन यह सचमुच सत्य का रूप धारण कर लेती है।
- जो व्यक्ति अपने रक्त संबंधों का नहीं होता वह महा स्वार्थी और महा कपटी है। उसके लिए इस पृथ्वी पर छोड़िए नर्क में भी कोई जगह नहीं है।
- यदि व्यक्ति अपने दुश्मन की निंदा बंद कर दे और उसके प्रति समता का भाव रखने लगे तो यह निश्चित है एक दिन यह शत्रु मित्र बन जाएगा।
- जो व्यक्ति कर्मों से ब्राह्मण बन जाता है वह अपना पूरा जीवन संवार ले जाता है। ब्राह्मण जीवन सफलता की अधिकतम गारंटी है।
- आज व्यक्ति की सबसे बड़ी चिंता अर्थ है। उसके लिए यह स्वाभाविक भी है क्योंकि बिना अर्थ के जीवन संभव नहीं है। न शिक्षा है, न स्वास्थ्य है, न निवास है, न घोड़ा गाड़ी है, न स्वाभिमान है और न कुछ और है। आज सब कुछ अर्थ पर निर्भर हो गया है। यही कारण है कि इंसान पैसे के पीछे भागा जा रहा है। उसके लिए रिश्ते नाते सब गौण हो गए हैं। आज इंसान की यह मनस्थिति चिंतनीय है।

*****

युवानामा

अभ्यास 6
युवानामा

युवा वही है जो ऊर्जा और उत्साह से लबरेज है। बिना ऊर्जा के युवा रस निकाले गए आम की तरह हैं। आज युवाओं के साथ बिडम्बना यह है कि वे अपने युवत्व को संरक्षित करने के बजाय उसे अतृप्त वासनाओं में निवेश कर रहे हैं जिससे उनमें असमय वृद्धावस्था के लक्षण प्रदर्शित हो रहे हैं और वे अनेक बीमारियों के शिकार हो रहे हैं। इस अभ्यास में युवाओं को अपनी ऊर्जा संरक्षित करने के लिए कुछ उपयोगी बातें बताई गई हैं।

- आज युवाओं को अपने माता पिता की बातें उपदेश लगती हैं जबकि यही बातें वे अपने गुरु या मोटिवेशनल स्पीकर के मुंह से बड़े चाव से सुनते हैं। सही कहा गया है कि 'घर का जोगी जोगना आन गांव का सिद्ध'।

- युवा कोई दुस्साहसी कदम उठाने के पहले अपने गुरु या माता पिता से परामर्श अवश्य कर लें। उनका एक ही दुस्साहस उनके भविष्य को चौपट कर सकता है।

- यदि माता-पिता अपनी कन्या के लिए वर के बारे में जानकारी करना चाहते हैं तो वे उस वर की इन्टरनेट की ब्राउज़ हिस्ट्री खोज लें। यहाँ उसके काफी सारे कृतित्व की बानगी मिल जाएगी।

- आज भौतिक विकास ने युवाओं और वरिष्ठों की सोच में जमीन-आसमान का अंतर ला दिया है। युवा जमीन पर नहीं चलना चाहते हैं और वरिष्ठ अपनी जमीन छोड़ना नहीं चाहते हैं।

- आज युवाओं के साईंटिफिक टेम्पर ने उनके भाषा पक्ष को बहुत कमजोर कर दिया है। यदि उन्हें कोई पत्र लिखना पड़े तो उनके हाथ पाँव फूलने लगते हैं। यदि व्याकरण के साथ कोई पैराग्राफ लिखना हो तो उनके लिए यह कार्य लगभग असंभव है। कम्प्यूटर और मोबाइल की दुनिया ने उनके साहित्यिक पक्ष को शुष्क कर दिया है।
- एक युवा के लिए माँ एक ऐसा बैंक है जहाँ वह अपने सभी दु:ख जमा कर सकता है और पिता एक ऐसा क्रेडिट कार्ड है जहां उसके सपने पूरे होने की गारंटी है।
- जब बच्चों को मातृभाषा के माध्यम से शिक्षा दी जाती है तब उनके अंदर मातृभूमि के प्रति प्रेम की भावना सुद्दढ़ होती है और जब अंग्रेजी भाषा के माध्यम शिक्षा दी जाती है तब उनके अंदर मातृभूमि के प्रति केजुअल प्रेम की भावना विकसित होती है।
- जैसे जैसे युवत्व की गर्मी ठंडी होती है, युवा का जीवन संतुलित होता जाता है।
- कोई देश वैसा ही बनता है जैसी शिक्षा उसके युवाओं को दी जाती है। शिक्षा ही देश का भविष्य तय करती है।
- दुनिया में पुत्र के बढ़ते यश से केवल माता-पिता हृदय से खुश होते हैं, शेष लोग तो सामाजिक व्यवहार करते हैं।
- जो युवा अपने माता-पिता की इज्जत, मान-सम्मान और विरासत को न संभाल सके उसे संतान कहलाने का अधिकार नहीं है।
- सहपाठी किशोर किशोरियों में एक दूसरे के प्रति सहज आकर्षण स्वाभाविक है। यहाँ धर्म, जाति और वर्ण के सभी आवरण झूठे हैं। इस आयु में केवल प्रेम ही सत्य है।
- एक युवती को बुजुर्ग में निश्चल मन का अपना पिता दिखता है।

- जो युवा जवानी में अपने स्वास्थ्य की रक्षा करता है वह बुढ़ापे में युवावस्था का आनंद भोगता है और जो जवानी में स्वास्थ्य बर्बाद करता है वह वृद्धावस्था में कराहता हुआ कष्ट भोगता है।
- जो युवती विवाहित होने तक अपने शील को संभालकर रखती है वह अपने भविष्य को सौभाग्यशाली बना लेती है।
- जो युवा प्रसन्न मन से अपने माता पिता को टेक्नोलॉजी का ज्ञान कराते हैं वे अपने माता-पिता की सुसंस्कृत संतानें हैं।
- यदि बालक को बचपन से योग प्राणायाम और धर्म की शिक्षा दी जाए तो वह अपने युवाकाल तक इतना प्रबुद्ध हो जाएगा कि वह अपने भविष्य का निर्माता स्वयं बन जाएगा।
- जो युवा अपने क्रोध का प्रबंधन कर लेता है वह उत्तम स्वास्थ्य के साथ तरक्की के पथ पर अग्रसर होता है।
- भारत की नई पीढ़ी और पुरानी पीढ़ी की सोच में एक बड़ा अंतर यह है कि नई पीढ़ी चकाचौंध और खूबसूरती में विश्वास करती है जबकि पुरानी पीढ़ी मजबूती और गुणशीलता में विश्वास करती है।
- एक युवा की सफलता असफलता में मां की भूमिका सर्वाधिक होती है क्योंकि वह उसके साथ सबसे ज्यादा समय बिताती है। मां ही उसके अंदर सबसे अधिक संस्कारों का बपन करती है।
- जब भावना और अनुभव के बीच चुनाव की बात आए तब युवा हमेशा अपने वरिष्ठों के अनुभवों को प्राथमिकता दें। भावना एक जुनून है जहां दूरदर्शिता और चिंतन मनन का अभाव होता है। भावनाओं में लिए गए निर्णय प्राय दुः खदायी होते हैं जबकि अनुभव के आलोक में लिए गए निर्णय सदैव सुखदायी होते हैं।
- एक युवा अपने माता-पिता का ऋणी होता है, लेकिन वह अपनी पत्नी और बच्चों के प्रति केवल कर्तव्यशील होता है।

- जब एक शिशु विद्यार्थी जीवन में प्रवेश करता है तब यह उसका दूसरा जन्म होता है। उसे पहला जन्म उसके माता-पिता जैविक रूप में देते हैं और दूसरा जन्म उसके गुरु ज्ञान देकर देते हैं। एक विद्यार्थी ब्राह्मण की तरह ही द्विज है।

- युवा अपने वृद्ध माता-पिता के अभिशाप से बचें। माता-पिता का अभिशाप बहुत भयानक होता है। आह की प्रतिक्रिया कुदरत का अटल नियम है।

- युवा अपने माता-पिता के साथ जीते जी अच्छा व्यवहार करें। मरने के बाद वे वापस नहीं आएंगे, लेकिन विकट परिस्थिति में वे बहुत याद आएंगे।

- जो युवा अपनी कामवासना के आवेग को नियंत्रित नहीं कर पाता है वह पेड़ की तरह उखड़कर बर्बाद हो जाता है। ब्रह्मचर्य पालन एक युवा का धर्म है।

- आज की युवा पीढ़ी धनसंपदा और पद-प्रतिष्ठा जैसी भौतिक उपलब्धियों पर अधिक विश्वास करती है। लेकिन, वह धैर्य, शील और त्याग जैसे नैतिक मूल्यों को धारण करने से बचती है। यही कारण है कि जीवन का एक ही झटका उन्हें अवसाद के निकट पहुंचा देता है। युवाओं को समझना चाहिए कि धन संपत्ति बाह्य शक्ति है जो अस्थायी है और नैतिक मूल्य आंतरिक शक्ति हैं जो टिकाऊ हैं और जीवन का सच्चा आधार हैं।

- बच्चों को कभी धन दौलत देकर सात पीढ़ियों के भविष्य को सुरक्षित नहीं किया जा सकता। बच्चों को केवल धर्म-कर्म के संस्कार देकर ही सात पीढ़ियों के भविष्य को सुरक्षित किया जा सकता है।

- शिक्षा और संस्कार एक बालक की भावी इमारत के निर्माण में ईंटगारा का कार्य करते हैं।

- अंतरजातीय विवाह में एक युवा दिल की तो कर लेता है, लेकिन वह अपने निकटजनों की आत्मीयता खो देता है। फिर, उसका जीवन पत्नी और बच्चों के दायरे में सिमटकर रह जाता है।

- युवा क्षणिक कामावेश में कभी किसी युवती का जीवन बर्बाद नहीं करें। इस कृत्य से न केवल युवती का भविष्य स्याह होता है बल्कि युवा भी अपराधी बनता है। इस कृत्य के लिए एक युवा कितना ही पश्चाताप करे, उसके मन का शूल कभी कम नहीं हो सकता।

- एक युवा स्त्री धन और दहेज से बचे। यह, भविष्य में, उसके स्वाभिमान को क्षत विक्षत करेगा।

- कभी कभी युवावस्था में कामावेश का तूफान किसी युवा के भविष्य को अंधकारमय बना देता है। सनातन धर्म में इस तूफान को रोकने के लिए युवाओं की अंतरंग वेशभूषा में एक वस्त्र निश्चित किया गया है, यह है लंगोट। पहले के समय युवाओं को अपने कामावेश के निरोध के लिए इस वस्त्र को धारण करने की सलाह दी जाती थी। इन युवाओं को ब्रह्मचारी कहा जाता था। यही कारण था कि प्राचीन समाज में युवाओं द्वारा स्त्री के साथ बलात्कार की घटनाएं शून्यप्रायः होती थीं। यहाँ यह दृष्टांत देने का तात्पर्य यह है कि पहनावे का ढंग एक युवा के कामावेश को नियंत्रित कर सकता है। आज के उन्मुक्त दौर में युवाओं के लिए लंगोट धारण करना अत्यंत आवश्यक हो गया है।

*****

दंपतिनामा

अभ्यास 7
दंपतिनामा

पति-पत्नी गृहस्थी की एक ऐसी गाड़ी हैं जिस पर उनके बच्चे और माता-पिता सवार होकर सफर करते हैं। यदि यह गाड़ी संतुलित तरीके से चलती है तो इन सदस्यों का सफर बड़ी आसानी से गुजरता है। यदि इस गाड़ी के किसी पहिए में कोई दिक्कत है तो गाड़ी का लड़खड़ाना निश्चित है और सभी को तकलीफ होना भी निश्चित है। इसलिए समझदार पति-पत्नी इस गाड़ी को सही तरीके से चलाते हैं। इस अभ्यास में दांपत्य जीवन को सफल बनाने वाले कुछ टिप्स शामिल किए गए हैं। हालांकि ये बातें सभी दंपतियों पर समान रूप से लागू नहीं होती हैं और न ही लेखक का ऐसा कोई प्रयोजन है। लेखक ने यहाँ केवल उन्हीं बातों को शामिल किया है जो उन्होंने समाज में देखी हैं। यदि किसी दंपति को कोई बात स्वीकार नहीं हो तो वे क्षमाप्रार्थी हैं।

- एक पति अपनी पत्नी की स्वर्ण की अत्यधिक चाहत को बुद्धिमानीपूर्वक डील करे। रामायण में सीताजी ने अपने पति श्रीराम से स्वर्णमृग मांगा जिसके फलस्वरूप उनका अपहरण हुआ और पति संकट में पड़े। स्वर्ण की अत्यधिक चाहत एक मृगतृष्णा है।

- एक पत्नी की अपने पति पर एकाधिकार की चाहत उसके परिवार के बीच झगड़े का असली कारण बनती है। पत्नी चाहती है कि पति उसकी मुट्ठी में रहे और आमदनी उसकी अंटी में रहे।

- यदि पति पत्नी के मन नहीं मिलते हैं तो उनके रिश्तों में आग लगी ही रहेगी।

► नौकरीशुदा पति-पत्नी मिलबैठकर एक फैसला अवश्य करें। यदि पत्नी उच्च पोजीशन में हो तो वह पति को वचन दे कि वह अपने झूठे स्वाभिमान को त्यागकर उसका आधिपत्य स्वीकार करेगी और यदि पति उच्च पोजीशन में हो तो वह पत्नी को वचन दे कि वह उसे समुचित सम्मान देगा। ऐसा समायोजन करने से उनके जीवन की गाड़ी बड़े मजे से चल सकेगी।

► पति चाहे कितना अच्छा कार्य कर डाले, लेकिन उसके कान पत्नी के मुंह से प्रशंसा के दो शब्द सुनने के लिए तरस जाएंगे। पत्नी यदि उसके कार्य में कोई मीन मेख न निकाले तो यह बड़ी बात होगी। एक पत्नी को अपने पति का पुरुषार्थ दूसरों की तुलना में छोटा ही लगता है।

► एक शादीशुदा महिला के लिए किसी पुरुष से मित्रता बढ़ाकर शांति की तलाश करना घातक है। देखा गया है कि कार्यस्थल में कुछ महिलाएं अपने पति से तनाव के चलते किसी सहकर्मी पुरुष से मित्रता कर लेती है। यहां मन बहलाव के अलावा उसका कोई अन्य उद्देश्य नहीं होता है। लेकिन, व्यवहार में यह महिला इस दोस्ती में बुरी तरह बदनाम हो जाती है। शादीशुदा महिलाएं हरहाल में अपने पति में शांति की तलाश करें। यह नियम पुरुषों पर भी समान रूप से लागू होता है।

► एक सनातनी नारी व्रत, पूजन इत्यादि करके अपने पति के दीर्घायु होने की कामना करती है, यह उसकी बुद्धिमानी है। भारतीय नारी अपने जीवन साथी के बिना अनाथ है।

► पत्नी एक गुरु है जो ज्ञान के बंद दरवाजे खोलती है।

► अपने जीवनसाथी के दीर्घायु होने की कामना करें क्योंकि वही बुढ़ापे की डोर है। दांपत्य जीवन के लिए सकारात्मक सोच ही सुखी जीवन की कुंजी है।

► मौन सफल वैवाहिक जीवन का अचूक मंत्र है। इस मंत्र से खराब से खराब रिश्ते टूटने से बच जाते हैं।

- सनातन संस्कृति में तलाक के लिए कोई स्थान नहीं है। यहाँ विवाह को सात जन्म का साथ माना गया है। यही कारण है कि संस्कृत भाषा में तलाक के लिए कोई मूल शब्द नहीं गढ़ा गया है।

- स्त्री ने पुरुष के साथ पत्नी बनकर घर संभालने का समझौता किया है। इसलिए स्त्री सम्माननीय है।

- यदि नारी में सकारात्मक सोच नहीं है तो परिवार में ज्यादा दिन शांति नहीं रह पाएगी। परंपरागत भारतीय परिवारों में एक गृहिणी ही अपनी सकारात्मक सोच से पारिवारिक सदस्यों को जोड़कर रखती है।

- दांपत्य जीवन की सफलता के लिए परस्पर समर्पण अति आवश्यक है।

- मितभाषी दंपतियों के संबंध प्रेमपूर्ण होते हैं और बात बात पर प्रतिक्रिया करने वाले दंपतियों के संबंध झगड़ालू किस्म के होते हैं।

- दाम्पत्य जीवन में अवैध संबंध आत्मघाती है। यह एक दिन तबाही जरूर लेगा, यह निश्चित है।

- शादी के बाद चैरिटी करना लगभग असंभव है। फिर भी, यदि कोई जीवन साथी ऐसा दुस्साहस करता है तो वह श्रद्धेय है।

- यदि सफल होना है तो नितांत गोपनीय बातों को अपने जीवन साथी से साझा नहीं करें। अनुभव से पाया गया है कि बहुत कम जीवन साथी ऐसे हैं जो इन्हें गुप्त रख पाते हैं।

- कुछ पत्नियाँ अजीब मिट्टी से बनी होती हैं। वे जब तक पति से शिकायत नहीं कर लेंगी, उलाहना नहीं दे देंगी और लड़ाई नहीं लड़ लेंगी तब तक उनका खाना ही नहीं हजम होता।

- न ही कोई पति अपनी पत्नी की चरित्रहीनता बर्दाश्त करता है और न ही कोई पत्नी। चरित्र सफल दांपत्य जीवन की आधारशिला है।

- पत्नी को छोड़कर अन्य स्त्रियों को बहन-बेटी की दृष्टि से देखें, यही धर्माचरण है।

- जो स्त्री एक पुरुष को छोड़कर ज्यादा प्यार पाने की चाहत में दूसरे पुरुष के लिए भटकती है उसके भाग्य में सुख की संभावना नगण्य है। वह मात्र एक तितली है।

- यदि पति अच्छा मिल गया तो यह स्त्री की किस्मत है और यदि पत्नी अच्छी मिल गई तो यह पति का सौभाग्य है। वरना, सामान्य दाम्पत्य जीवन कुत्ते बिल्ली की तरह गुजरता है।

- घर-घर में ताकतवर होने की होड़ चल रही है। पति-पत्नी के बीच असली लड़ाई यही है।

- एक भारतीय पत्नी दूरदर्शी होती है। वह अपने पति को भले के लिए समझाती है ताकि उसके पति का भविष्य अच्छा रह सके, फलस्वरूप उसका भी भविष्य सुरक्षित रह सके।

- जैसे दुधारू गाय की लात खाने में पुरुष को कोई दिक्कत नहीं होती है वैसे ही एक पति को अपनी कमेरी पत्नी की कटु बातें सुनने में कोई दिक्कत नहीं होनी चाहिए। एक पति के लिए यह सत्य स्वीकार कर लेने में ही बुद्धिमानी है।

- एक पत्नी अपने पति से अनंत अपेक्षाएं रखती है। यह ठीक नहीं है। उसे अपने पति से उतनी ही अपेक्षाएं रखनी चाहिए जिन्हें वह आसानी से पूरी कर सके।

- यदि पत्नी शांतिप्रिया है तो पुरुष के लिए कोई और स्वर्ग नहीं है। उसके घर में साक्षात लक्ष्मी का वास है। यदि पत्नी कलहप्रिया है तो पुरुष के लिए इससे बदतर और कोई जगह नहीं है। उसके घर में साक्षात नर्क का वास है।

- शिकायती स्वभाव की नारी के दाम्पत्य जीवन में कभी शांति नहीं आ सकती। उसका पति से टकराव होता ही रहेगा, यह निश्चित है।

- नारी भावनाओं के वशीभूत हो जिद करती है। किंतु, अक्सर उसकी जिद का परिणाम गलत साबित होता है। त्रेता काल में सीताजी ने श्रीराम से स्वर्ण मृग लाने की जिद की; रानी कैकेयी ने अपने पुत्र को राजसिंहासन दिलाने के लिए राजा दशरथ से जिद की; और पौराणिक काल में सती ने बिना बुलावा शिवजी से अपने पिता के घर जाने की जिद की। यहाँ इन नारियों ने अपने-अपने पतियों की सलाह की उपेक्षा की जिसका परिणाम उनके लिए भयानक हुआ। सीताजी को अपहरण का सामना करना पड़ा, कैकेयी को अपने ही पुत्र द्वारा अपमानित होना पड़ा और सती को अग्नि में कूदकर आत्मदाह करना पड़ा। नारी के लिए पति की अवज्ञा हितकर नहीं है।

- कौन कहता है कि पुरुष नारी के आतंक का शिकार नहीं है? यह तो पुरुष की महानता है जो वह खून का घूंट पीकर मुंह बंद रखता है। यह व्यथा एक पति से ज्यादा कौन जानता है?

- पति-पत्नी के झगड़े को कोई नहीं निपटा सकता चाहे स्वयं धर्मराज ही क्यों न आ जाएं? वे आज झगड़ेंगे कल सुलह करेंगे। पति-पत्नी के झगड़ों का समाधान किसी के पास नहीं है।

- यदि पति, पत्नी को बस में नहीं कर पाया तो पत्नी उसको अपने बस में कर लेगी और यदि पत्नी, पति को बस में नहीं कर पाई तो पति उसे अपने बस में कर लेगा। पति-पत्नी का पूरा जीवन एक दूसरे को अपने बस में करने के प्रयासों में बीतता है। कोई बिरला ही दम्पति इसका अपवाद है।

- जो पति घर में बिल्ली की तरह रहता है उसके घर में सुख-शांति शेर की तरह दहाड़ लगाती है।

- एक गृहस्थ नारी की पूरी दुनिया किचन, गृहस्थी की वस्तुओं, निजी अलमारी और अनुशासित परिवार में समाहित होती है। उसकी ये चीजें जितनी सुंदर और व्यवस्थित होती हैं उसका घर संसार उतना ही

सुखमय होता है। असल में, एक गृहस्थ नारी अपने हृदय में अपने घर को सुखमय स्वर्गलोक बनाने का सपना सँजोकर रखती है।

- एक स्त्री के सामने जब पत्नी और मां की भूमिका की बात आती है तब वह अपने मां धर्म को तरजीह देती है और जब एक पुरुष के सामने पति और पिता की भूमिका की बात आती है तब वह अपने कर्तव्य को तरजीह देता है। इसका कारण यह है कि एक माँ पारिवारिक मामलों में हृदय से कार्य करती है और पिता मस्तिष्क से।

- जो स्त्री-पुरुष अपने पार्टनर में सौ प्रतिशत की खोज करते हैं, वे अंततः एक चौथाई में जीवन यापन करते हैं। जीवन साथी में शत प्रतिशत की खोज व्यक्ति की यूटोपिन सोच है। संसार में ऐसे युग्म अपवाद में पाए जाते हैं।

- एक शादीशुदा पुरुष अन्य स्त्रियों के प्रति हमेशा अपने मन में बहन और पुत्री का भाव रखे। यदि कभी उसके मन में कोई अन्य भाव आने लगे तो वह उन्हें ऐसी दृष्टि से देखने की कोशिश करे मानो वह उद्यान में खिले हुए पुष्प देख रहा है और कुछ नहीं।

- पति-पत्नी के वाद विवाद में पति हार जाएगा, पत्नी नहीं। वाद विवाद के दौरान एक पति के लिए पत्नी के समक्ष समर्पण कर देना ही सर्वोत्तम विकल्प है।

- एक स्त्री अपने पति से दिल से लड़ती है, मन से नहीं।

- जंगल की शेरनियाँ बड़ी खतरनाक होती हैं। वे बूढ़े शेर का जीना दूभर कर देती हैं। इंसानी शेरनियाँ भी उनसे पीछे नहीं हैं।

- अतीत में, सहनशीलता पत्नी के लिए आभूषण मानी जाती थी। आज यह पति के लिए आभूषण है।

- पुरुष के जीवन का सबसे बड़ा आलोचक और समालोचक उसकी पत्नी है।

- पत्नी यदि जिद पर अड़ जाए तो परिवार का तहस-नहस कर मानती है।

- जो पत्नी अपने पति के लिए सुस्वादपूर्ण भोजन बनाती है और उसकी इच्छाओं का ख्याल रखती है वह प्रिया बनकर पति के हृदय और मस्तिष्क पर राज करती है। इसी तरह, जो पुरुष पत्नी के मनोनुकूल कार्य करता है वह पत्नी को सम्मोहितकर सुख शांति का जीवन जीता है।

- जो पुरुष पत्नी की कान भरने वाली बात सुनकर प्रतिक्रियाहीन रहता है वह अनेक संकटों से बच जाता है और जो पुरुष तुरंत प्रतिक्रिया कर कार्रवाई कर बैठता है वह अक्सर आग में झुलस जाता है।

- पति पत्नी जब तक दो व्यक्ति हैं तब तक उनके बीच झगड़े हैं। जिस दिन वे दो बदन एक जान हो जाते हैं उनके सारे झगड़े समाप्त हो जाते हैं।

- कभी किसी पति-पत्नी के झगड़े में नहीं पड़ें। पति-पत्नी दो ऐसे मित्र हैं जो आपस में लड़ेंगे, भिड़ेंगे और सुलह करेंगे। बीच-बचाव करने वाला व्यक्ति व्यर्थ में दोनों का बुरा बन जाएगा। अनुभव से पाया गया है कि दंपतियों के बीच लड़ाई झगड़ा आम बात है।

- जब पति-पत्नी में से कोई एक अपने आपसी झगड़ों को किसी तीसरे को शेयर करने लगे तब समझ लेना चाहिए कि उनके बीच सब ठीक-ठाक नहीं है।

- दांपत्य जीवन में चरित्रहीनता अभिशाप है। जीवनसाथी चाहे कितना लड़ें झगड़ें लेकिन चरित्रहीनता किसी भी जीवन साथी को स्वीकार्य नहीं है। दांपत्य जीवन में चरित्रहीनता का अंत सुखद नहीं होता।

- पति-पत्नी की लड़ाई बच्चों की लड़ाई है। वे दिन में लड़ते हैं और सुबह सुलह कर लेते हैं। यह उनके द्वारा अपने मन की भड़ास निकालने का एक स्वाभाविक तरीका है।

- जो स्त्री अपने मायके की संपन्नता और अपने भाई बंधुओं के बारे में बहुत अधिक डींगें हाँकती है, वह अपने ससुराल का स्नेह खो देती है। उसका पति भी उसे हृदय से सम्मान करना छोड़ देता है।

- कर्कशा स्त्री पति को बिच्छू की तरह दंश देकर सताती है और मधुरा स्त्री पति के दिल पर स्वामिनी की तरह राज करती है। पति के दिल पर राज करने की कला केवल मधुरभाषिणी स्त्री जानती है।

- आज के युग में वह पुरुष सौभाग्यशाली है जिसकी पत्नी संस्कारवान है और वह स्त्री परम सौभाग्यशाली है जिसका पति चरित्रवान और संस्कारवान है।

- एक पत्नी, पुत्र और पड़ोसी को समझाना बड़ा दुष्कर कार्य है।

- कोई स्त्री जब अधेड़ी में अपने पति को कब्जे में नहीं रख पाती है और विवशता के अधीन जीवन गुजारती है तब देखा गया है कि वह पति की वृद्धावस्था में बच्चों को अपनी तरफ मिला लेती है और उस पर बच्चों के माध्यम से शासन करती है। पाया गया है कि वृद्धावस्था में बच्चों का संतुलन स्वाभाविक रूप से मां के प्रति झुका हुआ होता है।

- एक पति हमेशा इस बात का ध्यान रखे कि वह कभी अपनी पत्नी के सामने किसी दूसरी स्त्री की प्रशंसा नहीं करे। चाहे यह स्त्री गुणों में सती साध्वी ही क्यों न हो? पति की यही बुद्धिमानी होगी।

*****

स्त्री-पुरुषनामा

अभ्यास 8

स्त्री-पुरुषनामा

आदिम काल से स्त्री और पुरुष में एक दूसरे को अपने नियंत्रण में लेने की होड़ चल रही है। ज्यादातर मामलों में पुरुष विजयी रहा है। लेकिन, कहीं-कहीं स्त्रियों ने विजय हासिल की है। इसी कारण पुरुष प्रधान और स्त्री प्रधान समाजों का निर्माण हुआ है। आज यह होड और तेज हो गई है। अब स्त्रियों ने पुरुषों से आगे निकल जाने के लिए कमर कस ली है। आज उनकी इस प्रगति को देखते हुए यह अनुमान लगाना कठिन नहीं है कि एक दिन नारी समूचे विश्व में राज करेगी। इस अभ्यास में स्त्री और पुरुष के संबंधों पर कुछ अनुभवजन्य बातें कही गई हैं।

- स्त्री अपने वाणी माधुर्य से किसी भी शक्ति को प्रभावित करने की अद्‌भुत क्षमता रखती है। प्रकृति की उसे यह अनुपम सौगात है।
- समाज में कुछ निराश युवतियां शांति की तलाश में किसी बाबा फकीर का सहारा ढूँढती हैं। ऐसी युवतियों को समझना चाहिए कि शांति कहीं बाहर नहीं है। यह उनके अंदर ही बसती है। वे इसे समझें। उनके लिए शांति पाने का एक ही उत्तम मार्ग है संघर्ष। संघर्ष जीवन का कटु सत्य है। बिना संघर्ष के जीवन नहीं चल सकता। वे चाहे यह संघर्ष गुरु आश्रम में रहकर करें या संसार में रहकर। शांति की खोज में आश्रम जाने से अच्छा है कि वे संसार में रहकर संघर्ष करें। इस संघर्ष के लिए उनका हिम्मती होना अत्यावश्यक है। यह हिम्मत उन्हें दुनिया से लड़ने में मदद करेगी। वे समझें कि उनके पास खोने के लिए सब कुछ है इज्जत, मर्यादा, शील। रंगे भेड़िए सब जगह उन पर अपनी नजर गड़ाए बैठे हैं। उनकी एक ही गलती जीवन को नर्क बनाने के लिए काफी है।

अतः निराश युवतियाँ हिम्मत और संघर्ष का मार्ग चुनें। वे किसी भी परिस्थिति में बाबा फकीर के पास जाने से बचें। प्रसंगवश, आज ऐसा कोई शुद्ध बुद्ध बाबा फकीर नहीं है जो पूरी तरह विकारमुक्त हो गया हो।

- एकांत युवा स्त्री-पुरुष के लिए घातक है।
- केवल पुरुष ही स्त्रियों पर कुदृष्टि नहीं डालते हैं, स्त्रियां भी चोरी छिपे यह कार्य कर लेती हैं।
- एक स्त्री को केवल मौन से जीता जा सकता है, बहस से नहीं।
- पुरुष के पास त्रियाचरित्र से निपटने का एक ही मार्ग है- मौन।
- सुंदर स्त्रियों की एक बड़ी समस्या यह है कि यदि कोई पुरुष उन्हें देखे तो उन्हें बुरा लगता है और नहीं देखे तो उन्हें उपेक्षा का भाव महसूस होता है।
- न्यायालय ने 14 सेकेंड से अधिक किसी महिला को देखना कुदृष्टि के रूप में परिभाषित किया है। इसलिए, पुरुष बुद्धिमान बनें। वे उन पर केवल सरसरी निगाह डालने की आदत बनाएं।
- स्त्री सुरक्षा देने वाले पुरुष को ही जीवनसाथी के रूप में चुनना बेहतर समझती है।
- बहुत सारी सुंदरियों को सुंदर होने का मोल चुकाना पड़ता है। इसलिए सुंदरता हमेशा वरदान नहीं है। मुफलिसी और निर्बलता की स्थिति में तो कतई नहीं।
- प्रख्यात पुरुष सोशल मीडिया पर किसी अजनबी महिला से दोस्ती करने से बचें। यहाँ ऐसी मित्रता के अनेक खतरे हैं। ऐसे मित्र उनकी किसी कमजोरी का फायदा उठाकर क्षण भर में उनके यश को धूमिल कर सकते हैं।

- कभी किसी निकटस्थ महिला के प्रति एकतरफा अनुराग नहीं रखें। महिलाओं की छठी इंद्रिय बहुत शक्तिशाली होती है। वे इसे तुरंत ताड़ लेती हैं। इस कृत्य से पुरुष उसकी नज़र में अपना मान सम्मान खो बैठेगा।

- स्त्री किसी बात को ज्यादा देर तक नहीं पचा पाती है। वह न कहने वाली बात भी कह डालती है। महिलाओं के पेट में मुंह होता है।

- किस घर की व्यथा को सही मानें। कहीं पुरुष तेज है तो कहीं नारी। दोनों अपनी वर्तमान स्थिति के लिए जिम्मेदार हैं। यहाँ आपसी समझदारी ही काम करती है।

- यदि स्त्री किसी पुरुष के गुणों के प्रति श्रद्धा रखती है तो यह अच्छी बात है। लेकिन, उसे ऐसे पुरुष से निकटता स्थापित करने से बचना चाहिए। पाया गया है कि पुरुष अक्सर नारी की अति श्रद्धा का गलत अर्थ निकालने लगते हैं।

- स्त्री के आंसुओं की भाषा पढ़ना सीखें, यही दूरदर्शिता है।

- स्त्री जिस पुरुष की कमजोरी है, वह ताकतवर नहीं एक कमजोर इंसान है।

- स्त्री सच्चे प्यार की भूखी होती है। एक छली कपटी उसे इसी कमजोरी से लूट लेता है।

- कोई माने या न माने, स्त्रियां पुरुषों से ज्यादा समझदार हैं।

- कामी पुरुष किसी स्त्री की उपस्थिति से ऐसे चौकन्ना हो जाता है जैसे शिकारी कुत्ता, जो दूर से आ रही मांस की गंध पाकर तुरंत नाक सक्रिय कर लेता है।

- यदि स्त्री अपने पर आकर चंडी का रूप धारण कर ले तो वह सोने की लंका जलाकर स्वाहा कर सकती है। एक स्त्री के पास हजारों अदृश्य अस्त्र होते हैं।

- एक पुरुष के लिए स्त्री को जीत पाना संभव नहीं है। स्त्री के पास आत्मरक्षा के लिए अनेक शस्त्र होते हैं। इसी कारण, सनातन धर्म में स्त्री को दुर्गा का अवतार कहा गया है।

- जिस स्त्री में शील, विनम्रता, कला और बुद्धि का संगम है, वही जादूगरिनी है।

- स्त्री रोकर अपना क्रोध व्यक्त करती है और पुरुष चिल्लाकर अपना क्रोध व्यक्त करता है। किन्तु, स्त्री के आँसू पुरुष के क्रोध से ज्यादा असरदार होते हैं।

- कभी किसी स्त्री को अबला नहीं समझें। स्त्री सोने की लंका में आग लगवा सकती है।

- जिस देश की राजनीति में महिलाओं की जितनी अधिक भागीदारी होती है वह देश उतना ही सुव्यवस्थित और सुशासनयुक्त होता है। इसका कारण यह है कि महिलाओं में सुव्यवस्था स्थापित करने की मूल वृत्ति पाई जाती है। घर हो या बाहर वे इसी दर्शन पर जीती हैं।

- स्त्री उस पुरुष को हृदय से सम्मान देती है जो दृष्टि, वाणी और कर्म में जेंटलमैन होता है।

- दु:ख की स्थिति में नारी और पुरुष दोनों रोते हैं। लेकिन, अंतर यह है कि नारी के आंसू दिखते हैं और पुरुष के आंसू दिखते नहीं हैं। पुरुष के आंसू अंदर ही अंदर बहते हैं।

- पुष्प जब तक सुंदर है तब तक भंवरे उसके इर्द गिर्द मंड़राते हैं। जिस दिन पुष्प मुरझाने लगता है, भंवरे मंड़राना बंद कर देते हैं। उसी दिन पुष्प का असली मूल्य प्रकट हो जाता है। ऐसे ही एक स्त्री का तितली रूप अंत में दु:खकारी होता है।

- पुरुष चाहे कितना पत्थर दिल हो, स्त्री के पहलू में आकर वह मोम बन जाता है।

► जैसे एक नारी बचपन में पिता के बंधन में होती है, युवावस्था में पति के बंधन में होती है और वृद्धावस्था में बेटा-बहू के बंधन में होती है। ठीक इसी प्रकार, एक पुरुष भी बंधनों से मुक्त नहीं है। वह बचपन में पिता के बंधन में होता है, युवावस्था में अपने नियोजक के बंधन में होता है और वृद्धावस्था में बेटा-बहू के बंधन में होता है। स्त्री और पुरुष दोनों के जीवन की कहानी एक जैसी है। दोनों ताउम्र बंधनों में जीते हैं।

► देश में बेटियों को पिता की संपत्ति में हक दिलाने के लिए जो कानून बनाया गया है उसमें बड़े विरोधाभास हैं। इस कानून के द्वारा एक बेटी को अपने पिता की संपत्ति में अपने भाइयों के बराबर का अधिकार दिया गया है। यह अधिकार कितना ठीक है? इस पर आज चिंतन करने की नितांत आवश्यकता है। इसे समझें। एक बेटी जब अपने माता पिता के घर से सदा सदा के लिए विदा होकर अपने पति के घर आती है तब वह उसके परिवार का अभिन्न अंग बन जाती है। यह ठीक वैसे ही है जैसे जल में मिलकर एक बूंद का अस्तित्व समाप्त हो जाता है। लेकिन, यहां एक विरोधाभास यह है कि उस युवती को अपने ससुराल में किसी संपत्ति का हकदार नहीं माना जाता है। उसके ससुर की संपत्ति में उसके बेटे बेटियों का तो अधिकार होता है लेकिन उसका कोई अधिकार नहीं होता है। वह ससुराल में निराश्रिता ही रहती है। क्या यह स्थिति एक स्त्री के लिए स्वीकार्य है? जिस परिवार में वह अपने माता पिता का घर सदा सदा के लिए छोड़कर आई है उसे उसकी संपत्ति में कोई अधिकार नहीं देना क्या दर्शाता है? क्या यह वही परंपरागत सोच नहीं है कि एक स्त्री अपने ससुराल में केवल सेवा देने के लिए पैदा हुई है? वहां उसके कोई अधिकार नहीं हैं।

आज वर्तमान कानून में संशोधन की आवश्यकता है। इस संशोधन के अनुसार एक बेटी को पिता की संपत्ति के बजाय ससुर की संपत्ति में बराबर का हक दिया जाना चाहिए। अन्यथा, यहां यह कहने में कोई संकोच नहीं है कि भारतीय समाज आज भी पुरुषवादी सोच वाला है। यह नारी को अधिकार दिलाने के लिए कतई संकल्पबद्ध नहीं है। इसके साथ ही, यहाँ

सामाजिक समरसता की दृष्टि से एक बात और चिंतनीय है कि पिता की संपत्ति में एक बेटी को बराबरी का अधिकार देकर क्या उसे अपने सगे भाइयों से संबंध खराब करने के लिए प्रेरित नहीं किया गया है? अनुभव से पाया गया है कि एक बेटी को पिता की संपत्ति में तभी हिस्सा मिलता है जब वह अपने भाई और भाभी से बुराई मोल लेती है और झगड़ा करती है। इस तरह क्या इस बात में दम नहीं है कि इस कानून के द्वारा एक बेटी को न घर और न घाट का रखा गया है?

एक और बात, जिसे यहाँ उल्लेख करना जरूरी है। आज कुछ बेटियों के ससुराल वाले इतने कृतघ्न हैं कि वे अपनी बहू पर उसके पिता के जीते जी ही भाई के बराबर संपत्ति में अधिकार मांगने का दबाव डालते हैं। यहाँ दु:खद बात यह है कि यदि बहू इस प्रस्ताव को अस्वीकार करती है तो उसकी प्रताड़ना शुरू हो जाती है। यहाँ तक कि उसे तलाक दे दिया जाता है। यदि वह स्वीकार करती है तो उसे अपने भाई भाभी से झगड़ा करना पड़ता है। इस तरह, उसे अपने हृदय पर पत्थर रखकर माता पिता और भाई भाभी से जीवन भर के लिए संबंध तोड़ना पड़ता है। क्या यह एक बेटी के लिए दु:खद स्थिति नहीं है?

प्रसंगवश, यहाँ एक और बात उल्लेखनीय है कि वर्तमान संदर्भ में, कन्या का पिता दो तरह से लूटा जाता है। एक, उसे पुत्री की शादी के दौरान गुपचुप तरीके से दहेज की भारी भरकम राशि देने के लिए बाध्य किया जाता है। दो, शादी के पश्चात उसे अपनी संपत्ति का एक हिस्सा पुत्री को कानूनन देने के लिए विवश किया जाता है। इन सब बातों को देखते हुए, क्या यह कानून एक पुत्री के पिता को यातनाएं देने जैसा नहीं है? आज इस कानून पर तुरंत पुनर्विचार करने की आवश्यकता है।

▶ समाज में विधुर को एक अच्छी नारी मिलना आसान है, लेकिन विधवा नारी को एक अच्छा पुरुष मिलना अत्यंत कठिन है।

- स्त्री का भावनात्मक पक्ष बहुत प्रबल होता है। इसलिए वह गुरुओं द्वारा आसानी से सम्मोहित कर ली जाती हैं जबकि पुरुषों के साथ ऐसा कम होता है।
- जहां कानून व्यवस्था की स्थिति ठीक नहीं है और गुंडों का राज है वहां धन दौलत तथा जमीन जायदाद की तरह सुंदर स्त्रियां भी सुरक्षित नहीं हैं। यहां उनका उसी प्रकार हरण हो सकता है जिस प्रकार धन-संपत्ति का। ऐसे स्थानों पर सुंदर स्त्रियां सतर्क रहें।
- जब कोई सुंदर स्त्री परदेश में रुके तब वह रात्रि के दौरान होटल इत्यादि के दरवाजे नहीं खोले, चाहे उस देश का राजा ही ऐसा करने के लिए क्यों न कहे? उसके साथ धोखा हो सकता है।
- यदि परिवार में स्त्रियाँ सुमति रखें तो भाई भाई में कभी दुश्मनी नहीं हो सकती। यदि ऐसा नहीं है तो फिर प्रश्न उठता है कि भाई भाई के बीच संघर्ष की घटनाएं शादी के बाद ही क्यों होती हैं?
- स्त्री को केवल प्रेम से जीता जा सकता है, हिंसा से कभी नहीं।
- जिस नारी में सहनशीलता नहीं है, वह ईश्वर द्वारा स्त्रियों को प्रदत्त एक महागुण से खाली है।
- स्त्रियाँ मन की बुरी नहीं होती हैं। वे अमूमन जुबान की बुरी होती हैं।
- स्त्रियाँ गुणग्राहक होती हैं।
- कभी-कभी कोई पुरुष किसी नारी के एकतरफा प्यार में पागल हो जाता है। ऐसी स्थिति आने पर नारी को चाहिए कि वह निरंतर इस पुरुष की नि: शब्द रहकर उपेक्षा करे। उसके ऐसे व्यवहार से इस व्यक्ति को जल्दी ही असलियत समझ में आ जाएगी।
- बेमेल विवाह में कभी मन नहीं मिलते हैं केवल तन मिलते हैं। इसलिए, बेमेल विवाह से बचें।
- बिना युग्म के मानव जीवन अधूरा है।

- पुरुष अहंकार है तो स्त्री क्षमा।
- जिस व्यक्ति के पास अमूल्य हीरा हो उसे लापरवाह नहीं होना चाहिए अन्यथा इसकी चोरी को कोई नहीं रोक सकता। ठीक इसी तरह एक युवती को अपने शील की रक्षा के प्रति सतत सजग रहना चाहिए।
- स्त्री ज़िद के आगे विवेकशून्य हो जाती है।
- यह दुनिया का अजब रिश्ता है कि प्रायः सास के लिए बहू अच्छी नहीं है, बहू के लिए सास अच्छी नहीं है, पति के लिए पत्नी अच्छी नहीं है और पत्नी के लिए पति अच्छा नहीं है। फिर भी, इनके काम एक दूसरे के बिना नहीं चलते।
- जब तक सास के शरीर में ताकत होती है तब तक वह बहू के साथ मनमाना करती है। फिर, वही बहू उसके वृद्ध हो जाने पर उसके साथ दुर्व्यवहार कर अपना हिसाब किताब चुकता करती है। सारी दुनिया लेनदेन के सिद्धांत पर ही कार्य करती है अर्थात, जैसा दे वैसा ले।
- कमाऊ पुरुष और सुंदर स्त्री की दो बातें सुन लेने में ही भलाई है।
- एक सुंदर स्त्री कभी दूसरी सुंदर स्त्री की सुंदरता को नहीं पचा पाती, यह एक मनोवैज्ञानिक सत्य है। इस संबंध में, तुलसीदास जी ने बहुत सही बात कही है- 'मोहि न नारि नारि के रूपा' अर्थात एक नारी दूसरी नारी के रूप की कभी प्रशंसा नहीं कर सकती।
- दुनिया का यह खुला सत्य है कि मनुष्य, स्त्री के आकर्षण में पड़कर अपनी कमाई का सर्वाधिक व्यय करता है। वह यह व्यय चाहे अविवाहित रहकर करे या शादीशुदा होकर। निःसंदेह, पुरुष के लिए पृथ्वी पर स्त्री सर्वाधिक चुंबकीय है।
- पुरुष ज्ञानस्वरूप है और स्त्री भक्तिस्वरूप। इसका साक्षात प्रमाण धर्म सभाएं हैं। ज्ञान की सभाओं में पुरुषों की संख्या अधिक होती है तो भक्ति की सभाओं में स्त्रियों की। प्रकृति ने स्त्री और पुरुष को क्रमशः भक्ति और ज्ञान स्वरूप में ही सृजित किया है।

- स्त्री प्रकृति की सबसे आकर्षक रचना है। स्त्री का जिक्र होते ही मुर्दे का भी दिल धड़क उठता है।

- नारी सृष्टि की सबसे सुंदर रचना है। उसे ईश्वर ने विशेष रूप से गढ़ा है। वह संगीत है, कला है, सौंदर्य है, आकर्षण है और तृप्ति है। उसे ईश्वर ने पृथ्वी पर सृष्टि के निर्माण का कार्य सौंपा है। इसीलिए नारी महान है, वंदनीय है और पुरुष से श्रेष्ठ है।

- भारत के सनातनी समाज में एक अजनबी पुरुष और नारी के बीच नजदीकी केवल पति-पत्नी के रूप में स्वीकार्य है, अन्यथा नहीं।

- समाज में अधिकांश लोग मानसिक रूप से विकृत हैं। वे स्त्री पुरुष के एकाधिक बार मिलने पर उनके संबंधों को लेंस से देखने की कोशिश करते हैं और उन्हें अनाहक बदनाम करते हैं।

- जब तक स्त्री, पुरुष से अधिक ताकतवर नहीं हो जाती तब तक उसे भोगवस्तु माना जाता रहेगा। पुरुषवादी मानसिकता ने युगों से स्त्रियों को खाने की प्लेट समझा है। पुरुषवादी मानसिकता ईश्वर की पुत्री का अपमान है।

- बेमेल शादी न केवल आयु के मामले में बल्कि शिक्षा के मामले में भी होती है। अत: शादी में इन दोनों बेमेलताओं से बचें।

- स्त्री के मन को भगवान भी नहीं पढ़ सके तो साधारण पुरुष क्या चीज है?

- मानव समाज का पितृप्रधान या स्त्रीप्रधान होना स्त्री पुरुष के वर्चस्व की कहानी है। जो पुरुषसमाज स्त्रियों पर अपनी सत्ता स्थापित कर सका वह पितृप्रधान कहलाया और जो नारीसमाज पुरुषों पर बंधन डाल सका वह मातृप्रधान कहलाया। किन्तु, ईश्वर की उनसे ऐसी अपेक्षा नहीं थी। उसने अपनी दोनों संतानों से एक दूसरे को बराबरी का सम्मान देने की अपेक्षा की थी। उसने कभी अपनी संतानों को एक दूसरे को अधीन बनाने के लिए नहीं कहा था।

- जैसे अग्नि और घी के बीच ज्वलनशील रिश्ता है वैसे ही स्त्री और पुरुष के बीच ज्वलनशील रिश्ता है। इसलिए, दोनों के बीच यथासंभव फासला बनाकर रखें।
- स्त्रियाँ एक दूसरे की कमी खोजे बिना ज्यादा दिनों एक साथ नहीं रह सकतीं। यह उनका सहज स्वभाव है।
- दुनिया में वही असली ज्ञानी बन सका है जो स्त्री को गुरु मानकर नतमस्तक हुआ है।
- नारी एक पुरुष की सबसे बड़ी कमजोरी है।
- हरेक स्त्री, पुरुष से सम्मान की अपेक्षा रखती है। वह चाहती है कि पुरुष उसे घूरे नहीं। पुरुष का यह कृत्य एक स्त्री को अपने आत्मसम्मान पर आघात के समान महसूस होता है।

*****

वयोवृद्धनामा

अभ्यास 9
वयोवृद्धनामा

वृद्धावस्था संतुष्ट रहने और कामनाओं से मुक्ति की आयु है। यदि वृद्ध संतुष्ट नहीं होंगे तो वे दुःखी अवश्य होंगे। वृद्धावस्था भगवत भजन और स्मरण की आयु है। इस अभ्यास में वरिष्ठ नागरिकों को सुखी बनाने के लिए कुछ टिप्स दिए गए हैं।

- साठ वर्ष के पश्चात बुढ़ापा तेजी से हमला करता है। वयोवृद्ध योग, प्राणायाम और ध्यान की क्रियाएं करके इस गति को थोड़ा धीमा कर लें।

- वृद्धावस्था में कामवासना पालना आत्मघाती है। वृद्ध इस मनोस्थिति को नियंत्रित करने के लिए काम का कोई चिंतन नहीं करें। इसके बजाय वे अपने चिंतन को ईश्वर के चरणों में लगाएं।

- सेवानिवृत्ति के बाद वरिष्ठ नागरिकों के सामने केवल एक ही मिशन होता है तन-मन को स्वस्थ रखना। तन को स्वस्थ रखने के लिए वे योग प्राणायाम और प्रातः भ्रमण की क्रियाएँ करें और मन को स्वस्थ रखने के लिए ध्यान तथा भगवत भजन में मस्त रहें।

- वृद्धावस्था उपेक्षा की आयु है। इस आयु में विरक्ति ही असली सत्य है।

- वृद्धावस्था में जब कोई मित्र नहीं बनता है तब वयोवृद्ध एक सुमित्र अवश्य बनाएं। यह सुमित्र है उनका भगवान। वृद्धावस्था में भगवान ही एकमात्र मित्र है।

- वरिष्ठ नागरिक जब बच्चों, स्त्रियों और युवाओं के बीच हों तब वे ऐसा महसूस करें मानोकि वे एक ऐसी सुंदर बगिया में मौजूद हैं जहां अनेक

प्रकार के सुंदर पुष्प खिले हुए हैं। ऐसी पवित्र मनोदशा बनाकर रखने से वृद्धों का मन ऐसे खिला रहेगा जैसे कमल का फूल।

► वृद्धावस्था में बचपन का एक एक पल स्मरण करने पर अमृत जैसा मधुर लगता है।

► जैसे बाल्यावस्था में संस्कार निर्माण के लिए माता पिता की आवश्यकता होती है, युवावस्था में शिक्षार्जन के लिए शिक्षक की आवश्यकता होती है, उसी प्रकार, वृद्धावस्था में मायामोह से मुक्ति के लिए एक सद्गुरु की आवश्यकता होती है।

► वरिष्ठ नागरिकों के लिए नाती-पोते अकूत पूंजी से बढ़कर हैं। वे उनके लिए आनंद के स्रोत और आयुवर्द्धक टॉनिक हैं।

► वरिष्ठ नागरिक अपने जीते जी जमीन जायदाद बच्चों के नाम नहीं करें। बेहतर होगा कि वे एक वसीयत बनवाएं जिसमें सभी बच्चों के बीच समान रूप से संपत्ति का बंटवारा कर दें। उनके इस कदम से उनकी मृत्यु के बाद उत्तराधिकारियों के बीच संपत्ति का बंटवारा आसानी से हो जाएगा और कोई विवाद नहीं होगा।

► वृद्धावस्था में जब तक पति-पत्नी दोनों जीवित हैं तभी तक जीवन है। एक के बिछड़ने के बाद जीवन नहीं है। फिर, जीवन भार और त्रास है। इसलिए वृद्ध-वृद्धा एक दूसरे की केयर करना सीखें।

► वृद्धावस्था में वरिष्ठ नागरिकों के दुःखी होने का एक बड़ा कारण आर्थिक है। देखा गया है कि बहुसंख्यक वृद्ध जीवन पर बैल की तरह धन कमाकर परिवार की जिम्मेदारियों पर खर्च कर देते हैं, लेकिन अपने बुढ़ापे के लिए एक धेला नहीं बचाते हैं। जब बुढ़ापा आता है, शरीर अशक्त हो जाता है और कमाई बंद हो जाती है तब उनके सामने अर्थ की समस्या आती है। बच्चे मांगने पर एक दो बार पैसे दे देते हैं, लेकिन बार-बार मांगने पर वे चिड़चिड़ा उठते हैं और तरह तरह की कहानियां बनाने लगते हैं। अब इन वृद्धों के दुःख भरे दिन शुरू हो

जाते हैं। वे एक एक पैसे के लिए मोहताज हो जाते हैं। यदि इन वृद्धों ने समय रहते अपने बुढ़ापे के लिए कुछ बचत की होती तो आज इन्हें इतने बुरे दिन नहीं देखने पड़ते।

► पेंशन वरिष्ठ नागरिकों के लिए आत्मविश्वास है, अंधे की लकड़ी है, मान-सम्मान है और सब कुछ है।

► वृद्धावस्था में एक होशियार पत्नी अपने स्वाभिमानी पति को अपने बच्चों को हथियार बनाकर नियंत्रित करती है। शायद वह अपने पति की इसी अवस्था की प्रतीक्षा करती है।

► वृद्ध अपने शरीर की देखभाल एक विंटेज कार की तरह करें अर्थात जैसे एक विंटेज कार का मालिक अपनी पुरानी कार की समुचित मरम्मत करवाकर और उस पर मनमोहक रंग रोगन लगवाकर उसे सदैव नई नवेली रखता है वैसे ही वृद्ध यौगिक क्रियाएं करके और आयु उचित परिधान धारण करके अपने व्यक्तित्व को आकर्षक बनाएं।

► वृद्धावस्था दिमाग पर बहुत कम भार लेने की आयु है।

► आज बुड्ढों की एक बड़ी समस्या यह है कि उनका मन बुड्ढा नहीं हो रहा है।

► वृद्धावस्था में अच्छे स्वास्थ्य के साथ जीने का मजा ही कुछ और है।

► सामान्य जीवन में कितने लोग मिलते और बिछड़ते हैं। लेकिन, वृद्धावस्था एक ऐसी आयु है जब भूले बिसरे सभी याद आते हैं और उनसे मिलने को मन करता है।

► वृद्धावस्था में प्राय: मस्तिष्क में न्यूरानों की संख्या और उनकी क्षमता कम होने लगती है जिससे वृद्धों में विस्मरण, मतिभ्रम और स्मृतिलोप जैसी अनेक मानसिक कमजोरियाँ पैदा होने लगती हैं। इस स्थिति को नियंत्रित करने के लिए यदि वृद्ध ध्यान की कोई साधना करें और कम से कम आठ घंटे बेफिक्री की नींद सोएँ तो अनुभव से पाया गया है कि

इन क्रियाओं से न्यूरान सशक्त होने लगते हैं और उनके बनने बिगड़ने की संख्या संतुलित होने लगती है।

- वृद्ध मानसिक दृढ़ता के लिए विपश्यना ध्यान क्रिया करें। इसके लिए त्राटक ध्यान की विधि भी बहुत लाभदायक है।

- वृद्धावस्था में मृत्यु का भूत सबसे अधिक डरता है। अनुभव में पाया गया है कि जो वृद्ध इस भूत से डर जाता है वह असमय ही काल के गाल में समा जाता है। लेकिन, जो वृद्ध इस भूत से निडर रहता है वह सौ वर्ष की आयु तक सिंह की तरह दहाड़ लगाकर जीवन जीता है।

- वृद्धावस्था सम्मान की आकांक्षा पालने की नहीं, अपने बाल-बच्चों को सम्मान देने की आयु है। यदि उन्हें मान-सम्मान मिल जाए तो यह उनकी खुशनसीबी है।

- वृद्धावस्था में एक बड़ा भयानक सत्य आ प्रकट होता है जिसे एक वृद्ध को स्वीकार करने में बड़ी अकुलाहट होती है। यह है उसकी कामेच्छा की शून्यता की ओर बढ़ती स्थिति।

- वृद्धावस्था में प्राय: चीजें याद नहीं रहती हैं और तुरंत भूल जाने की आदत होती है। इस समस्या से मुक्ति के लिए वृद्ध किसी काम को करते समय कम से कम दो बार सुनिश्चित करें। इस सावधानी से उन्हें कोई कार्य नहीं भूलेगा और उनका आत्मविश्वास बना रहेगा।

- यदि वृद्ध दंपति सुख-शांति से रहेंगे तो वे कुछ समय और जी लेंगे। यदि वे तनावपूर्ण जीवन जीएंगे तो उनका जीवन कम हो जाएगा और कौन कब टपक पड़ेगा पता नहीं चलेगा। वृद्धावस्था लड़ाई झगड़ा और तनाव लेने की आयु नहीं है।

- वृद्धावस्था में ज्यादा धन दुश्मन की तरह कार्य करता है। देखा गया है कि इसे छीनने के लिए परिजन चील-कौवे की तरह उनके इर्द गिर्द मंडराते हैं।

- वृद्धावस्था में सत्ता की चाह बेवकूफी है। इस आयु में केवल शांति की तलाश करें।

- एक व्यक्ति को साठ साल की आयु के बाद ही असली कमाई का पता चल पाता है। यदि उसने केवल धन-संपत्ति कमाई है और स्वास्थ्य गवां दिया है तो वह निर्धन कहा जाएगा, अमीर नहीं। एक व्यक्ति के जीवन की असली कमाई अच्छा स्वास्थ्य ही है।

- वृद्धावस्था में विकार पालना दु:ख है। इस आयु में विकारों को तिलांजलि दे देने में ही भलाई है।

- वृद्धावस्था ईश्वर के संबल के सहारे कटे, यही श्रेष्ठ जीवन है।

- कुछ बुड्ढे लोगों का जब स्वास्थ्य बहुत खराब रहने लगता है और वे चल फिर नहीं पाते हैं तब वे किसी दूसरे स्वस्थ वृद्ध के अच्छे स्वास्थ्य को देखकर यह सोचते हुए बहुत पश्चाताप करते हैं कि काश! उन्होंने भी अपनी जवानी में योग, प्राणायाम और प्रात: भ्रमण जैसी कियाएं की होतीं तो आज उनकी ऐसी शारीरिक हालत नहीं होती। ऐसे वृद्धों पर यह कहावत पूरी तरह चरितार्थ होती है 'अब पछताए होत क्या जब चिड़िया चुग गई खेत'।

- सेवानिवृत्त लोग साठ वर्ष के बाद अपने को वरिष्ठ नागरिक समझें, वृद्ध नहीं। उन्हें पचहत्तर वर्ष की आयु के बाद ही वृद्ध कहा जाएगा। आज वरिष्ठ नागरिक और वृद्ध शब्द को पर्यायवाची रूप में प्रयोग किया जा रहा है जो गलत है। सनातन धर्म में 75 वर्ष की आयु के बाद ही सन्यास की आयु निर्धारित की गई है। एक व्यक्ति 75 वर्ष की आयु तक वानप्रस्थ आश्रम में रहता है अर्थात वह इस आयु तक सब कुछ त्यागने की तैयारी कर रहा होता है।

- एक वृद्ध व्यक्ति का परिवार के प्रति क्या योगदान होता है? आज स्वार्थ के इस युग में यह प्रश्न ज्वलंत हो गया है। इसे युवा पीढ़ी को समझने की जरूरत है। यह सही है कि एक वृद्ध व्यक्ति का परिवार के प्रति

प्रत्यक्ष रूप में कोई योगदान दिखाई नहीं पड़ता। लेकिन, पाया गया है कि एक वृद्ध व्यक्ति अपनी संततियों की समृद्धि, लंबी आयु और अच्छे स्वास्थ्य के लिए दिन रात ईश्वर से प्रार्थना करता है। वह परिवारी जनों पर आशीर्वाद के ढेरों खजाने लुटाता है। वह नाती पोतों को संस्कारों की अमूल्य थाती सुपुर्द करता है। एक परिवार के लिए वृद्ध के ये सभी योगदान एक देवता के आशीर्वाद से कम नहीं हैं। परिवार के लिए वृद्ध के एक अन्य योगदान से भी इनकार नहीं किया जा सकता। एक वृद्ध अपने बच्चों के लिए वट वृक्ष की तरह होता है जो दरवाजे पर बैठकर शीतल छाया देता है और घर की देखभाल करता है। वह अपनी संतानों को निश्चिंतता का एहसास कराता है कि घर का कोई बड़ा बूढ़ा अभी उनकी चिंताओं और समस्याओं को ओढ़ने के लिए जिंदा है। इससे वे चिंतामुक्त होकर अपना जीवन बिता सकते हैं। इस प्रकार, परिवार के प्रति एक वृद्ध व्यक्ति के योगदान की कोई समझदार व्यक्ति उपेक्षा नहीं कर सकता।

▶ वृद्धावस्था में दीर्घायु होकर मरना उतना महत्त्वपूर्ण नहीं है जितना कि स्वस्थ रहकर मरना। वृद्धावस्था में यही सुमृत्यु है। इसलिए, वृद्ध ईश्वर से हमेशा अच्छे स्वास्थ्य की प्रार्थना करें, लंबी आयु की नहीं। वे अच्छे स्वास्थ्य के लिए नित्य प्रति सकारात्मक चिंतन, सम्यक संकल्प, ईश्वर दर्शन, सत्संग, प्रात: भ्रमण, योग, प्राणायाम और ध्यान की क्रियाएं करें।

▶ यह सत्य है कि जब वृद्ध अशक्त हो जाते हैं और चलने फिरने के लिए विवश हो जाते हैं तब उन्हें अपने पुत्र पुत्री की बहुत याद आती है। वे घबराने लगते हैं और अभीप्सा करते हैं कि वे उनके समीप ही रहें। दरअसल वृद्धावस्था में जब मानसिक स्थिति अत्यंत दुर्बल हो जाती है तब वृद्ध एक मजबूत संबल ढूंढने लगते हैं। एक ईश्वर के साधक वृद्ध को यह संबल ईश्वर के नाम रूप में मिल जाता है। लेकिन, एक सामान्य वृद्ध को यह संबल अपने पुत्र पुत्री में ही दिखता है। मृत्यु पूर्व तो वृद्धों की यह मनोस्थिति अत्यंत दयनीय हो जाती है। वे निकट जनों खासकर पुत्र पुत्री को देखने की रट लगा देते हैं। देखा गया है कि इन वृद्धों के

प्राण अपने पुत्र पुत्री में अटके रहते हैं। वृद्ध इस मनोस्थिति से बचें और समय रहते ईश्वर की साधना में लगकर अपना मानस इतना सुदृढ़ बना लें कि मरते वक्त उन्हें केवल ईश्वर ही याद आए और कुछ नहीं। यही उनकी उत्तम गति होगी।

► वृद्ध अपने मानस को मजबूत बनाएं। इसके लिए वे सकारात्मक चिंतन, प्राणायाम और सत्संग को अपने जीवन का अनिवार्य अंग बनाएं। इन क्रियाओं को करने से उनके मस्तिष्क के कमजोर न्यूरान मजबूत होंगे और उनकी संख्या बढ़ेगी जिससे उनका शारीरिक और मानसिक स्वास्थ्य अच्छा रहेगा। वृद्धावस्था में मजबूत मानस ही सुख का मूलाधार है।

*****

समाजनामा

अभ्यास 10
समाजनामा

जिस समाज के लोग संस्कारित, जागरूक और आदर्श पर चलने वाले होते हैं वह महान कहलाता है। भारतीय समाज की अनादिकाल से यही विशेषता रही है कि यह मूल्यों पर चलने वाला समाज रहा है। इसके लिए सनातन संस्कृति में समय-समय पर अच्छी-अच्छी बातों के माध्यम से शिक्षाएं दी गई हैं। सनातनी लोग इन्हीं अच्छी बातों पर चले हैं। किंतु, आज विरोधाभास यह है कि लोग संस्कारविहीन होकर जीवन जी रहे हैं। इस अभ्यास में माता-पिता, परिवार और समाज के बारे में कुछ अनुभवजन्य बातें शामिल की गई हैं।

► किसी भी समाज में बहुसंख्यक लोग बड़े भाई की तरह होते हैं। उनका नैतिक कर्तव्य होता है कि वे अपने अल्पसंख्यक छोटे भाइयों को स्नेह प्यार से रखें और उनकी तकलीफ इत्यादि का ध्यान रखें। लेकिन, यहां छोटे भाइयों का भी कर्तव्य हो जाता है कि वे छोटे भाई की तरह रहना सीखें और बड़े भाई की इज्जत करें, तभी समाज में सामाजिक समरसता का निर्माण हो सकता है।

► समाज में न कोई व्यक्ति, न कोई जाति और न कोई कौम आत्म सुधार चाहती है। सभी चाहते हैं कि दूसरे सुधरें। आज देश की यही सबसे बड़ी विडंबना है।

► न्यायप्रिय व्यक्ति कभी अपने परिजनों को प्रिय नहीं होता क्योंकि वह गलत को गलत और सही को सही कह देता है। इसलिए आज न्यायप्रिय होना अपनों से दुश्मनी लेने जैसा है।

► दुष्ट पड़ोसी का होना जीवन का सबसे बड़ा दु:खहै। ईश्वर! न करे कि किसी को दुष्ट पड़ोसी मिले।

- धनलोलुपता के इस युग में आज समाज में नैतिक मूल्यों का कितना क्षरण हो गया है? इस बात को कुछ उदाहरणों से समझा जा सकता है। आज सेवा का चोला ओढ़े अधिसंख्य डॉक्टर ईश्वर से प्रार्थना करते हैं कि उनके मरीजों की संख्या बढ़े जिससे उनकी आय में बढ़ोतरी हो, न्याय के दरबार में बैठे अधिसंख्य वकील ईश्वर से प्रार्थना करते हैं कि लोग ज्यादा से ज्यादा झगड़ों में पड़ें और मुकदमें खड़ेकर उनकी आय बढ़ाएं। इसी तरह, भ्रष्ट लोग ईश्वर से प्रार्थना करते हैं कि कुशासन और कुप्रशासन की स्थापना हो जिससे वे निर्भय होकर देश के संसाधनों पर डकैती डाल सकें और जनता को लूट सकें।

- जो पड़ोसी, पड़ोसी के घर पत्थर फेंके वह काले नाग की तरह शत्रु है। ऐसे पड़ोसी से सावधान रहें।

- जिस प्रकार एक परिवार के सदस्य परिवार प्रमुख की न्यायप्रियता के चलते तरक्की के मार्ग पर अग्रसर होते हैं, उसी प्रकार देश के लोग उसके शासक की न्यायप्रियता के चलते विकास के मार्ग पर आगे बढ़ते हैं। यदि परिवार प्रमुख न्यायप्रिय नहीं है तो परिवार टूटकर बिखर जाता है और यदि शासक न्यायप्रिय नहीं है तो देश कमजोर होकर विखंडन की राह पर चल पड़ता है। कहने का तात्पर्य यह है कि परिवार प्रमुख और शासन प्रमुख दो ऐसे व्यक्ति हैं जो परिवार और देश को जैसा चाहे वैसा बना सकते हैं।

- माता पिता आधी रोटी खाकर अपने नौनिहालों को भरपूर शिक्षा दिलाएं। इन नौनिहालों में बड़े बड़े महापुरुष छिपे हैं जो उनके नाम के साथ साथ देश, परिवार और समाज के नाम को भी रोशन करेंगे।

- आज की युवा पीढ़ी माता पिता के प्रति अपनी जिम्मेदारियों से भागती है। इसका कारण वे नहीं बल्कि उनके माता पिता स्वयं हैं क्योंकि माता पिता ने उन्हें सही समय पर कर्तव्य बोध का कोई पाठ नहीं पढ़ाया। उन्होंने उन्हें केवल सुख सुविधाओं का जीवन प्रदान किया। यदि आज यह पीढ़ी इन्हीं संस्कारों को जीने की कोशिश करती है तो इसमें

उसका क्या दोष? असली दोष तो माता पिता का है जिन्होंने बहुत अधिक सुविधाएं देकर उन्हें कर्तव्यबोध से वंचित कर दिया है।

- जब समाज के जिम्मेदार लोग गैर जिम्मेदाराना बात करते हैं तब नई पीढ़ी को गलत सीख मिलती है। फिर, यह पीढ़ी वैसा ही आचरण करती है। यहां दोषी कौन हुआ? निसंदेह समाज के जिम्मेदार लोग।

- आज वे माता पिता ज्यादा सुखी हैं जो अकेले रहते हैं और वे बेटाबहू ज्यादा सुखी हैं जो माता पिता से अलग रहते हैं। सामाजिक अनुभव यही बताता है। व्यवहार में देखा जा रहा है कि जो मातापिता बेटे बहू से दूर रहते हैं उन लोगों के बीच अधिक प्रेम होता है और जो माता पिता साथ रहते हैं वे बेटे बहू के लिए भार सदृश हो जाते हैं।

- भ्रष्टाचारियों को सम्मान देने वाले समाज का नैतिक स्तर कभी ऊंचा नहीं हो सकता। यहां अवसरवादियों की एक बहुत बड़ी फौज तैयार खड़ी है जो अवसर मिलते ही लूट में शामिल हो जाएगी।

- बच्चों को धार्मिक शिक्षा देना ठीक है, लेकिन उन्हें धर्मांध बनाने वाली शिक्षा उनके हित में नहीं है। यह शिक्षा न केवल आत्मघाती है बल्कि समाजघाती भी है।

- समझदार मातापिता कभी अपने बच्चों के मन में किसी व्यक्ति और धर्म के प्रति घृणा के बीज नहीं बोते। अनुभव से देखा गया है कि भविष्य में ये बीज विषवृक्ष बनकर उनके जीवन को तबाह करते हैं।

- समाज में व्यक्ति को दो तरह से सम्मान मिलता है एक, हैसियत से और दूसरा, व्यक्तित्व से। यहाँ व्यक्तित्व से मिलने वाला सम्मान हैसियत से मिलने वाले सम्मान से ज्यादा श्रेष्ठ होता है।

- माता पिता अपने बच्चों के लिए एक ऐसे वटवृक्ष की तरह हैं जिनकी छाया के नीचे उन्हें सुरक्षा और संबल की अनुभूति होती है।

- समाज में दो तरह के लोग होते हैं- एक, यथास्थितिवादी और दूसरे, परिवर्तनवादी। समाज के लिए परिवर्तनवादी लोग ज्यादा हितकर हैं

क्योंकि यही लोग समाज में व्याप्त कमियों को ठीक करने के लिए प्रयास करते हैं जबकि यथास्थितिवादी लोग समाज में किसी प्रकार का परिवर्तन नहीं चाहते। वे केवल अपनी श्रेष्ठ स्थिति बरकरार रख मजे की जिंदगी जीना चाहते हैं।

- भारत में जाति प्रथा का उदय एक दिलचस्प कहानी है। प्रारंभ में, सनातन समाज कर्म के आधार पर स्वयमेव चार वर्गों में बँटा हुआ था ब्राह्मण, क्षत्रिय, वैश्य और शूद्र। ब्राह्मण अध्ययन अध्यापन का कार्य, क्षत्रिय समाज की रक्षा का कार्य, वैश्य समाज की आर्थिक गतिविधियों के संचालन का कार्य तथा शूद्रों सेवा का कार्य करते थे। उस समय इन वर्गों की परिभाषा आज की तरह जातिगत नहीं थी। चारों वर्गों में कोई भी व्यक्ति किसी भी कार्य को करने के लिए स्वतंत्र था। चूंकि शूद्र वर्ग सेवा का कार्य करता था, इसलिए उसे छोटा मान लिया गया था। उस समय ब्राह्मण, क्षत्रिय और वैश्य का कार्य नहीं कर सकने वाले व्यक्ति को स्वमेव शूद्र वर्ग में शामिल मान लिया जाता था। इस प्रकार, शूद्र व्यक्ति ब्राह्मण, क्षत्रिय और वैश्य वर्ग के भी होते थे। कालांतर में, शूद्र कर्म में एक और वर्ग को जोड़ दिया गया। जब समाज में अपराध बढ़े तब मनीषियों ने इन अपराधी तत्वों पर नियंत्रण पाने के लिए चारों वर्गों के लोगों को सजा देने का प्रावधान किया। इन लोगों को शूद्र वर्ग के अंतिम छोर में शामिलकर चांडाल का एक नया नाम दिया गया। चूंकि अपराधियों को प्रथम तीन वर्गों के कार्यों के माध्यम से दंडित नहीं किया जा सकता था, इसी कारण, उन्हें शूद्र वर्ग में शामिलकर सजा दी गई। कालांतर में, इस व्यवस्था का दु:खद पहलू यह हुआ कि यह वर्ग विभाजन धीरे धीरे स्थायी रूप ग्रहण करने लगा। अब ब्राह्मण पिता का पुत्र ब्राह्मण, क्षत्रिय पिता का पुत्र क्षत्रिय, वैश्य पिता का पुत्र वैश्य और शूद्र पिता का पुत्र शूद्र कहलाने लगा। धीरे धीरे यह व्यवस्था समाज में पत्थर की लकीर की तरह रूढ हो गई। वर्तमान में, भारत में जाति व्यवस्था का यही रूप है। आज जिन्हें शूद्र कहा जाता है वे किसी दूसरी दुनिया से आए हुए लोग नहीं हैं। वे भी ब्राह्मण, क्षत्रिय और वैश्य वर्ग

के हैं। अतीत में, सामाजिक कर्म और दंड के आधार पर उन्हें शूद्र होना पड़ा, तब से वे शूद्र कहे जाने लगे।

यदि ऐसा नहीं है तो फिर यहाँ एक सहज प्रश्न उठता है कि वर्तमान जाति व्यवस्था में हरेक वर्ण में उच्च और निम्न स्तर क्यों है? ब्राह्मणों में कुछ उच्च कुल के ब्राह्मण हैं तो कुछ निम्न कुल के, क्षत्रियों में कुछ उच्च कुल के क्षत्रिय हैं तो कुछ निम्न कुल के, वैश्यों में कुछ उच्च कोटि के वणिक हैं तो कुछ निम्न कोटि के और शूद्र वर्ण में कुछ अपने को उच्च समझते हैं तो दूसरे को नीच। इसकी क्या वजहें हो सकती हैं? इसे यहाँ समझने की जरूरत है। जिन ब्राह्मणों ने अध्ययन अध्यापन से हटकर कार्य करना शुरू कर दिया, वे निम्न कोटि के ब्राह्मण कहे गए; जिन क्षत्रियों का राजकुल से संबंध रहा, वे उच्च कुल के माने गए और जिनका राजकुल से संबंध नहीं रहा, वे उच्च कुल के नहीं माने गए, वैश्यों में जिनका उच्च कोटि का व्यवसाय रहा, वे धनाढ्य बनिया कहे गए और जो आर्थिक रूप से सम्पन्न नहीं हो पाए वे पिछड़े कहे जाने लगे। इसी प्रकार, जिन शूद्रों ने गुणवत्तापूर्ण सेवाएं प्रदान कीं वे अपने को निम्न कोटि की सेवाएं देने वालों से उच्च समझने लगे। आज यदि वर्तमान वर्ण विभाजन का गहराई से अध्ययन करें तो यह व्यवस्था छाती पीट पीटकर यही कहती है कि जाति व्यवस्था जन्मजात नहीं है। यह कर्माधारित है। इसलिए आज समय आ गया है कि सनातनी समाज अतीत की इस गलती का परिष्कार करे और शूद्र जाति के लोगों को एक मौका दे जिससे वे अपने वर्तमान कर्म के अनुसार ब्राह्मण, क्षत्रिय और वैश्य वर्ण में शामिल हो सकें और शूद्र शब्द का सदा सदा के लिए परिहार हो सके।

उक्त तथ्य की पुष्टि श्रीमद्भागवत गीता के निम्नलिखित श्लोक में की गई है जब भगवान श्रीकृष्ण ने अर्जुन से कहा कि-

चातुर्वन्यम मया सृष्टम गुण कर्म विभागश:।

तस्य कर्तारमपि मां विद्धय कर्तारम व्ययम।।

अर्थात "प्रकृति के तीन गुणों (सात्विक, राजसिक और तामसिक) तथा उनसे सम्बद्ध कर्म (श्रेष्ठ, मध्यम और अधम) के अनुसार मेरे द्वारा मानव समाज के चार विभाग रचे गए। यद्यपि मैं इस व्यवस्था का सृष्टा हूँ किन्तु, तुम यह जान लो कि मैं अव्यय अकर्ता हूँ"। गीता के इस श्लोक का सार यही है कि जाति व्यवस्था जन्म आधारित नहीं है। यह व्यवस्था कर्म तथा तीन गुणों पर आधारित है।

- अंग्रेजों ने भारत में वर्णों का विभाजन रंग के आधार पर करने की कोशिश की। उन्होंने कहा कि काले लोग भारत के मूल निवासी हैं और गोरे लोग बाहर से आए हैं। उन्होंने यह विभाजन अंग्रेजों के जातीय गौरव को उच्च स्थान पर रखने तथा भारतीय समाज को बाँटने के लिए किया। जबकि उनके इस विभाजन का कोई ऐतिहासिक और नृवंशीय आधार नहीं था। उनका यह वर्गीकरण केवल काल्पनिक था। यहाँ हमें भारत के लोगों की चमड़ी के रंगों के अलग अलग होने की बात समझनी चाहिए। अतीत में, देश एक वृहत्तर भारत था। यहाँ सभी ऋतुएं, जैसे गर्मी, वर्षा, ठंड और बसंत पाई जाती थीं। यहाँ किन्हीं किन्हीं स्थानों पर बहुत अधिक ठंड होती थी तो कहीं अत्यधिक गर्मी। विज्ञान के अनुसार किसी स्थान विशेष के लोगों का रंग रूप स्थानीय जलवायु के अनुसार निर्धारित होता है। ठंड प्रदेश वाले बच्चे गोरे रंग के पैदा होते हैं और समुद्र तट प्रदेश वाले काले रंग के। यह एक ऋतु जलवायु आधारित नैसर्गिक व्यवस्था है। अत: भारत के लोगों का काले और गोरे में अंग्रेजों का विभाजन एकदम गलत और अवैज्ञानिक है। पूरे आर्यावर्त में, काम की तलाश और और प्रभुत्व स्थापित करने की प्रवृत्ति के आधार पर जनसंख्या का एक स्थान से दूसरे स्थान पर माइग्रेशन हुआ और गोरे तथा काले रंग के लोग पूरे भारतखंड में फैल गए। जहां जहां इनका काम धंधा और प्रभुत्व स्थापित होता गया, वे

लोग वहाँ के मूल निवासी बनते गए। अब इनमें और मूल निवासियों में कोई अंतर नहीं रह गया। वे भी वहाँ के मूल निवासी हो गए। पूरे भारत में गोरे और काले लोगों का आव्रजन इसी प्रकार हुआ। भारत में गोरे लोग कहीं बाहर से नहीं आए। आज हमें इस बात को समझना चाहिए कि अंग्रेजों ने हमारे सनातन धर्म और संस्कृति की संगठित शक्ति को कमजोर करने और आपसी जातीय घृणा को बढ़ावा देने के लिए ही जानबूझकर काले गोरे की काल्पनिक थ्योरी गढ़ी।

▶ समाज में असली परिवर्तन केवल त्यागी प्रकृति के पुरुष ही ला सकते हैं। सुविधाभोगी तो मधुमक्खी की तरह सुविधाओं के मधु में डूबने रहने के लिए पैदा हुए हैं। समाज को उनसे कोई विशेष उम्मीद नहीं रखनी चाहिए। ये लोग परिवर्तन विरोधी हैं।

▶ सनातन धर्म के परिवार में चार भाइयों, अर्थात ब्राह्मण, क्षत्रिय, वैश्य और शूद्र की आपसी लड़ाई काफी पुरानी है। बड़े भाइयों ने शुरू से ही छोटे भाइयों के साथ ठीक व्यवहार नहीं किया। उन्होंने अपने पास अधिक अधिकार, सत्ता और संपत्ति रख ली। आज छोटे भाई अपने इसी अधिकार, संपत्ति और स्थान के लिए लड़ रहे हैं। इन भाइयों का यह झगड़ा तभी सुलट सकता है जब बड़े भाई ईमानदारीपूर्वक अपनी भूमिका निभाएं और छोटे भाइयों को गले लगाएं। अन्यथा, यह लड़ाई लंबी चलेगी। हम सब जानते हैं कि आपसी लड़ाई का दुश्मन बेवजह फायदा उठाते हैं। अंग्रेजों ने यही किया और आज भी कुछ लोग इन भाइयों की इसी कमजोरी पर पैनी दृष्टि गड़ाए बैठे हैं।

▶ देखा जा रहा है कि आज देश में जाति के आगे लोगों के दिमाग काम करना बंद कर देते हैं। इसलिए राष्ट्रहित में आवश्यक हो गया है कि एक कानून बनाकर व्यक्ति के नाम के आगे से जातिगत सरनेम हटा दिया जाना चाहिए।

▶ समाज में प्राय: दो तरह के लोग होते हैं- एक, वे जो बनी-बनाई लीक पर चलना पसंद करते हैं और दूसरे, वे जो स्वयं अपनी लीक बनाकर

चलते हैं। किन्तु, देखा गया है कि समाज में दूसरे किस्म के लोगों का मार्ग आसान नहीं होता। समाज उनका विरोध करता है और उनके मार्ग में अनेक रोड़े अटकाता है। किन्तु, सत्यता यही है कि दूसरे किस्म के लोग ही समाज को नई दिशा दिखाने का कार्य करते हैं।

- दुनिया को अच्छा बनाने के लिए अच्छी वृत्ति के लोगों का संगठित होना अत्यावश्यक है।

- आज समाज की बिडम्बना यह है कि यह मुट्ठीभर दुष्ट प्रकृति के लोगों द्वारा संचालित है जबकि समाज में अच्छे लोगों की संख्या बहुत बड़ी है। इसका प्रमुख कारण यह है कि अच्छे लोग भीरु प्रकृति के हैं और दुष्ट लोग ढीठ प्रकृति के हैं। समाज में दुष्ट आदमी का साथ देने के लिए लोग जान की बाजी तक लगाने को तैयार रहते हैं जबकि वे अच्छे आदमी का साथ देने से कतराते हैं। यदि वे कभी अच्छे आदमी का साथ देते भी हैं तो डर डरकर। आज सनातन समाज की यही त्रासदी है।

- हमारे समाज में तीन तरह के लोग हैं- एक, वे जो पूरी ईमानदारी से समाज में सुव्यवस्था स्थापित करने की कोशिश कर रहे हैं; दूसरे, वे जो पूरी ईमानदारी से समाज में अव्यवस्था फैलाने की कोशिश कर रहे हैं; और तीसरे, वे जो इन दोनों तरह की गतिविधियों से उदासीन रहकर जीवन जी रहे हैं। समाज में तीसरे प्रकार के लोग बहुसंख्या में हैं। इन लोगों की उदासीनता खतरनाक है। आज इनकी इसी उदासीनता का पूरे समाज को खामियाजा भुगतना पड़ रहा है। इसी कारण ही चंद मुट्ठी भर लोग समाज में अव्यवस्था कायम करने में सफल होते जा रहे हैं।

- आज समाज में धन कमाने की होड़ लगी हुई है। इस होड में कोई किसी से पीछे नहीं रहना चाहता। भले ही इसके लिए उसे कितने ही पाप, बेईमानी और भ्रष्टाचार क्यों न करने पड़ें? लेकिन, यहाँ दुख की बात यह है कि धन कमाने की इस अंधी प्रतिस्पर्धा में सनातन संस्कृति

के त्याग, ईमानदारी, न्याय और संतोष जैसे न जाने कितने मूल्यों की बलि चढ़ गई है। यही कारण है कि आज हर आदमी दुःखी है। वह सुखी होने का मात्र ढोंग कर रहा है।

► जनता जब तक राजनीति में सेवक की खाल में छिपे भेड़ियों को नहीं पहचानेगी, तब तक ठगी जाती रहेगी। इसके लिए जनता स्वयं दोषी है।

► आज समाज में न्यायप्रिय लोगों का टोटा है। यदि ढूँढने निकलें तो हजारों में कोई एकाध सही मायने में न्यायप्रिय मिलेगा। बहुसंख्यक अपने स्वार्थ के अनुसार ही न्यायप्रिय दिखेंगे।

► यदि समाज में गहराई से अध्ययन करें तो पता चलेगा कि अधिकांश ब्राह्मण वर्ग में बौद्धिक विवेक का बाहुल्य है और अधिकांश वणिक वर्ग में सकारात्मक विवेक का बाहुल्य है। इन लोगों में ये महान गुण उनके पूर्वाधिकारियों के युगों युगों के प्रशिक्षण के कारण ही आविर्भूत हुए हैं।

► आज समधी-समधिनों के रिश्ते देवरानी-जेठानी के रिश्ते बन गए हैं। आपसी मन-मुटाव इनकी नियति हो गई है।

► सनातन संस्कृति में चाचा-भतीजे का रिश्ता पिता-पुत्र का माना गया है। किन्तु, आज यह भाव लुप्त हो गया है। अनुभव में पाया गया है कि आज न कोई चाचा बिना स्वार्थ के पिता की भूमिका निभाना चाहता है और न ही कोई भतीजा बिना स्वार्थ के पुत्र की भूमिका निभाना चाहता है। दोनों ही रिश्ते स्वार्थपूर्ण जीवन जी रहे हैं।

► समाज में न्याय और ईमानदारी का मार्ग काँटों भरा है जबकि अन्याय और बेईमानी का मार्ग उपहारों भरा है। यही कारण है कि लोग बेईमानी का मार्ग चुनते हैं।

► समाज में न्याय पर चलनेवालों को कष्ट और अन्याय पर चलनेवालों को मलाई खाते देखा जा सकता है।

► समाज की विडंबना यह है कि जब कोई व्यक्ति सुधार की बात करता है तब उसे गाली दी जाती है। पापी लोग समाज में कोई सुधार नहीं

चाहते। वे केवल यथास्थिति बरकरार रख अपना पौ बारह जारी रखना चाहते हैं।

► समाज में जो कुछ अच्छा नहीं है, उसके लिए समाज के अच्छे लोग गुनाहगार हैं क्योंकि वे बहुसंख्या में हैं।

► वणिक एक सुव्यवस्था पसंद वर्ग है। वह मन-धन से शासक के साथ रहता है।

► आज समाज में झूठ ने इतना महत्त्वपूर्ण स्थान बना लिया है कि इसे बड़े बड़े लोगों का समर्थन हासिल है। झूठ के प्रति समाज का यह नवीन चेहरा है।

► समाज में अच्छी बातों का असर धीमी गति से होता है, लेकिन बुरी बातों का असर तीव्र गति से होता है। इसलिए नकारात्मक बातें फैलाने से बचें।

► पारसी लोगों की जीवनचर्या को देखकर वैदिक युग के सनातनी आर्यों की सहज ही याद आ जाती है। सनातनी आर्य मन-वचन-कर्म से पवित्र जीवन जीया करते थे और सूर्य की पूजा करते थे। पारसी लोग भी पवित्रता का जीवन जीते हैं और अग्नि की पूजा करते हैं।

► ताकतवर हमेशा उल्टी गंगा बहाने की कोशिश करता है। यदि वह अपने मकसद में कामयाब हो जाता है तो वह, वास्तव में, उल्टी गंगा बहाने लगता है। फिर, समाज इसे सीधी गंगा के रूप में स्वीकार कर लेता है।

► जिस व्यक्ति के मन में मानव कल्याण की भावना नहीं है वह ब्राह्मण कैसा? जिस व्यक्ति के मन में अन्याय को समाप्त करने की भावना नहीं है वह क्षत्रिय कैसा? जिस व्यक्ति के मन में अर्थव्यवस्था को मजबूत करने की भावना नहीं है वह वैश्य कैसा? भारतीय सामाजिक व्यवस्था में इन वर्णों को यही जिम्मेदारी सौंपी गई है।

► यदि घर के मुखिया हो तो सावधान हो जाओ। तुम अपनी खाल की जूतियां भी बनवाकर परिवार को उपहार में भेंटकर दोगे तब भी वे

तुम्हारे एहसान को नहीं मानेंगे। अंत में, तुम्हें धिक्कार के अलावा कुछ नहीं मिलेगा।

- द्वापर युग में यदुवंशी क्षत्रिय श्रीकृष्ण ने गोपवंशों से जो संबंध जोड़ा, वह आज तक चला आ रहा है। इन्हीं ऐतिहासिक संबंधों की वजह से आज यदुवंशियों ने गोप इत्यादि जातियों को बड़ी सहजता से अपने में मिला लिया। सामाजिक एकता की दृष्टि से उनका यह कदम दूरदर्शितापूर्ण कहा जाएगा।

- वर्णाश्रम व्यवस्था में पिछड़ी जातियां वे हैं जो सनातन समाज में सामाजिक और आर्थिक रूप से पीछे रह गईं। ये जातियाँ ब्राह्मण, क्षत्रिय और वैश्य तीनों वर्णों में पाई जाती हैं। लेकिन, आजादी के बाद इन्हें एक स्वतंत्र अस्तित्व प्रदान किया गया। इसी कारण, अब ये जातियाँ वर्ण व्यवस्था के वर्गीकरण से मुक्त प्रतीत होती हैं। सनातन समाज में पिछड़ी जातियों के अस्तित्व में जाति व्यवस्था के उदय की कहानी छिपी है। ये जातियाँ स्पष्ट रूप से कहती हैं कि जाति व्यवस्था जन्मजात नहीं है। यदि जातियाँ जन्मजात होतीं तो वे पिछड़ी जातियाँ नहीं कही जातीं। वे भी ब्राह्मण, क्षत्रिय और वैश्य कही जातीं। सामाजिक और आर्थिक रूप से पिछड़ जाने के कारण ही वे पिछड़ी जातियाँ कहलाईं। यदि ऐसा नहीं है तो फिर प्रश्न उठता है कि वे चार वर्णों में किस वर्ण में आती हैं? इसका उत्तर किसी के पास नहीं है।

- जो समाज संगठित नहीं होता वह कभी सत्ता प्राप्त नहीं कर सकता।

- छल कपट के इस युग में व्यक्ति आधारित संस्थाओं पर लंबे समय तक विश्वास नहीं किया जा सकता। लेकिन, एक सार्वजनिक संस्था पर आसानी से विश्वास किया जा सकता है। इसका प्रमुख कारण यह है कि सार्वजनिक संस्था का मूल चरित्र स्थिर स्वरूप का होता है जबकि व्यक्तिगत संस्था का मूल चरित्र अस्थिर स्वरूप का होता है। धन निवेश करते समय लोग इस तथ्य को हमेशा अपने ध्यान में रखें।

- जैसे पशुओं के बच्चे अपने माता पिता और अपने समाज से संस्कार ग्रहण करते हैं और उन्हीं के आधार पर अपना पूरा जीवन जीते हैं। ठीक, इसी प्रकार मनुष्य के बच्चे भी अपने माता पिता, परिवार और समाज से संस्कार ग्रहण करते हैं और उन्हीं के आधार पर जीवन जीते हैं। इसलिए, जैसा समाज होता है उसके बच्चे भी वैसे ही संस्कारों वाले होते हैं।

- पाप चाहे एक व्यक्ति करे या समाज या देश सभी को अपनी अपनी करनी का फल भोगना पड़ता है। प्रकृति का यह अटल नियम है।

- यदि समाज बुरे लोगों को बुरा काम करने से नहीं रोकेगा तो एक दिन ये लोग इतने ताकतवर हो जाएंगे कि वे उसी समाज को बर्बाद करने में देरी नहीं करेंगे।

- जो कौम राजसत्ता के लिए संघर्ष नहीं करती या सत्ता के समीप नहीं रहती वह पिछड़ी ही रहती है। राजसत्ता से निकटता ही किसी कौम की उन्नति की गारंटी है। इतिहास इस तथ्य की पुष्टि करता है।

- आज पुरानी और नई पीढ़ी के बीच टकराव का एक प्रमुख कारण उनकी सोच में अंतर है। युवाओं की वृत्ति वैज्ञानिक और पाश्चात्य है जिसे वे आधुनिक सोच कहते हैं और उनके माता-पिता तथा दादा दादी की वृत्ति आस्थागत और सनातनी है जिसे वे दकियानूसी सोच कहते हैं।

- सामाजिक संबंधों की विकटता यह है कि यदि व्यक्ति अपने निकटजनों पर आंखें बंदकर विश्वास करता है तो वह इस्तेमाल होता है और यदि उन पर शक करता है तो संबंध विषाक्त होते हैं। निकट संबंधियों के बीच आत्मीय संबंध बनाए रखना एक कला है और कौशल भी।

- परिवार प्रमुख कभी कभी अपने परिवारीजनों को प्रजातांत्रिक स्वतंत्रता देने के कारण बड़े संकट में पड़ जाते हैं। इसलिए अच्छा हो कि वे एक ही नीति पर चलें- सुनें सबकी और करें मन की।

- समाज में कुछ कुटिल बुद्धिजीवी युवाओं को भड़काकर उन्हें आग में झोंकने का कार्य करते हैं। ये बुद्धिजीवी अमूमन राजनीति या धर्म क्षेत्र

के होते हैं। इन लोगों का एक ही उद्देश्य होता है युवाओं को भड़काकर समाज में अपनी सत्ता मजबूत करना। युवा समाज के ऐसे कुटिल बुद्धिजीवियों से सावधान रहें।

- अधेड़ आयु में विधुर हुए व्यक्ति का सामाजिक जीवन बड़ा ही कठिन होता है। इसका कारण यह है कि परिवारों के बीच उसकी स्वीकार्यता कम हो जाती है। इसी तरह, एक विधवा का सामाजिक जीवन भी बड़ा कष्टसाध्य होता है क्योंकि उसे अपने शील की रक्षा के लिए अनेक यत्न करने पड़ते हैं। समाज को विधुर और विधवाओं के पुनर्विवाह को खुलकर स्वीकृत देनी चाहिए।

- आज पिता और पुत्र के रिश्ते सबसे ज्यादा जमीन जायदाद के कारण खराब हो रहे हैं। पुत्र आशा करता है कि पिता जीते जी उसे अपनी संपत्ति उसके नाम कर दे। यदि पिता की एक से अधिक संतानें हैं तो यह समस्या और गंभीर हो जाती है। कभी कभी तो पुत्र और पिता का यह संघर्ष बड़ा दु:खदायी रूप ले लेता है। इस समस्या का एक ही हल है कि कानून ऐसे कृतघ्न पुत्रों को कठोर दंड दे और समाज उनका बहिष्कार करे।

- जिस समाज में भ्रष्टाचार और अनाचार से वैभवशाली हुए व्यक्ति को मान सम्मान दिया जाता है, उसका पतन निश्चित है। यह समाज किस बुराई से ग्रसित नहीं होगा?

- समाज में जिन्हें दबे कुचले और दीन हीन कहा जाता है वे स्नेह और मान सम्मान के बहुत भूखे हैं। उन्हें युगों से यह मान सम्मान और स्नेह नहीं मिला है। यदि आज भारतीय समाज को एकरस और एकजुट बनाना है तो समाज को उन्हें भरपूर स्नेह और बराबरी का सम्मान देना होगा। ऐसा किए बिना उनके दिलों की दूरियां कम नहीं होंगी।

- जब तक पड़ोसी आग लगाएगा तब तक परिवार में शांति स्थापित नहीं हो सकती। बुरा पड़ोसी बहुत कष्ट देता है।

*****

प्रशासननामा

अभ्यास 11
प्रशासननामा

यदि पृथ्वी पर कहीं स्वर्ग है तो वह केवल उसी स्थान पर है जहां का प्रशासन न्यायप्रिय और कानूनप्रिय है। जहां अन्याय, अत्याचार और असमानता का बोलबाला है वहां प्रशासन के अस्तित्व का कोई अर्थ नहीं है। यह दमनकारी प्रशासन है। यदि प्रशासन सशक्त और सद्‌वृत्तियों से प्रेरित है तो समाज में शांति व्यवस्था की स्थापना होगी और यदि यह दुष्प्रवृत्तियों से प्रेरित है तो समाज में अन्याय-अत्याचार, शोषण, हिंसा और अराजकता आम बात होगी। प्रशासन को शासकों के दबाव से मुक्त होना चाहिए। ऐसा प्रशासन ही जनता के साथ न्याय कर सकता है। किसी देश की राजनीति का स्तर ही उसके प्रशासन की गुणवत्ता को निर्धारित करता है। अधम शासन कभी प्रशासन को गुणवत्ता नहीं प्रदान कर सकता। प्रशासन सत्ता का आईना है। इस अभ्यास में प्रशासन से संबंधित कुछ ऐसी ही बातें शामिल की गई हैं जिनको अमल में लाने से प्रशासन की कार्यशीलता में गुणवत्ता आ सकती है।

- ▶ भ्रष्ट प्रशासन में जनता को न्याय के लिए गिड़गिड़ाना पड़ता है। लेकिन, ईमानदार प्रशासन में लोगों को न्याय अधिकार के रूप में मिलता है।

- ▶ ईमानदार प्रशासक से बेईमान ऐसे भय खाते हैं जैसे सिंह से लकड़बग्घे। लेकिन, ये बेईमान लकड़बग्घे समूह बनाकर चारों तरफ से ईमानदार सिंह पर हमला करते हैं और उसे बेदम कर डालते हैं। भ्रष्ट प्रशासन का यह बड़ा क्रूर चेहरा है।

- ▶ प्रशासन के भ्रष्ट तत्वों का सही इलाज ही स्वच्छ प्रशासन है।

- जिस प्रशासन में अपराध बेलगाम हों उसके मुखिया को एक पल के लिए भी अपने पद पर बने रहने का नैतिक अधिकार नहीं है।
- जिस व्यक्ति की फितरत में परपीड़क वृत्ति है, उसे समाज द्वारा सुधारना मुश्किल है। प्रशासन का कठोर दंड ही इस व्यक्ति का सही इलाज है।
- बिना अनुशासन के समाज में सुव्यवस्था स्थापित नहीं हो सकती और बिना भय के समाज में अनुशासन नहीं लाया जा सकता। समाज में यह अनुशासन केवल प्रशासन के भय द्वारा ही लाया जा सकता है।
- जिस प्रशासन में चेहरा देखकर काम होता हो, वहाँ कभी न्याय की उम्मीद नहीं की जा सकती।
- सरकारी तंत्र के अधिकांश लोग प्रदत्त शक्तियों को अपनी बपौती समझते हैं, कर्तव्य नहीं। प्रशासन के लिए यह घोर चिंता का विषय है।
- जैसे कुप्रशासन में न्यायप्रिय लोगों को भय की अनुभूति होती है, वैसे ही सुप्रशासन में अन्यायप्रिय लोगों को भय की अनुभूति होती है। प्रशासन भय का ही पर्याय है।
- यदि सरकार प्रशासन के ईमानदार कर्मचारियों के साथ नहीं खड़ी होती है तो यह सुशासन के लिए बड़ा खतरा है। ईमानदार कर्मचारी फौलाद के नहीं बने हैं। ताकतवर लोग कभी भी उनका हौसला तोड़ सकते हैं।
- व्यक्ति प्रशासन से बहुत अधिक अपेक्षा रखता है। किन्तु, वह कभी अपनी गिरेबां में झांककर नहीं देखता है कि प्रशासन के प्रति भी उसकी कुछ जिम्मेदारी है।
- यदि कानून का पूरी ईमानदारी से कार्यान्वयन किया जाए तो ऐसा कौन सा महाबली है जो प्रशासन के आगे घुटने न टेके।
- सरकार की डिजिटाइजेशन नीति प्रशासन के भ्रष्टाचार पर लगाम लगाने का अचूक मंत्र है।

- दब्बू प्रशासनिक अधिकारी प्रशासन में ज्यादा बदलाव नहीं ला सकते। बिना भय के न तो कर्मचारियों में अनुशासन लाया जा सकता है और न ही उनके भ्रष्टाचार को रोका जा सकता है।
- बड़ी बड़ी मछलियों को पकड़ने के लिए प्रशासन को अपना जाल बड़ा करना होगा। छोटे-छोटे जाल डालना समय की बर्बादी है।
- अन्यायी, अत्याचारी और भ्रष्टाचारी के मन में खौफ भरना प्रशासन का काम है। यदि प्रशासन यह कार्य नहीं कर सकता तो वह या तो निकम्मा है या फिर उसकी शासन सत्ता के साथ मिलीभगत है।
- जब तक शासन भ्रष्ट है तब तक प्रशासन में सुधार की उम्मीद करना व्यर्थ है। प्रशासन में भ्रष्टाचार शासकों के वरदहस्त से ही फलता फूलता है।
- यदि भ्रष्टाचार दूर कर दिया जाए तो पुलिस प्रशासन से बेहतर कोई न्यायकर्ता नहीं है।
- इतिहास गवाह है कि भ्रष्टाचार का अजगर एक दिन समूचे देश को निगल जाता है। इसे समझने की जरूरत है। भ्रष्टाचार का एक बहुत शक्तिशाली परिवार होता है। भ्रष्ट नेता, देशद्रोही, आतंकी, हवालाकर्ता और अपराधी इसके सदस्य होते हैं। ये सब मिलकर भ्रष्टाचार को शक्तिशाली बनाते हैं। जब भ्रष्टाचार का साम्राज्य बढ़ते बढ़ते देशव्यापी हो जाता है तब इसका असली रूप सामने आता है। अब तक यह देश की आर्थिक उन्नति को घुन की तरह खा चुका होता है। अब केवल बचता है कंकाल देश, जहाँ की भूखी-गरीब जनता जरायम के लिए प्रेरित होती है। ऐसे मुश्किल वक्त कोई शक्तिशाली देश इसे अपने कर्ज के शिकंजे में फंसाता है और धीरे-धीरे इसे गुलामी की जंजीरों में जकड़ लेता है। इस तरह, भ्रष्टाचार एक दिन समूचे देश को बर्बाद कर देता है।

► प्रशासन में बेईमान कर्मचारियों को नौकरी में रहने का कोई अधिकार नहीं है क्योंकि वे अमानत में खयानत के अपराधी हैं। वे ऐसे परजीवी हैं जो जनता की गाढ़ी कमाई डकारकर मोटे हो रहे हैं।

► प्रशासन में एक ईमानदार कर्मचारी को ही पिसना पड़ता है। यह कैसे? इसे समझें। जब व्यवस्था भ्रष्ट होती है तब ईमानदार कर्मचारी को बत्तीस दांतों के बीच जीभ की तरह दबाकर रखा जाता है और जब व्यवस्था ईमानदार होती है तब उसे सिंहम बनकर ताकतवर अपराधियों के गिरेबाँ में हाथ डालना होता है जो उसके लिए सांप के बिल में हाथ डालने से कम नहीं होता है।

► जब प्रशासन राजनैतिक ढंग से निर्णय लेने लगे तब आम आदमी को केवल भगवान का भरोसा करना चाहिए।

► जिस प्रशासन में कानून और व्यवस्था की स्थिति ठीक नहीं होती, वहाँ जानमाल की सुरक्षा की कोई गारंटी नहीं हो सकती। ऐसा राज्य अंततः जंगलराज में बदल जाता है। धनपति, व्यवसायी, इंजीनियर, विद्वान, कलाकार और बुद्धिजीवी यहाँ से पलायन कर जाते हैं।

► देश से भ्रष्टाचार के खात्मे के लिए पुलिस एजेंसियों को सबसे पहले बड़ी बड़ी मछलियों को पकड़ना चाहिए। देश में भ्रष्टाचार की असली जड़ ये बड़ी बड़ी मछलियां ही हैं। ये मछलियां इतनी ताकतवर हैं कि कि यदि कभी कोई बड़ी मछली गलती से कानून के शिकंजे फंस जाती है तो वह अपनी भारी भरकम ताकत का इस्तेमाल कर तुरंत ही इधर-उधर से खिसक जाती है। प्रशासन की बड़ी बड़ी मछलियों को पकड़ने के लिए शासन और प्रशासन दोनों को एक सुर ताल में मिलकर कार्य करना चाहिए।

► प्रशासन द्वारा सुशासन की जितनी अच्छी योजना बनाई जाएगी वह प्रशासन उतना ही अच्छा होगा।

- वही प्रशासन सर्वश्रेष्ठ है जिसमें आम आदमी सिर उठाकर चलता है और अपराधी सिर झुकाकर चलता है।

- जब अपराधी प्रशासन का संरक्षण प्राप्त कर लेता है तब वह दैत्य का रूप धारण कर लेता है। अब वह निर्भय होकर हत्याएं, लूट, बलात्कार और अपहरण जैसे कुकृत्य करता है।

- जब प्रशासन में भ्रष्टाचार को रोकने की इच्छाशक्ति नहीं है तब भ्रष्टाचार कैसे रुकेगा? केवल प्रशासन की इच्छाशक्ति ही भ्रष्टाचार को रोक सकती है।

- जब प्रशासन ईमानदार होता है तब सामान्य आदमी के मन में न्याय की आशा जागती है और जब प्रशासन बेईमान होता है तब सामान्य आदमी के मन में न्याय की आशा मर जाती है। फिर, वह भाग्यवादी बनकर जीवन जीती है।

- भ्रष्ट प्रशासन में एक ईमानदार कर्मचारी सुव्यवस्था स्थापित करने के लिए अपनी जान के अनेक दुश्मन पैदा कर लेता है और बेईमान कर्मचारी मलाई काटते हुए रईसी की जिंदगी जीता है। भ्रष्ट प्रशासन की महिमा अनंत है।

- प्रशासन से भ्रष्टाचार को तब तक नहीं मिटाया जा सकता जब तक सरकार ईमानदार कर्मचारियों की सुरक्षा की गारंटी नहीं लेती। देखा गया है कि ताकतवर भ्रष्टाचारी ईमानदार कर्मचारी को आसानी से किसी झूठे मामले में फंसा देते हैं। इसलिए, सरकार को ईमानदार कर्मचारियों की सुरक्षा के लिए एक अभेद्य सुरक्षा तंत्र बनाना चाहिए।

- सेवानिवृत्त कर्मचारियों के अनुभवों में यह पाया गया है कि यदि कोई ईमानदार कर्मचारी बिना किसी दुर्घटना के सेवानिवृत्त होता है तो वह भगवान को लाख लाख शुक्रिया अदा करता है और इसे अपने पुण्यों का प्रताप और पूर्वजों का आशीर्वाद मानता है। व्यवहार में देखा गया है कि सेवाकाल के दौरान एक ईमानदार कर्मचारी बेईमानों से अपने

को ऐसे बचाता है जैसे जीभ बत्तीस दांतों के प्रहार से अपने को बचाकर रखती है।

- सरकार की सारी व्यवस्था ईमानदार कर्मियों पर टिकी है। यदि ये कर्मी निष्क्रिय हो जाएं तो सारी व्यवस्था भ्रष्टाचार में डूब जाएगी, यह निश्चित है।

- यदि कानून का अनुपालन करानेवाली पुलिस एजेंसी ईमानदार और दबावमुक्त नहीं है तो नागरिकों को न्याय नहीं मिल सकता। इसे समझने की जरूरत है। भारत की न्याय व्यवस्था साक्ष्य आधारित है। पुलिस जैसे साक्ष्य प्रस्तुत करती है, न्यायालय वैसा ही न्याय करते हैं। यदि पुलिस निष्पक्ष नहीं है, दबावग्रस्त है या किसी लालच के वशीभूत है तब उसके द्वारा न्यायालय के समक्ष सही साक्ष्य प्रस्तुत करने की संभावना कम है। ऐसे उदाहरण हम आए दिन देखते हैं। पुलिस प्रशासन में आज आमूलचूल बदलाव की आवश्यकता है।

- प्रशासनिक व्यवस्था में तब तक कोई सुधार नहीं हो सकता जब तक प्रशासक स्वयं नहीं सुधरते। यदि प्रशासक सुधार जाएं तो व्यवस्था अपने आप सुधर जाएगी।

- प्रशासन के पास इतनी अकूत ताकत है कि इसके सामने बड़े से बड़े गुनाहगार बौने हैं। यदि प्रशासन चाहे तो समाज को अपराधियों से मुक्तकर रामराज्य ला सकता है। किसी भी व्यवस्था में गुनाहगार तभी पनपते हैं जब या तो उन पर प्रशासन का वरहस्त होता है या फिर प्रशासन कमजोर होता है।

- मात्र कानून बना देने से अपराध नहीं रुकते। यह पुलिस प्रशासन का भय है जो एक व्यक्ति को कानून पालन करने के लिए बाध्य करता है। यदि पुलिस का भय नहीं हो तो अपराधी बेखौफ होकर कानून तोड़ते हैं। समाज में अपराधों को रोकने में पुलिस प्रशासन की अहम भूमिका होती है।

- प्रशासन के पदाधिकारियों को समदर्शी होना चाहिए नकि एकाक्षदर्शी। समदर्शी सभी को समान दृष्टि से देखता है और एकाक्षदर्शी कौवे की तरह एक आँख से केवल अपने ही लोगों को देखता है।

- जब तक सरकार द्वारा प्रशासन के भ्रष्टाचार के प्रति जीरो टॉलरेंस की नीति नहीं अपनाई जाती तब तक भ्रष्टाचार को समाप्त नहीं किया जा सकता।

- सारी व्यवस्था को केवल ईमानदार कर्मचारी ही संभाले हुए हैं। बेईमानों से ऐसी कोई उम्मीद नहीं की जा सकती क्योंकि वे हमेशा बाज़ की तरह घात लगाकर बैठे रहते हैं कि कब लूटने का अवसर मिले। समाज में ईमानदार कर्मचारी वंदनीय हैं।

- सभी प्रकार के भ्रष्टाचार देश के लिए जहर हैं। यदि राजनीतिक भ्रष्टाचार की बात करें तो यह भ्रष्टाचार शासन के लिए एक ऐसा दुष्चक्र तैयार करता है जो भ्रष्टाचारी सत्ता को बार बार स्थापित करने में मदद करता है। यदि आर्थिक भ्रष्टाचार की बात करें तो यह भ्रष्टाचार एक ऐसी काली अर्थव्यवस्था को जन्म देता है जहां अनेक प्रकार के आर्थिक अपराध पलते हैं। इसी तरह, यदि सरकारी कर्मचारियों के भ्रष्टाचार की बात करें तो यह भ्रष्टाचार देश को एक ऐसे अनैतिक चिड़ीमारों का देश बनाता है जहां कर्मचारियों की नजर केवल जनता की जेब पर रहती है, उनकी सेवा पर नहीं। कुल मिलाकर, भ्रष्टाचार देश के लिए एक ऐसा कैंसर है जो उसकी जड़ों को अंदर ही अंदर खाकर एक दिन उसे ढहा देता है।

- व्यक्ति प्रशासन से जितना डरता है उतना किसी से नहीं। इसलिए, समाज में अनुशासन स्थापित करने के लिए प्रशासन का सख्त होना अत्यावश्यक है।

- बिना उंगली टेढ़ी किए घी नहीं निकलता। इसी तरह, बिना सख्ती किए कानून का शासन स्थापित नहीं होता।

- यदि कानून को सही ढंग से कार्यान्वित किया जाए तो बेईमान भी ईमानदार बनने के लिए बाध्य हो जाते हैं।
- जब तक खिलाड़ी रिंग के अंदर है तब तक वह खेल के नियम मानने के लिए बाध्य है। ऑफिस में एक कर्मचारी ऐसा ही खिलाड़ी है।
- प्रशासन में किसी प्रकार के सुधार का विरोध होगा ही। कुछ पापी इसे रोकने के लिए एड़ी से चोटी तक का जोर लगाएंगे ही। तालाब का गंदा पानी निकालते समय कीड़े मकोड़ों का बिलबिलाना स्वाभाविक है।
- प्रशासन में भ्रष्ट कर्मचारी स्वाभिमान त्यागकर अतिविनम्रता की झूठी नीति पर चलते हैं। लेकिन, ईमानदार कर्मचारी कभी अतिविनम्रता की झूठी चादर नहीं ओढ़ते। वे स्पष्टवादी होते हैं।
- सरकार की तिजोरी खालीकर अपनी जेबें भरने वाले भ्रष्ट कर्मचारी जोंक की तरह हैं। सरकार के लिए इन जोंकों को अपने शरीर से निकाल फेंकना ही उत्तम है। अन्यथा, ये जोंकें एक दिन व्यवस्था का सारा खून पीकर उसे मरणासन्न कर देंगी।
- प्रशासन में नियम-कानूनों का डर कर्मचारियों के लिए अच्छा है।
- प्रशासन में रहकर कभी कोई ऐसा कार्य नहीं करें जिससे कर्मचारियों के मन में पूर्वाग्रह बने। यहाँ यथासंभव सरल और सौम्य बनकर सेवा करें। प्रशासन में ऐसी ही व्यवहार शैली उपयुक्त है।
- कभी सरकार में रहकर सरकार से लोहा नहीं लें बल्कि सरकार का लोहा मानें। प्रशासन में एक कर्मचारी की इसी में भलाई है। बेशक, सरकार के गलत कामों का साथ न दें।
- प्रशासन में दलाल बड़े ताकतवर प्राणी होते हैं। ये व्यवस्था में भ्रष्टाचार को मजबूत करने का कार्य करते हैं। ये ही भ्रष्ट कर्मचारियों के लेनदेन करने वाले हाथ होते हैं।
- अक्षम प्रशासन कष्टकारी है। यह जनता के प्रति गंभीर अपराधी है।

- प्रशासनिक अधिकारी का एक शासक के हाथों इस्तेमाल होना आत्महत्या के समान है।
- यदि केंद्र सरकार द्वारा राजभाषा हिंदी को यथार्थ रूप में सारे देश में लागू करना है तो उसे एक काम अवश्य करना चाहिए। उसे अपने कर्मचारियों की तैनाती नीति में बदलाव करना चाहिए। इसके लिए 'क' क्षेत्र अर्थात हिंदी भाषी क्षेत्र से भर्ती हुए हिंदी भाषी कर्मचारियों की पहली तैनाती अनिवार्य रूप से 'ख' और 'ग' अर्थात अहिंदी भाषी क्षेत्र में की जानी चाहिए और 'ख' और 'ग' क्षेत्र से भर्ती हुए अहिंदी भाषी कर्मचारियों को अनिवार्य रूप से 'क' क्षेत्र में तैनात किया जाना चाहिए। इस तैनाती से यह लाभ होगा कि हिंदी भाषी कर्मचारी अहिंदी भाषी क्षेत्र में हिंदी में कामकर हिंदी का प्रचार प्रसार कर सकेंगे तथा अहिंदी भाषी कर्मचारियों की हिंदी भाषी क्षेत्र में तैनाती से उनकी हिंदी अच्छी हो सकेगी। जब उनकी अगली तैनाती अपने गृह प्रदेश में होगी तब वे पूरे आत्मविश्वास के साथ हिन्दी में काम कर सकेंगे। सरकार के इस कदम से राष्ट्रीय एकता और समरसता में वृद्धि होगी।

*****

शासननामा

अभ्यास 12
शासननामा

राजा पृथ्वी पर ईश्वर का ही अवतार है। इसलिए, एक राजा को न्यायप्रिय होना ही चाहिए। यदि वह भ्रष्टाचारी है, अन्याय-अत्याचार तथा अव्यवस्था का पोषक है तो उसे एक पल के लिए भी राजगद्दी पर बैठे रहने का अधिकार नहीं है। वह प्रजा के लिए बोझ है। इस अभ्यास में एक राजा के लिए करणीय और अकरणीय कुछ बातें शामिल की गई हैं।

► यदि शासक ताकतवर नहीं होगा तो देश पर दूसरा राज करेगा। इतिहास का यही सत्य है।

► राजसिंहासन पर बैठा एक ही व्यक्ति देश का बेड़ा गर्क कर सकता है। इसलिए जनता का प्राथमिक दायित्व है कि वह देश का नेता चुनते समय हमेशा अपने बच्चों के भविष्य को सामने रखे, अपने तुक्ष स्वार्थों को नहीं।

► एक संस्कारवान राजा ही संत महात्माओं और धर्म पुरुषों की रक्षा कर सकता है। इतिहास गवाह है कि श्रीराम और श्रीकृष्ण जैसे संस्कारवान राजाओं ने आतताइयों से ऋषियों, मुनियों और संतों की रक्षा की।

► भ्रष्ट-कायर नेतृत्व देश को पतन के गर्त में ले जा सकता है और ईमानदार-साहसी नेतृत्व देश की तरक्की को रफ्तार दे सकता है। देश के लिए नेतृत्व महत्त्वपूर्ण है।

► जो सत्ता में रहेगा, वह सत्ताभोग करेगा। सत्ता का यह मूल स्वभाव है। इसलिए जनता का हित इसी में है कि वह केवल स्वच्छ चरित्र के राजनेताओं को चुने। केवल ऐसे राजनेता ही त्यागी हो सकते हैं और उसके भाग्य को बदल सकते हैं।

- यदि अच्छे लोग नेतृत्व के लिए आगे नहीं आएंगे तो बुरे लोग सत्ता पर काबिज हो जाएंगे। फिर, कुशासन को बदलने में शदियां लग जाएंगी।
- जब देश का राजा दुश्मन से लड़ रहा हो तब उसकी टांग खींचने का कृत्य क्या कहा जाएगा? यह एक प्रकार से दुश्मन की अप्रत्यक्ष मदद है। यह राजद्रोह का कार्य है।
- जो राजनीतिज्ञ अपराधियों को पालते-पोषते हैं वे सफेदपोश अपराधी हैं।
- अयोग्य व्यक्ति को देश की सत्ता सौंपना जनबलि के समान है। ऐसा राजा कभी जनता की पीड़ा को नहीं समझ सकता।
- राजनीति में 24 कैरेट लोग ज्यादा दिनों तक नहीं टिकते हैं क्योंकि ऐसे लोगों को मुलम्मा चढ़े लोग बड़ी खूबसूरती से राजनीति से बाहर कर देते हैं।
- जो शासक जनता की अभिव्यक्ति की स्वतंत्रता का सम्मान नहीं करता, वह कभी जनप्रिय नहीं हो सकता।
- एक शासक के पास इतनी शक्ति होती है कि वह जनता को चुटकी बजाते मसल सकता है। इसलिए, जनता की बुद्धिमानी इसी में है कि वह अपने हित में अच्छा राजा चुने।
- जनता राजा की तब तक प्रशंसक होती है जब तक उसके स्वार्थ की सिद्धि होती है। यदि राजा द्वारा उसकी स्वार्थपूर्ति में किसी प्रकार की चूक होती है तो वह उसकी निंदा करने से नहीं चूकती है, चाहे यह राजा धर्मराज ही क्यों न हो? जनता किसी की सगी नहीं होती है।
- जब जनता अपना राजा चुनती है, तब वह अपना भविष्य चुनती है। अच्छा राजा उसका भविष्य बना सकता है और बुरा राजा उसका भविष्य बिगाड़ सकता है।
- एक राजनेता के लिए जनाधार सबसे बड़ी पूँजी है।

- आततताइयों के मन में खौफ भरना राजा का काम है। यदि वह इस कार्य में नाकाम है तो वह जनता की रक्षा नहीं कर सकता।
- जब किसी विषय पर बहुसंख्यक जनता एकमत हो तब राजा को अपने निर्णय पर पुनर्विचार अवश्य करना चाहिए।
- जो शासक जनता के साथ हो रहे अत्याचार के विरुद्ध खड़ा नहीं होता है उसे एक दिन सत्ताच्युत होना पड़ता है। लोग उसे स्वार्थी और चालाक समझते हैं।
- हर युग में रावण, कंस, दुर्योधन, धृतराष्ट्र और शकुनि जैसे राजनेता पैदा होते हैं। यहाँ जनता का दायित्व है कि वह ऐसे राजनेताओं को सिर नहीं उठाने दे। वह अच्छे राजा का चुनावकर इन्हें हासिए पर डाल दे।
- यह कुदरत का नियम है कि ताकतवर ही शासन करेगा।
- एक आध्यात्मिक शासक सत्ता को न्यायपूर्ण तरीके से चलाता है। लेकिन, एक गृहस्थ शासक से ऐसी उम्मीद कम ही की जाती है।
- न्याय की स्थापना हेतु एक शासक के लिए अन्याय का दमन करना जरूरी है। यदि वह ऐसा कर पाने में अक्षम है तो वह कापुरुष है और अयोग्य है।
- देश के खिलाफ षड़यंत्र करने वालों को दंडित करना शासक का राजधर्म है।
- कहा जाता है कि महाभारत काल में भीष्म पितामह को मृत्यु के समय पूर्वजन्म के किसी पाप के कारण बाणों की शैय्या पर लेटना पड़ा। इसमें कितनी सत्यता है पता नहीं। लेकिन, जो बात सत्य है वह यह है कि उन्होंने अपनी खुली आँखों से दुर्योधन के अत्याचारों को देखा और मौन रहे। दुर्योधन ने कितने निर्दोष लोगों का वध किया। जब दुर्योधन ने अपने चचेरे भाइयों को मारने की साजिश की, तब भी वे चुप रहे। जब कन्या समान बहू को भरी सभा में नग्न किया गया तब भी वे चुप रहे। इस प्रकार, भीष्म पितामह आँखें बंदकर दुर्योधन के भीषण

अत्याचारों में सहभागी रहे। यदि वे चाहते तो इन्हें रोक सकते थे। लेकिन, उन्होंने ऐसा नहीं किया। यही कारण रहा कि उन्हें इन सभी मौन अपराधों का दण्ड मिला और बाणों की नुकीली शैय्या पर लेटना पड़ा। इसलिए, एक राजा को हमेशा याद रखना चाहिए कि वक्त सबका हिसाब लेता है। वह सिद्धांतों का बहाना बनाकर समय के चंगुल से नहीं बच सकता।

- सनातन धर्म की रक्षा के लिए एक ताकतवर अधिनायक चाहिए। सॉफ्ट हिंदुत्व के छलावे में जीकर सनातन धर्म की रक्षा नहीं की जा सकती।
- शासक के द्वारा किए गए गलत कार्य भी प्रजा के लिए अनुकरणीय बन जाते हैं।
- राजनैतिक जीवन में व्यक्तिगत महत्त्वाकांक्षाएं राष्ट्रहित को नुकसान पहुंचाती हैं।
- जो राजा अपने देश की सीमाओं को सुरक्षित रखता है और प्रजा को मजबूत सुरक्षा कवच प्रदान करता है, वह सर्वश्रेष्ठ है।
- जो राजनेता आजीविका के लिए राजनीति करता है, वह जनता का सच्चा सेवक नहीं हो सकता। राजनीति समाज सेवा का एक संकल्प है, आत्म सेवा का नही।
- राजनीति में कोई किसी का स्थायी शत्रु या मित्र नहीं होता। यहाँ सभी अपने अपने स्वार्थों के अनुसार शत्रु-मित्र होते हैं।
- जब राजनैतिक जीवन में पक्के समर्थक उदासीन होने लगें तब यह एक राजनेता के लिए खतरे की घंटी है।
- जो राजनेता अपने अनुयायियों का मनोबल ऊंचा नहीं रख पाता है उसे कुछ दिनों बाद नकार दिया जाता है।
- शासक अपनी सत्ता को मजबूत करने के लिए इंसानों की पीठ को अपनी सीढ़ी बनाता है। सत्ता का यह निर्मम चेहरा है।

- राजनीति को समझना एक सामान्य आदमी के बूते की बात नहीं है। यहाँ कौन किसका मित्र है और कौन किसका शत्रु, पता ही नहीं चलता? यहाँ सिद्धांत और नैतिकता की बातें मात्र दिखावे के लिए होती हैं। यहाँ स्वहित ही सर्वोपरि होता है।

- कभी चरित्रहीन व्यक्ति को देश का शासक नहीं बनाएं। यह कमजोर मनोबल वाला इंसान है। यह व्यक्ति देश की संप्रभुता के साथ समझौता करने में देरी नहीं करेगा।

- राजनीति में सफलता इस बात पर निर्भर करती है कि व्यक्ति कितना बड़ा बहुरूपिया है।

- जब सत्तानशीन हों तब विनम्रता का गुण अवश्य धारण करें। इस गुण से ही यशवृद्धि होगी।

- राजनैतिक निर्णयों में भावनाओं के लिए कोई जगह नहीं होती। राजनैतिक निर्णय कठोर हृदय से लिए जाते हैं।

- राजनीति एक पारस पत्थर है जो कालिमा से सने व्यक्ति को भी सफेदपोश बना देती है।

- राजनीति में आरोप लगाना बहुत आसान है, लेकिन जिम्मेदारी उठाना बहुत ही कठिन।

- जैसे एक पिता अपने बच्चों को जरूरत से ज्यादा आजादी देकर बाद में पश्चाताप करता है, उसी प्रकार एक राजा अपनी जनता को जरूरत से ज्यादा आजादी देकर प्रायश्चित करता है। इतिहास में राजा राम का उदाहरण सबके सामने है।

- देश के राजा में राम भी हो सकता है और रावण भी। यदि वह राम है तो जनता का जीवन सुखमय बनाएगा और यदि वह रावण है तो जनता का जीवन दुःखमय बनाएगा। इसलिए राजा चुनते समय बहुत सावधानी बरतें।

- इतिहास धर्म की रक्षा करनेवाले शासक की शानदार गाथा गाता है। धर्म की रक्षा करना एक राजा का अनिवार्य कर्तव्य है।

- राजनीति में कोई किसी का नहीं होता। इसलिए स्वयं को राजनैतिक इस्तेमाल से बचाएं।

- राजनीति संभावनाओं का खेल है। यहाँ निश्चित कुछ भी नहीं है।

- इस दुनिया में कोई अंतिम सत्ता नहीं है। मनुष्य के पास चाहे जितनी बड़ी राजसत्ता आ जाए, वह अणुमात्र है। इसलिए सदा विनम्र रहें और सभी का सम्मान करें।

- गुणी नेतृत्व ही देश में सुशासन लाता है।

- यदि देश की राजसत्ता सही हाथों में है तो जनता किस्मतवाली है और उस पर ईश्वर की विशेष कृपा है।

- राजनीति में सभी विचारधाराएं स्वागत योग्य हैं। लेकिन, अतिवादी विचारधारा स्वागत योग्य नहीं है। अतिवादिता राजनीति का विकृत रूप है।

- जब बुरे लोग सत्ता में होंगे तब वे जनता के त्रास का कारण बनेंगे, यह निश्चित है।

- प्रजातंत्र में जनता का मत अमूल्य होता है। उसका यह मत देश की किस्मत बनाता और बिगाड़ता है। इतिहास गवाह है कि कई देश सही शासक नहीं चुने जाने के कारण बर्बाद हो गए और वहाँ के लोगों की जिंदगी नर्क बन गई। सही कहा गया है कि जब व्यक्ति अपना राजा चुनता है तब वह अपना भविष्य चुनता है। इसलिए जब भी वोट करें, जाति, धर्म और वर्ग को वरीयता नहीं दें। केवल अच्छे आदमी को चुनें।

- जनता अपने शासक का मूल्यांकन अपनी सुख-सुविधा और सुरक्षा को दृष्टि में रखकर करती है। इसलिए, एक राजा की सफलता की कसौटी जनता की सुख-सुविधा और उसकी सुरक्षा की गारंटी ही है।

- बुद्धिजीवी एक शासक को लंबे समय तक सत्ता में काबिज नहीं रहने देते। उन्हें जब तक शासक सूट करता है तब तक वे उसका समर्थक करते हैं। अन्यथा, वे उसे अस्थिर करने की कार्रवाई शुरू कर देते हैं।

- यदि शासक राष्ट्रवादी लोगों की रक्षा करने में असमर्थ है तो यह देश के लिए गंभीर खतरा है। कोई देश राष्ट्रवादियों के जज्बे और समर्पण के कारण ही ताकतवर है।

- शासन की सभी सत्ताओं का चरित्र एक जैसा है। केवल एक महान शासक ही इस चरित्र को बदल पाता है।

- अपराधी वृत्ति के व्यक्ति को सत्ता के महत्त्वपूर्ण पद पर बैठाकर उससे उम्मीद की जाए कि वह न्याय करेगा, असंभव है। वह ताकत का दुरुपयोग करेगा ही और अपनी कुसत्ता को मजबूत करेगा ही, यह निश्चित है।

- प्रजातंत्र में कभी कुर्सी को अपनी बपौती नहीं समझें। समय आने पर जनता कुर्सी छीनकर पैदल कर देती है। इसलिए कभी राजसत्ता का घमंड नहीं करें।

- जब तक संन्यासी वृत्ति के व्यक्ति को देश का शासक नहीं चुना जाता तब तक देश की सभी समस्याओं को हल नहीं किया जा सकता। इसका कारण यह है कि सांसारिक वृत्ति का शासक अपने स्वार्थ के अनुसार शासन करता है जबकि सन्यासी वृत्ति का शासक त्याग और सेवा के दर्शन पर शासन करता है। वह निर्भय होकर समस्याओं से जूझता है जबकि सामान्य शासक डर डर कर कार्य करता है। सन्यासी वृत्ति का शासक उसे ही कहा जाएगा जो मन से विरक्त है, भले ही वह गृहस्थ है।

- प्रजातन्त्र में सत्ता हासिल करने के लिए जनता को रेबड़ियाँ बांटने से बेहतर कोई दूसरा मंत्र नहीं है। ये रेबड़ियाँ खाने वाले के अंदर बांटने वाले के प्रति मनोवैज्ञानिक सद्भाव पैदा कर देती हैं। लेकिन, ये

जहरबुझी होती हैं जो जनता के भविष्य को तिल तिलकर जला देती है।

- नकारात्मक राजनीति विनाशक होती है। समझदार राजनीतिज्ञ इससे बचते हैं।
- शासनसत्ता से कनेक्टिविटी हमेशा फायदेमंद है। यही कारण है कि बुद्धिमान लोग सत्ता के इर्द-गिर्द मधुमक्खी की तरह मँडराते हैं।
- किसी राजनेता, संस्था या दल को जानने के लिए सबसे पहले उसकी मूल फिलोसोफी को जानें, तभी उसे पूर्ण रूपेण जाना जा सकेगा।
- प्रजातन्त्र में सत्ता की कुर्सी एक स्वचलित मशीन होती है जो बैठते ही अपने आप चल पड़ती है। यदि पदासीन व्यक्ति कुछ न भी करे तो भी यह सामान्य रूप से चलती रहती है। इस कुर्सी को कोई विशेष गुणसम्पन्न व्यक्ति ही सही ढंग से चला पाता है।
- संस्था में एक व्यक्ति के द्वारा लिए गए निर्णय हमेशा सही नहीं होते। सही निर्णय के लिए संगठन का प्रजातांत्रिक होना जरूरी है।
- आज भारतीय राजनीति में राजनीतिज्ञों को आत्मचिंतन करने की सख्त जरूरत है कि जनता के कल्याण के लिए सन्यासियों को क्यों आगे आना पड़ा? उनसे कहाँ चूक हो गई और वे कौन से दायित्वों का निर्वाह नहीं कर पाए? जनता सन्यासी शासकों को क्यों पसंद करने लगी है?
- हर व्यवस्था के कुछ धर्म और सिद्धांत होते हैं, लेकिन राजनीति का न कोई धर्म है और न कोई सिद्धांत। आज की राजनीति अतुलनीय है।
- प्रजातंत्र में मुट्ठीभर चालाक लोग बहुसंख्यक जनता को मूर्ख बनाकर शासन करते हैं।
- राजनीति में कोई देवता नहीं होता। सत्ता पाने के लिए सभी हथकंडे अपनाते हैं।

- जैसी शासन सत्ता होती है, उसके नागरिक भी वैसा ही आचरण करने लगते हैं। सही कहा गया है- 'यथा राजा तथा प्रजा'।
- जिस देश में भ्रष्ट राजनीतियों पर जाँच एजेंसियां हाथ डालने से डरती हों उस देश में अभी भी सामंतशाही के लक्षण मौजूद हैं।
- प्रजातंत्र में जनता की यही बुद्धिमत्ता है कि वह एक अच्छी सरकार बनाकर चैन की नींद सोए।
- जहां राजनीति और धर्म नदी और नाव की तरह घुलेमिले हों, वहाँ धार्मिक कट्टरता को नहीं रोका जा सकता।
- एक शासक को साहसी और दुस्साहसी दोनों ही होना चाहिए ताकि वह किसी भी आपातस्थिति में अभूतपूर्व निर्णय ले सके।
- सामान्य आदमी तभी तक सुरक्षित है जब तक राजसत्ता निष्पक्ष है। अन्यायप्रिय राजसत्ता इंसान को गोलगप्पा समझती है।
- जनता बहादुर राजनेता का साथ देती है, डरपोक का नहीं। जो नेता जनता को उसके भाग्य पर छोड़ देता है, जनता उसके साथ ज्यादा दिनों तक नहीं खड़ी होती है। केवल हिम्मतवाला राजनेता ही जनता का दिल जीत पाता है।
- सत्ता हमेशा निर्भीक और ईमानदार शासक के हाथ में सौंपें। कमजोर शासक कोई क्रांतिकारी कार्य कर नहीं सकता। वह देश का समय ही जाया करेगा।
- जो राजनेता मुश्किल वक्त में अपने कार्यकर्ताओं को अपने हाल पर छोड़ देता है, वह एक दिन अविश्वसनीय बन जाता है।
- जो राजनेता केवल सत्ता पाने के लिए राजनीति करता है वह सत्ता पा जाने पर जनता का खून पीकर मोटा होगा, यह निश्चित है।

- दुनिया में कोई भी शासक इतना महान नहीं है कि वह अपने ही विरुद्ध कोई व्यवस्था बनाए। महान गुरु भी एक मंत्र अपनी रक्षा के लिए शिष्य से छिपाकर रख लेता है।

- राजनीति में कभी छोटे छोटे दलों की उपेक्षा नहीं करें। वे भी उतने ही महत्त्वपूर्ण हैं जितनेकि बड़े दल। यहाँ हमेशा एक कहावत याद रखें कि 'जहां काम आवे सुई कहा करे तलवार'। इतिहास में इसके अनेक उदाहरण मौजूद हैं। आचार्य चाणक्य ने छोटे छोटे गणराज्यों को संगठित कर ही मगध के विशाल साम्राज्य को ढहाया। इसलिए, राजनीति में कभी छोटे दल को कमतर नहीं आँकें, यही राजनैतिक कुशाग्रता है।

*****

अभ्यास 13

शासननामा

भारत में शासन द्वारा रामराज्य की स्थापना के लिए कब से प्रयास किए जा रहे हैं? लेकिन, सुशासन का यह सपना अभी तक साकार नहीं हो पाया है। इसका कारण शासन की शिथिलता है। जब तक शासन चुस्त-दुरुस्त, ईमानदार और न्यायप्रिय नहीं होता तब तक सुशासन और रामराज्य की स्थापना नहीं की जा सकती। तब तक रामराज्य कल्पना ही रहेगा। इस अभ्यास में शासन के लिए कुछ तीखी बातें शामिल की गई हैं।

▶ राजनीति में सफलता की सीढ़ियाँ चढ़ने के लिए गधे को बाप कहना पड़ता है। फिर, उसी बाप को एक दिन उसकी असली औकात दिखा दी जाती है। राजनीति में व्यक्ति को इस्तेमाल करने की बड़ी क्रूर परंपरा है।

▶ इतिहास में धर्मात्मा राजा को परास्त करने के लिए नकारात्मक वृत्ति के लोग झुंड बनाकर तरह तरह के हथकंडे अपनाते रहे हैं। राजा राम और राजा कृष्ण इसके अनुपम उदाहरण हैं। त्रेता युग में आततायी रावण ने सभी राक्षसों को एकत्र कर धर्मात्मा राजा श्रीराम को किस तरह परेशान नहीं किया? वह उनकी पत्नी तक का अपहरण कर ले गया। द्वापर में दुष्ट राजा जालंधर ने दुनिया भर के राजाओं को एकत्रकर धर्मात्मा कृष्ण पर सत्रह बार आक्रमण किए। धर्मात्मा राजा हर युग में असह्य रहा है।

▶ जब परिवार का प्रमुख न्यायप्रिय होता है, तब परिवार के लोग अपने सिर पर एक वरद हाथ की अनुभूति करते हैं। इसी प्रकार,जब देश का

राजा न्यायप्रिय होता है, तब देश की जनता आश्वस्त और सुरक्षित महसूस करती है।

- तानाशाह शासक एक भयभीत इंसान होता है क्योंकि उसके पास केवल हथियारों की ताकत होती है, लेकिन जनप्रिय शासक निर्भीक होता है क्योंकि उसके पास जनता की ताकत होती है। किसी शासन में शासक की असली ताकत जनता ही है।

- राजा की प्रशंसा भी होगी और आलोचना भी। कोई भी राजा इससे बच नहीं सकता। एक राजा को अपनी आलोचना और निंदा नि:स्पृह भाव से सुननी चाहिए और आलोचकों के दिल की बात जाननी चाहिए।

- ईमानदार राजा अपने शासनकाल में मुद्रा का विशुद्धिकरण अवश्य करे। अर्थ की पवित्रता की दिशा में यह एक श्रेष्ठ कदम है।

- नकारात्मक राजनीति देश की एकता और आपसी सद्भाव के लिए घातक है।

- भ्रष्ट आचरण में लिप्त लोग देश में ऐसे शासक की सरकार चाहते हैं जिसमें उनके जैसे लोग हों।

- प्रजातंत्र में जनता ही अच्छी या बुरी सरकार चुनती है। इसलिए, सरकार की हर अच्छाई- बुराई के लिए जनता स्वयं जिम्मेदार है।

- जिस देश की राजनीति में झूठ, छल कपट और षड्यंत्र का बोलबाला होता है, वहां के युवाओं के सामने कोई आदर्श नहीं होता है। यहाँ युवा आज जो सीखेंगे, कल वे वही करेंगे।

- यदि देश के राजनेता यह तय कर लें कि वे देश में सुशासन की स्थापना के लिए उसी जज्बे के साथ काम करेंगे जिस जज्बे के साथ एक सिपाही सीमा पर जान की परवाह न करके अपने दुश्मनों से लड़ता है और अंत में देश को विजयी बनाता है तो देश में रामराज्य की स्थापना बड़ी आसानी से हो सकती है।

- शासन की गुणवत्ता शासक की गुणवत्ता द्वारा निर्धारित होती है। यदि शासक कुटिल है तो कुशासन होगा और यदि शासक हृदय का निर्मल है तो सुशासन होगा।

- सत्ता का रक्त चरित्र होता है। सत्ता से शत्रुता लेते समय हमेशा इस बात को ध्यान में रखें।

- सत्ताभोग सत्तानशीनों का जन्मसिद्ध अधिकार है। यदि कोई इसका अपवाद है तो वह महात्मा है जो गलती से राजनीति की सीढ़ियाँ चढ़ गया है।

- कल्पना करें कि जब प्रजातंत्र में एक अत्याचारी शासक पाँच साल के लिए बर्दाश्त नहीं होता है तब राजतंत्र में आजीवन राजगद्दी पर बैठे रहने वाले क्रूर और अन्यायी राजा कितने भयावह होते होंगे और प्रजा उन्हें कैसे बर्दाश्त करती होगी? प्रजातन्त्र जनता के लिए सबसे अच्छा शासनतंत्र है।

- राजनीति में शासन की दो वृत्तियां होती हैं-सिद्धांतवादिता और सिद्धांतहीनता। सिद्धांतवादिता सुशासन की राजनीति है और सिद्धांतहीनता कुशासन की। किसी राजनीतिक व्यवस्था को इस कसौटी पर कसकर बड़ी आसानी से परखा जा सकता है।

- जो राजा अपनी प्रजा के जानमाल के प्रति संवेदनशील नहीं होता वह कभी न्यायप्रिय नहीं हो सकता।

- समाज में कुछ लोगों के पास बेईमानी से लूटा गया धन इतना अधिक संचित हो गया है कि यदि सरकारें चाहें तो इसको जब्तकर देश की गरीबी मिटा सकती हैं। लेकिन, यह बड़ा मुश्किल कार्य है। यह कार्य तभी संभव है जब जनता ईमानदार राजा चुने, उसे ऐसा मैनडेट दे और उसका साथ दे।

- जो राजनेता अपने स्वार्थों की पूर्ति के लिए राजनीति में आया है वह कभी समाज के लिए उपयोगी नहीं हो सकता।

► सत्ताजीवी राजनेता सत्ता के बिना ऐसे तड़पता है, जैसे जल बिना मछली।

► प्रजातंत्र में वंशवाद राजतंत्र का ही छद्म रूप है।

► अपराधी अपराधी होता है, चाहे वह कितना ही ताकतवर क्यों न हो? यदि राजसत्ता उसे अपराधी घोषित नहीं कर सकती तो यह सत्ता अन्यायपूर्ण है। यह सत्ता जनता को खुश नहीं रख सकती।

► सत्ता का चरित्र द्रोपदी के चीर की तरह है जिसके ओर-छोर का पता लगाना बड़ा मुश्किल कार्य है।

► देश में सुशासन की स्थापना के लिए रामराज्य का मॉडल ही सबसे उपयुक्त है।

► सत्ता व्यक्ति के आँखों और कानों में बहुत मोटी पट्टी चढ़ा देती है। फिर, उसे वही दिखता है जो वह देखना चाहता है और वही सुनता है जो सुनना चाहता है।

► जो राजनेता स्व प्रबंधन की कला जानता है, वही शासन को सही ढंग से संभाल सकता है। जिस व्यक्ति को स्वयं को संभालने का सलीका नहीं है, उसे देश प्रदेश की जिम्मेदारी सौंपे जाने से अव्यवस्था ही फैलेगी। स्व प्रबंधन कभी इंप्लांट नहीं किया जा सकता। यह मूल्यों को आचरण में उतारने पर स्वयं ही आ जाता है।

► अनादिकाल से एक कहावत चली आ रही है 'यथा राजा तथा प्रजा' अर्थात प्रजा राजा का अनुकरण करती है, राजा प्रजा का नहीं। यदि राजा ईमानदार, न्यायप्रिय और अनुशासनप्रिय होता है तो जनता स्वयमेव उसके गुणों का अनुकरण करने लगती है। प्रसंगवश, यहाँ कुछ बुद्धिजीवियों के इस तर्क में कोई दम नहीं है कि प्रजा ही राजा को अपने जैसा बनाती है।

► उसी शासक के शासन में जनता की रोजी रोटी, सुख सुविधा, वेतन और पेंशन सुरक्षित रह सकती है जो स्वभाव में उत्तरदायी है। गैर

जिम्मेदार शासक जनता के बीच रेबड़ियाँ बांटकर और लूटपाट कर राष्ट्र की अर्थव्यवस्था को पंगु कर देता है। फिर, अर्थव्यवस्था उधार पर चलती है और अंत में डूब जाती है। इसलिए, देश की जनता का राष्ट्रीय कर्तव्य है कि वह रेबड़ियाँ बांटने वालों से सावधान रहे क्योंकि ये रेबड़ियाँ भविष्य में उसके गले की हड्डी बनने वाली हैं। सारी दुनिया का अनुभव यही बताता है।

▶ राजनीति में सामान्य बुद्धिवाले व्यक्ति को हमसाथी बनाकर लंबे समय तक राजनीति की जा सकती है। लेकिन, चतुर व्यक्ति को हमसाथी बनाकर ज्यादा दिनों तक राजनीति में अपना स्थान सुरक्षित नहीं रखा जा सकता। इसका कारण यह है कि चतुर व्यक्ति अपने साथी को ज्यादा दिनों तक ऊंचाइयों पर चढ़ते हुए बरदाश्त नहीं करेगा। वह मौका पाते ही उसके विरुद्ध कुचक्र शुरू कर देगा।

▶ आज कलियुग है। सुशासन की स्थापना के लिए श्रीराम की मर्यादित राजनीति काम नहीं करेगी। इसके लिए कृष्णनीति का सहारा लेना होगा।

▶ जिस शासन में बेईमानों को संरक्षण दिया जाता हो और ईमानदार के लिए असुरक्षा और प्रताड़ना का भय हो, वहाँ भला ईमानदार कैसे पनप सकते हैं? ऐसे में कौन व्यक्ति ईमानदार बनकर स्वयं और अपने परिवार को खतरे में डालेगा?

▶ गणमान्य लोग अपशब्द का प्रयोग करते समय तुलसीदासजी की इस सलाह को अवश्य ध्यान में रखें- **वीरव्रती तुम धीर अछोभा। गारी देत न पावत सोभा,** अर्थात वीर व्यक्ति को गाली-गलौज की भाषा शोभा नहीं देती।

▶ राजनीति में संतगीरी की उतनी जरूरत है, जितनाकि दही में जामन और दाल में नमक।

- कालाधन सुशासन के लिए बड़ा खतरा है। यह धन सुशासन को उखाड़ फेंकने की ताकत रखता है।
- जैसे आदमी एक दिन ज्यादा सुख से ऊब जाता है, वैसे ही वह एक दिन सुशासन से भी ऊब जाता है। इंसान को सुख-दुःख, सुशासन-कुशासन दोनों ही चाहिए। उसकी मृगतृष्णा कभी शांत नहीं होती।
- देश में सभी समस्याओं की जड़ भ्रष्टाचार है। जब तक भ्रष्टाचार रहेगा तब तक सुशासन और रामराज्य नहीं आ सकेगा।
- अंजाम की चिंता करनेवाला शख्स राजनीति के शीर्ष पायदान तक नहीं पहुँच सकता। राजनीति में वही सफल होता है जो सब कुछ दांव पर लगाना जानता है।
- सार्वजनिक जीवन में गुस्से का कोई महत्त्व नहीं है। यहाँ बर्फ की तरह ठंडा दिमाग चाहिए।
- किसी भी शासन व्यवस्था में दलाल सबसे खतरनाक प्राणी हैं। ये गठजोड़कर देश को बहुत अधिक नुकसान पहुंचाते हैं।
- राजनीति में ठकुरसुहाती का शौक आत्मघाती है।
- सभी सत्ताओं का चरित्र एक जैसा है। कोई छोटे मियां है तो कोई बड़े मियां। सब आपस में मौसेरे भाई हैं।
- लेखक, पत्रकार और बुद्धिजीवी शासन के लिए विदुर हैं। यदि वे निष्पक्ष और निर्भय नहीं हैं तो वे मात्र चारण और भाट हैं।
- भारत में जाति एक सत्य है। ये जातियां सत्ता तक पहुंचने की सोपान हैं। यही कारण है कि राजनीति में बहुत सारे जातिवीर पैदा हो गए हैं।
- राजनीति के तालाब में बड़े बड़े मगरमच्छ होते हैं जो अनगिनत छोटी छोटी मछलियों को निगलकर मोटे होते हैं।
- राजनैतिक जीवन में आत्मसेवक कभी जनसेवक नहीं बन सकता क्योंकि वह हर जगह आत्म-सेवा के अवसर ढूंढता है।

- राजपद पर बैठा शासक यदि राम नहीं है तो वह राष्ट्र के किसी काम का नहीं है।

- जो शासक न्यायप्रिय नहीं है वह मत्स्य न्याय का अनुयायी है। उसके राज्य में बड़ी बड़ी मछलियां, छोटी छोटी मछलियों को निवाला बनाकर खाती हैं।

- जब पुलिस स्टेट एक्टर की तरह काम करे और गुंडे तथा अपराधियों को संरक्षण देने लगे तब जनता का जीवन दूभर हो जाता है। शासन की यह स्थिति असह्य है।

- जब अत्याचारी शासक की सत्ता छिनती है तब वह हताशा के दौर से गुजरता है और अर्ध विक्षिप्त हो जाता है।

- आज राजनीति में अधिकांश लोग अपने कैरियर के प्रति प्रतिबद्ध हैं, अपनी मूल विचारधारा के प्रति नहीं।

- क्रूर शासक कमजोर कौमों को गुलाम बनाए रखने के लिए अनेक प्रकार की झूठे नेरेटिव गढ़ता है। फिर, वह इन्हें इतिहास का हिस्सा बनाता है। दुनिया के क्रूर शासकों ने ऐसा ही इतिहास लिखा है।

- कुशासन में दैत्यों की ताकत बढ़ती है। ऐसी व्यवस्था में ये दैत्य जब चाहे अजगर बनकर किसी को अपना निवाला बना सकते हैं। कुशासन दैत्यों का ही शासन है।

- जब तक शासक अपराध और भ्रष्टाचार के प्रति जीरो टोलरेंस की नीति नहीं अपनाता तब तक वह अपराध और भ्रष्टाचार को समाप्त नहीं कर सकता। उसके शासन में अपराध और भ्रष्टाचार बदस्तूर जारी रहेंगे। वह कुछ नहीं कर सकता।

- जैसे धनलोभी पुत्र अपने बूढ़े माता-पिता को भूखों मरने के लिए अपने हाल पर छोड़ देता है वैसे ही सत्तालोलुप शासक अपने वरिष्ठ नागरिकों की कोई परवाह नहीं करता है। केवल संवेदनशील शासक ही अपने

वरिष्ठ नागरिकों के लिए पेंशन, मुफ़्त भोजन और चिकित्सा की व्यवस्था करता है।

► जो शासक निडर है वही समाज से अपराधियों का खात्मा कर सकता है। डरपोक शासक तो अपराधियों के डर से थर थर काँपता है।

► जो राजा जनता को जानमाल की सुरक्षा की गारंटी देता है वही सर्वश्रेष्ठ है।

► जो व्यक्ति शासन पर आधिपत्य स्थापित करता है वह थोड़े समय के लिए राज करता है। लेकिन, जो व्यक्ति धर्म पर आधिपत्य स्थापित करता है वह सदा सर्वदा के लिए राज करता है।

► राजनीति स्वार्थों का कारोबार है। यहां एक हाथ दे और दूसरे हाथ ले। राजनीति की यही रीति नीति है।

► जैसे एक राजा कभी अच्छा सचिव नहीं बन सकता वैसे ही एक सचिव कभी अच्छा राजा नहीं बन सकता। दोनों की योग्यताएं अलग-अलग होती हैं। राजा में राजनैतिक साहस होना चाहिए और सचिव में बौद्धिक साहस। राजनैतिक साहस के लिए बाहुबल चाहिए और बौद्धिक साहस के लिए आध्यात्मिक बल।

► जनता के लिए सुशासन एक शासक का दैवत्व है और कुशासन उसका राक्षसत्व।

► विजनरी शासक ही देश का कायाकल्प कर सकता है। अदूरदर्शी शासक तो उसे रसातल में ले जाकर ही दम लेता है। शासक का विजनरी होना देश का सौभाग्य है।

► राजनीति में यदि व्यक्ति किसी के काम का नहीं है तो वह किसी काम का नहीं है। उसका जनाधार शून्य है।

► अहंकार और पुत्रमोह में न जाने कितने शासक औंधे मुंह गिरे हैं। एक शासक के लिए दोनों बातें त्याज्य हैं।

- सत्ता की कुर्सी पर बैठा व्यक्ति यदि ईमानदार है और चरित्रवान है तो वह महापुरुष है और वंदनीय है।
- यदि राजनीति में नाम कमाकर ऊँचाइयों तक पहुँचना है तो घर परिवार के झंझट से दूर रहें।
- देश में राजनैतिक स्वार्थ इस स्तर तक पहुँच गया है कि सुव्यवस्था, न्याय और ईमानदारी की किसी को नहीं पड़ी है। अधिसंख्य नेता येन केन प्रकारेण सत्ता पा लेना चाहते हैं।
- जब सत्ता के महत्त्वपूर्ण पदों पर बैठे लोग जानबूझकर गड्ढों को बनाकर रखें तब उनकी मंशा आसानी से समझी जा सकती है। वे भी बहती गंगा में हाथ धोने के इच्छुक हैं।
- नागरिक अपने मत का प्रयोग करते समय गुंडे और अपराधियों के चयन से बचें। इनके चयन से जो सरकार बनेगी वह अपराधी स्वभाववाली होगी। इससे समाज का कोई भला नहीं होगा।
- भारतीय राजनीति में एक बड़े अचंभे की बात यह है कि यहां चोर, बदमाश, भ्रष्टाचारी और हत्यारे बड़ी बेशर्मी से सत्ता के लिए चुनाव लड़ते हैं। यहां इससे भी बड़े ताज्जुब की बात यह है कि सनातन मूल्यों की दुहाई देने वाली जनता भी उन्हें मत देकर सत्ता की कुर्सी तक पहुंचा देती है।

*****

श्रीमोदीनामा

अभ्यास 14
श्रीमोदीनामा

माननीय मोदी जी एक महामानव हैं, एक महापुरुष हैं, एक संत हैं, एक महात्मा हैं और एक ऋषि हैं। लेखक को अनेक अवसरों पर ऐसा महसूस हुआ है। ऐसे अवसर आने पर उनके मन से सहज ही कुछ शब्द फूट पड़े हैं। इन शब्दों को ही इस अभ्यास में शामिल किया गया है। हो सकता है कि किसी को यह प्रशस्ति गान लगे और ईर्ष्या हो। यह स्वाभाविक ही है। यदि लोग सहज और पूर्वाग्रहरहित होकर माननीय मोदी जी का मूल्यांकन करेंगे तो उन्हें भी मोदी जी में एक महामानव नजर आएगा। फिलहाल, यह देश का सौभाग्य है कि माननीय मोदी जी जैसा एक आध्यात्मिक पुरुष देश का राजा है जो भारत को विश्व का आध्यात्मिक गुरु बनाने के लिए दिन रात एक कर रहा है।

- हजार वर्षों बाद कोई संत राजा पैदा होता है और वही रामराज्य की स्थापना करता है। माननीय मोदी जी में ऐसे ही राजा के गुण हैं।

- माननीय मोदीजी के शासक बनने से पीड़ित और निर्बल लोगों को वाणी मिल गई है।

- भारत की राजनीति में माननीय मोदी जी एक व्यक्ति नहीं, गुणावतार हैं। करुणा के रूप में वे बुद्ध के गुणावतार हैं, मर्यादा के रूप में वे श्रीराम के गुणावतार हैं, कूटनीति के रूप में वे श्रीकृष्ण के गुणावतार हैं और कोरोना महामारी के निवारण में वे साईंबाबा के गुणावतार हैं। माननीय मोदीजी के कार्यों में ईश्वरीय शक्ति की झलक दिखती है। आध्यात्मिक पृष्ठभूमि वाला कोई भी व्यक्ति माननीय मोदी जी में इन्हीं गुणावतारों के दर्शन करेगा।

- मानननीय मोदी जी सतयुग की कोई आत्मा है जो कलियुग में अवतरित हुई है।
- आज माननीय मोदीजी ने राजनीति में नैतिकता, ईमानदारी, त्याग, साहस और राष्ट्रप्रेम के जो मानक स्थापित कर दिए हैं उन्हें राजनीतिज्ञों के लिए पूरा करना आसान नहीं है।
- एक आध्यात्मिक राजा ही देश में रामराज्य ला सकता है। भारत के इतिहास में जो भी स्वर्णिम काल रहे हैं, उनके शासक आध्यात्मिक पृष्ठभूमि वाले ही थे। इनमें से कुछ राजाओं के नाम हैं- राजा हरिशचंद्र, राजा बलि, राजा भोज, राजा राम, राजा कृष्ण और राजा विक्रमादित्य। स्वार्थी शासक रामराज्य के बारे में कल्पना तक नहीं करते। आज माननीय मोदीजी एक ऐसे ही आध्यात्मिक शासक हैं जो रामराज्य की स्थापना के लिए रात दिन प्रयासरत हैं।
- जो राजा गरीबों और शोषितों का अपनी संतान की तरह पालन पोषण करता है, वह पृथ्वी पर ईश्वर का प्रतिनिधि है। उसे मसीहा कहने में कोई हर्ज नहीं है। आज माननीय मोदी जी ऐसे ही शासक हैं।
- माननीय मोदी जी श्रीकृष्ण के गुणावतार हैं क्योंकि वे विश्व में भारत को गौरवशाली स्थान दिलाने के लिए कृष्ण की नीति का अनुसरण कर रहे हैं। माननीय मोदी जी सनातनी अवधारणा में गुणावतारी पुरुष हैं।
- माननीय नरेंद्र मोदीजी देश में मर्यादा और नैतिकता की स्थापना के लिए श्रीराम की तरह मर्यादित आचरणकर आदर्श प्रस्तुत कर रहे हैं, स्वामी रामदेवजी और आचार्य बालकृष्णजी देशवासियों के स्वास्थ्य को ठीक करने के लिए महर्षि पतंजलि की तरह योगी बनकर योग, प्राणायाम और आयुर्वेद चिकित्सा को घर घर तक पहुंचा रहे हैं और माननीय योगी आदित्यनाथ जी न्याय की स्थापना के लिए रुद्र का रूप धारणकर एक कल्याणकारी राज्य की स्थापना कर रहे हैं। महान आत्माएँ पृथ्वी पर इसी तरह के महान कार्य करने के लिए अवतरित होती हैं।

- मानानीय मोदीजी शिव के गुणावतार हैं। वे देश के कल्याण के लिए लगातार हलाहल पी रहे हैं। उन्होंने इस विष को हृदय में उतरने नहीं दिया है। यही कारण है कि वे सदैव सकारात्मक भाषा बोलते हैं।
- माननीय मोदीजी दुनिया में सकारात्मकता के रोल मॉडल हैं। उनकी यह सकारात्मकता उनके निर्णयों, उनके कार्यों और समस्त मानव जाति के प्रति प्रदर्शित उनके अतिशय प्रेमभाव में परिलक्षित होती है।
- हीरे पर गंदगी फेंक देने से उसका मोल नहीं घट जाता। इतिहास में भगवान बुद्ध और श्रीकृष्ण को भरपूर गालियां दी गईं। लेकिन, वे विचलित नहीं हुए। आज माननीय मोदीजी की सहनशीलता भगवान बुद्ध और श्रीकृष्ण से कम नहीं है।
- अमूमन एक व्यक्ति अपने मन की बात केवल अपने अज़ीज़ों से करता है। लेकिन, माननीय प्रधानमंत्री नरेंद्र मोदी जी अपने मन की बात सारे देश के लोगों से करते हैं। इसका अर्थ यह है कि माननीय मोदी जी के लिए पूरे देश की जनता अजीज है। यह उनके मन की निर्मलता और हृदय की विशालता का द्योतक है।
- आज दुनिया में माननीय मोदी जी के विकास मॉडल की तारीफ हो रही है। इसका कारण यह है कि इस मॉडल में देश की आबादी के एक एक जन के उद्धार का संकल्प निहित है। इतिहास में इसे राजा राम की तरह एक आध्यात्मिक राजा का विकास मॉडल कहा गया है। सचमुच, माननीय मोदी जी ने अपने नौ वर्ष के शासनकाल में देश की रीढ़ की हड्डी को मजबूत करने का अकल्पनीय कार्य किया है। इसीलिए, आज वे देश की 130 करोड़ जनता के हर दिल में भगवान कृष्ण की तरह बसे हुए हैं।
- माननीय नरेंद्र मोदीजी, माननीय योगी आदित्यनाथ जी और बाबा रामदेव जी इस युग के ऋषि हैं। उनका यह रूप केवल स्वच्छ मन वालों को ही दिखेगा।

- न्यायप्रिय शासक लाखों करोड़ों में कोई एक दो होता है। वह आत्मा की आवाज पर कार्य करता है। समाज में वह अपने गुणों के कारण पूज्यनीय होता है। जब वह शासन की गद्दी पर बैठता है तब वह बिना भेदभाव के कार्य करता है और सबको सुखी बनाने के लिए अहर्निश चिंतन करता है। आज ऐसे शासक दुर्लभ हैं। किन्तु, माननीय नरेंद्र मोदी और माननीय योगी आदित्यनाथ ऐसे ही शासक हैं।

- जब माननीय नरेंद्र मोदी और योगी आदित्यनाथ जैसे सन्यासी चौबीस घंटे देश की सेवा करने के लिए उद्धत रहते हैं तब देश की जनता को राजनीति में इस विकल्प को स्थायी क्यों नहीं कर लेना चाहिए? ऐतिहासिक अनुभव यही बताता है कि विरक्त मन वाले शासक ईमानदारी से मनसा वाचा कर्मणा देश की सेवा करते हैं।

- माननीय मोदीजी बुद्ध के गुणावतार हैं। उनके अंदर बुद्ध जैसी जाग्रत प्रज्ञा, दीन हीनों के प्रति अप्रतिम करुणा और आर्य मौन की अद्भुत क्षमता है। वे एक ऋषि हैं।

- रामराज्य तभी आ सकता है जब राजा राम जैसा हो। माननीय मोदी जी और माननीय योगी जी में राजा राम के बहुत सारे गुण मौजूद हैं।

- माननीय मोदी जी ने देश की जनता को संविधान में गारंटीकृत अधिकार देकर इतना अधिक जागरूक कर दिया है कि अब यदि कोई राजनेता गलत प्रोडक्ट बेचकर देश को नुकसान पहुंचाना चाहे तो उसकी उपेक्षा होना निश्चित है। मोदी जी ने देश में सच्चे लोकतंत्र को विकसित होने का अवसर दिया है।

- यह देशवासियों के पुण्यों का उदय था और भारत मां पर ईश्वर की कृपा थी कि विश्व भर में फैली कोरोना जैसी विकट महामारी के समय माननीय प्रधानमंत्री मोदी जी के हाथों में देश का नेतृत्व था। यदि माननीय मोदीजी नहीं होते तो देश का क्या हाल होता? ईश्वर ही जान सकता है।

- मान्नीय मोदी जी के राज में कोई ईश्वरीय चमत्कार तो नहीं हो गया कि संसाधनों की भरमार हो गई। गरीबों के लिए अगणित योजनाएं चल रही हैं, देशवासियों के लिए स्वास्थ्य की गारंटी है, 80 करोड़ लोगों को तीन साल से अधिक समय से नि: शुल्क राशन दिया जा रहा है, अर्थव्यवस्था दिन दूनी रात चौगुनी प्रगति कर रही है और दुनिया में पाँचवे स्थान पर पहुँच गई है, और क्या क्या वर्णन करें पृष्ठ कम पड़ जाएंगे----। संक्षेप में कहें तो मोदीजी के राज में देश चतुर्दिक आर्थिक विकास कर रहा है। ये संसाधन आए कहां से? उत्तर होगा ईमानदारी, राष्ट्रनिष्ठा, कर्तव्यनिष्ठा और दृढ़ संकल्प से। नि:संदेह, मोदी जी चमत्कारी शासक हैं।

- माननीय मोदी जी ने देश के संसाधनों को उनके असली हकदार गरीबों के बीच ईमानदारीपूर्वक बांटने की अभूतपूर्व पहल की है। नि: संदेह, मोदी जी गरीबनिवाज और मसीहा हैं।

- माननीय मोदी जी एक देव पुरुष हैं। उनमें दैवीय कृतज्ञता है। उनकी यह कृतज्ञता अहर्निश व्यक्ति, समाज और राष्ट्र की भलाई के अनगिनत कृत्यों में परिलक्षित होती है।

- माननीय मोदी जी और माननीय योगी जी ने राजनेताओं की यह गलतफहमी दूर कर दी है कि राजसत्ता केवल भोग के लिए होती है, सेवा के लिए तो वह मात्र दिखावा होती है। उन्होंने स्वयं त्यागमयी आचरण प्रस्तुतकर राजनेताओं के सामने एक बड़ा आदर्श रख दिया है जिसे देश की जनता ने बहुत पसंद किया है। आज राजनेता भ्रमित हैं कि क्या माननीय मोदी जी और माननीय योगी जी जैसा जीवन जीकर शासन किया जा सकता है? और क्या एक शासक के लिए ऐसा आचरण करना संभव हो सकता है? आज माननीय मोदी जी और माननीय योगी जी ने देश में राजनीति की एक नई परिभाषा गढ़ दी है।

- भगवान बुद्ध ने जिस विपश्यना विद्या की खोज की और उसे जन जन के बीच प्रचारित किया, वह एक कल्याणकारिणी विद्या थी। यही कारण

था कि धर्मप्राण सनातनी जनता इस विद्या की सहजता और सरलता के कारण उनके पीछे पीछे चल पड़ती थी जिससे तत्कालीन मठाधीशों को बहुत तकलीफ होती थी। इसी कारण, ये मठाधीश बुद्ध के धुर दुश्मन बन जाते थे। फिर, वे बुद्ध को समाप्त करने के लिए अनेक षड्यन्त्र रचते थे। बुद्ध को गाली देना, अपशब्द बोलना और सरेआम अपमानित करना उनके लिए आम बात थी। लेकिन, बुद्ध ने कभी कोई प्रतिक्रिया नहीं की। उन्होंने अपनी आर्य मौन शक्ति से इन सभी प्रतिकूल तत्वों का धैर्य के साथ सामना किया। वे कभी अपने मार्ग से विचलित नहीं हुए और जन सामान्य के बीच कल्याणकारिणी विपश्यना विद्या बांटते रहे।

आज माननीय प्रधान मंत्री श्री नरेंद्र मोदी के समक्ष वैसी ही परिस्थितियां मौजूद हैं। उनके प्रतिद्वंद्वी उनके क्रांतिकारी कदमों से हैरान हैं जिससे वे आगबबूला होकर उनके खिलाफ अनेक प्रकार के कुचक्र और षड्यंत्र रच रहे हैं। गाली गलौज और अपशब्दों का प्रयोग तो सामान्य बात है। लेकिन, माननीय मोदी जी इन लोगों का भगवान बुद्ध की तरह मौन धारण कर सामना कर रहे हैं। वे विष पीकर दिन रात जनता के कल्याण में लगे हुए हैं। यदि नरेंद्र मोदी जी और भगवान बुद्ध के जीवन चरित्र का तुलनात्मक अध्ययन करें तो पता चलेगा कि दोनों के जीवन में कई समानताएं हैं। यदि माननीय मोदी जी को बुद्ध का गुणावतार कहें तो गलत नहीं होगा।

► सकारात्मक चिंतन में कितनी ताकत होती है? इसका एक अनुपम उदाहरण भारत के यशस्वी प्रधानमंत्री माननीय मोदी जी हैं। उनकी सकारात्मक सोच ने देश विदेश की नकारात्मक शक्तियों को धराशायी कर दिया है। सकारात्मक चिंतन सनातन संस्कृति की मूल सोच है। माननीय मोदीजी इसी सकारात्मक सोच के साथ देश का नेतृत्व कर रहे हैं।

▶ बड़ी मुद्दत के बाद माननीय नरेंद्र मोदी और माननीय योगी आदित्यनाथ जैसे धर्म पुरुष जन्म लेते हैं। वे धर्म की स्थापना के लिए ही अवतरित होते हैं।

▶ देशवासी सनातन धर्म के पुनरोत्थान के लिए दो महान विभूतियों के योगदान को कभी नहीं भूलें। ये विभूतियाँ हैं यशस्वी माननीय प्रधानमंत्री नरेंद्र मोदीजी और स्वामी रामदेवजी। मोदी जी ने भारत के सांस्कृतिक अभ्युत्थान, राष्ट्रीय अस्मिता और सनातन गौरव को वापस लाने के लिए जो विराट कार्य किया है और निरंतर कर रहे हैं, वह महाराजा विक्रमादित्य से कम नहीं है। इसी तरह, बाबा रामदेव ने आयुर्वेद और योग प्राणायाम को देश दुनिया में प्रचारित करने के लिए जो ऐतिहासिक कार्य किया है और निरंतर कर रहे हैं, वह महर्षि चरक और पतंजलि से कम नहीं है। ये दोनों महापुरुष भारत के इतिहास में स्वर्णिम पृष्ठ के अधिकारी होंगे।

▶ माननीय प्रधान मंत्री नरेंद्र मोदी जी को लोग इसलिए तुरंत नहीं समझ पाते हैं क्योंकि वे सौ वर्ष आगे की बात सोचते हैं। वे एक विजनरी राजनेता हैं।

▶ भारतीय जनता साहसी राजनेताओं को सर्वाधिक पसंद करती है। भूतपूर्व प्रधानमंत्री लाल बहादुर शास्त्री, भूतपूर्व प्रधानमंत्री इंदिरा गांधी, भूतपूर्व प्रधानमंत्री अटल बिहारी बाजपेयी, माननीय प्रधानमंत्री श्री नरेंद्र मोदी और माननीय मुख्य मंत्री श्री योगी आदित्यनाथ की लोकप्रियता इसका प्रमाण है। यह देशवासियों की सनातनी सोच है।

▶ माननीय प्रधानमंत्री नरेंद्र मोदीजी ने आज देश की सेना को इतना मजबूत कर दिया है कि अब कोई बाहरी दुश्मन राष्ट्र की सीमाओं की तरफ आँख उठाकर नहीं देख सकता। ऐसे में हर देशवासी का कर्तव्य बन जाता है कि वह देश की आंतरिक एकता सुदृढ़ रखे।

- इतिहास में बिखरे राष्ट्रवाद के कारण देश हजार वर्ष तक गुलाम रहा। आज माननीय मोदीजी इसी राष्ट्रवाद को संगठित कर रहे हैं। माननीय मोदी जी एक महान राष्ट्रवादी नेता हैं।

- देश की आजादी के दशकों तक देश में राष्ट्रवाद की कोई विचारधारा नहीं पनप सकी जिससे देशवासियों के मन में राष्ट्रवाद के प्रति भ्रमपूर्ण स्थिति का निर्माण हुआ। देशवासी भ्रमित रहे कि राष्ट्रवाद कौन सी चिड़िया का नाम है? और राष्ट्र हित की कौन कौन सी बातें होती हैं? इस मनोस्थिति ने देशवासियों के मन में राष्ट्रीय विचारधारा के प्रति अति उदारता की धारणा को जन्म दिया जिसे राष्ट्रवाद कमजोर हुआ। अन्य शब्दों में, व्यक्ति में यथास्थितिवाद की मनस्थिति बनी। अब व्यक्ति 'सब चलता है' की धारणा पर विश्वास करने लगा। उसके मन में राष्ट्रीय विचारधारा की आग ठंडी पड़ गई। व्यक्ति की मनोदशा बन गई कि राष्ट्र के साथ कुछ भी हो हमें क्या? हम तो अच्छी स्थिति में हैं। माननीय मोदी जी के आने के बाद देशवासियों की राष्ट्रवाद के प्रति धारणा बदली है। अब वे राष्ट्र और राष्ट्रीय हित की बातों को अपने जीवन में प्राथमिकता देने लगे हैं। निसंदेह, यह माननीय मोदी जी की राष्ट्रीय प्रेरणाओं का चमत्कार है।

*****

न्यायनामा

अभ्यास 15
न्यायनामा

एक कहावत है कि जहां न्याय है वहीं ईश्वर बसता है। यही कारण है कि दुनिया के सभी समाजों में न्याय की स्थापना के लिए एक न्याय तंत्र का गठन किया गया है जहां न्याय करने के लिए न्यायाधीशों की व्यवस्था की गई है। इस न्याय तंत्र की क्रमशः सीढ़ियाँ सृजित की गई हैं जहां शिखर पर एक सर्वोच्च न्यायालय होता है। यह न्यायालय ही लोगों के लिए न्याय की अंतिम उम्मीद होता है। अनुभव से देखा गया है जिस देश की न्याय प्रणाली ईमानदार, संवेदनशील और प्रगतिशील होती है वह देश निरंतर उन्नति के शिखर पर चढ़ता चला जाता है। वहां के नागरिक न्यायसम्मत स्वतंत्रता का भरपूर उपभोग करते हैं। इस अभ्यास में एक सामान्य आदमी की दृष्टि से न्याय को सुदृढ़ बनाने के लिए कुछ बातें शामिल की गई हैं।

► भारत में न्याय की देवी की आँखों में पट्टी बंधी हुई है। इसका तात्पर्य यह है कि यहाँ न्याय व्यवस्था केवल सबूत देखती है। बिना सबूत के न्यायालय बड़े से बड़े अपराधी को बेदाग छोड़ सकते हैं। न्यायालय से छूटने के बाद ये अपराधी समाज में क्या क्या करते हैं? हमें इस कटु सत्य को जानने की जरूरत है। जेल से छूट जाने के बाद ये अपराधी सीना चौड़ाकर फिर आपराधिक कृत्य करते हैं। ये अपराधी सबूत के अभाव में कैसे छूट जाते हैं? यहाँ इसे भी जानने की जरूरत है। ये अपराधी अपनी क्रूर ताकत का इस्तेमालकर चश्मदीद गवाहों और भुक्तभोगी के परिवारीजनों को जान से मारने की धमकी देकर चुप करा देते हैं जिससे वे घटना से अनजान बन जाते हैं। इन अपराधियों के इस दैत्यपूर्ण कार्य में अनेक अदृश्य ताकतें साथ देती हैं जिन्हें जनता भली भांति जानती पहचानती है। लेकिन, वह डरी सहमी हुई चुप रहती

है। ऐसी भयावह स्थिति में क्या न्यायालय कभी ताकतवर अपराधियों को सजा दे पाएंगे? यह चिंतनीय विषय है।

▶ भारत की न्याय व्यवस्था को ईश्वर की तरह निष्पक्ष माना गया है। इसीलिए, यहाँ न्याय की देवी की आंखों में पट्टी बंधी हुई है। इसका अर्थ यह है कि न्याय ईश्वर की तरह किसी के साथ पक्षपात नहीं करता है। वह तटस्थदर्शी है। यहाँ इसका एक दूसरा अर्थ भी है कि भारत का न्याय प्रकृति के कर्म सिद्धांत पर आधारित है। इसके अनुसार व्यक्ति जैसा कर्म करता है उसको वैसा ही फल मिलता है। प्रकृति का यह कर्म सिद्धांत पूरी ईमानदारी से ताकतवर और कमजोर दोनों के लिए समान रूप से कार्य करता है। प्रकृति के सामने कोई व्यक्ति कितना ही ताकतवर क्यों न हो, उसे अपने कर्मों का दंड भोगना पड़ता है। वह किसी भी सूरत में इससे बच नहीं सकता। लेकिन, यहाँ मानवीय न्याय में कुछ झोल आ गया है। यहां ताकतवर अपनी ताकत के बल पर कर्म सिद्धांत को बदल देता है और न्याय को अपने पक्ष में कर लेता है जबकि प्रकृति के कर्म सिद्धांत में ऐसा संभव नहीं है। आज मनुष्य ने अपने बुद्धि कौशल और धन बल से न्याय की परिभाषा को बदल दिया है।

▶ एक निर्भीक न्यायाधीश पृथ्वी पर ईश्वर का सच्चा प्रतिनिधि है।

▶ जब तक कानून को निरोधक नहीं बनाया जाता तब तक अपराध को समाप्त नहीं किया जा सकता। इसका मतलब यह है कि अपराधी को इतनी कड़ी सजा दी जानी चाहिए कि वह दोबारा अपराध करने का दुस्साहस नहीं कर सके।

▶ समय पर न्याय न मिलना एक प्रकार का दण्ड है। प्रत्यक्ष देखा जा रहा है कि एक भुक्तभोगी व्यक्ति मुकदमा लड़ते लड़ते जीवन बिता देता है और उसे न्याय नहीं मिलता है। इस कटु सच्चाई को देखते हुए यहाँ एक सहज प्रश्न उठना स्वाभाविक है कि एक पीड़ित व्यक्ति को जीवनभर कोर्ट कचहरी के चक्कर लगवाना क्या न्याय है? वास्तव में,

न्याय की यह दशा सोचनीय है। न्याय तभी न्याय है जब वह समय पर मिले। यदि सरकार और न्यायालय आम आदमी को न्याय दिलवाने के प्रति गंभीर हैं तो वे हर किस्म के अपराध पर निर्णय के लिए एक समय सीमा निर्धारित करें और उस पर दृढ होकर अमल करें। क्या हम इस बात से अच्छी तरह वाकिफ नहीं हैं कि यहाँ ताकतवर, धनी और बुद्धिमान न्याय को भटकाने, लटकाने और लंबा खींचने की अनेक युक्तियाँ जानते हैं? ऐसे में क्या निर्दोष निर्बल व्यक्ति को न्याय मिल सकेगा? एक कल्याणकारी सरकार को इस विषय में अवश्य चिंतन करना चाहिए।

▶ देश के नागरिक कानून को जितना मजबूत करेंगे, बदले में वे उतना ही मजबूत होंगे। यदि वे कानून को कमजोर करेंगे तो वे भी उतना ही कमजोर होंगे। कानून एक ऐसी अदृश्य ताकत है जो नागरिकों की कवच बनकर रक्षा करती है।

▶ अन्याय का प्रतिकार अवश्य करें, चाहे व्यक्त रूप में करें या अव्यक्त रूप में, तभी न्याय की कोई उम्मीद की जा सकती है।

▶ कानून पृथ्वी पर ईश्वर का ही विधान है। उसे सिर झुकाकर सम्मान करना ईश्वर का ही सम्मान है। यही सच्ची देशभक्ति है और सच्ची ईश्वर भक्ति है।

▶ इस दुनिया में न्याय का पक्ष इसलिए कमजोर है क्योंकि लोग न्याय का साथ देने के लिए सक्रिय रूप से आगे बढ़कर नहीं आते हैं। इसके विपरीत, अन्याय का पक्ष इसलिए मजबूत है क्योंकि उसका साथ देने वाले लोग खुलकर उसके समर्थन में खड़े हो जाते हैं। देखा गया है कि न्याय अभिमन्यु की तरह अकेला ही लड़ता है।

▶ जैसे सरकार जनता के विश्वास को पाने के लिए उसे मत प्रयोग का अधिकार देती है, उसी तरह, क्या देश की न्याय प्रणाली को जनता के बीच अपनी विश्वसनीयता के मापन के लिए कोई तरीका नहीं अपनाना चाहिए? आज यह एक विचारणीय विषय है।

- जब पुलिस स्टेट एक्टर की तरह काम करने लगे तब जनता के मूलभूत अधिकारों की रक्षा के लिए न्यायालयों को निर्भीक होकर ऐसे मामलों को स्वतः संज्ञान में लेना चाहिए और जनता को पुलिस की ताकत के कहर से बचाना चाहिए। न्यायाधीश संविधान के ही नहीं, सामान्य जनता के भी संरक्षक हैं। यदि वे अन्याय के प्रति अपनी आँखें बंदकर लेंगे तो फिर जनता की रक्षा कौन करेगा? ईश्वर? नहीं। एक न्यायाधीश पृथ्वी पर ईश्वर का ही प्रतिनिधि है। उसे अपनी इस भूमिका का निर्वाह अवश्य करना चाहिए।

- पुलिस कमजोर अपराधी के मुंह से बड़ी आसानी से जुर्म कबुलवा लेती है। लेकिन, पाया गया है कि वह ताकतवर के आगे लाचार दिखती है। उसके पास ऐसा कोई हथियार नहीं होता है कि वह ताकतवर अपराधी से राज उगलवा सके। आज पुलिस को ऐसी शक्तियां प्रदान की जानी चाहिए कि वह ताकतवर अपराधी का मुंह खुलवाने के लिए कानूनन वैज्ञानिक युक्तियों का प्रयोग कर सके।

- देश के कानून में इतनी अधिक प्रक्रियागत खामियां हैं कि एक ताकतवर अपराधी जेल से छूटकर मूँछों पर ताव देते हुए और कमजोर आदमी को डराते हुए खुले आम घूमता है और पुलिस उसके इस दुस्साहस को टुकुर टुकुर कर देखती रहती है।

- न्याय के मामले में देश में गरीब व्यक्ति की दशा सोचनीय है। इसे समझने की जरूरत है। पाया गया है कि एक गरीब व्यक्ति अपने ऊपर लगे किसी आरोप से बचने के लिए केवल एक न्यायालय तक पहुँच पाता है जबकि ताकतवर पैसे के बल पर एक न्यायालय से लगाकर देश के सभी बड़े बड़े न्यायालयों तक पहुँच जाता है। वह निर्णय को अपने हक में कराने के लिए बड़े बड़े वकीलों को हायर कर सकता है। देखा गया है कि ताकतवर को इस मुहिम का लाभ भी मिलता है। वह जेल की सलाखों से जल्दी ही बाहर आ जाता है। वहीं गरीब व्यक्ति

न्याय को अपने भाग्य से जोड़कर देखता है और जेल में पड़ा हुआ न्याय के लिए लंबे समय तक इंतजार करता रहता है।

► कोई व्यक्ति आज तक कानून के इस क्रूर सत्य को नहीं समझ पाया है कि पेट भरने के लिए एक चोर को चोरी करने के आरोप में जेल में सड़ा दिया जाता है। लेकिन, बड़े बड़े आर्थिक अपराध करने वाले सफेदपोश डकैत समाज में सम्मान का जीवन यापन करते हैं। कानून उनका कोई बाल बांका नहीं कर पाता है।

► अंग्रेजों ने 1861 में भारतीय दंड संहिता कानून अपने हित में बनाया था नकि भारतीयों के हित में। उन्होंने इस ढोंगी कानून के द्वारा अपने ताकतवर लोगों को इस सिद्धांत पर सुरक्षा कवर प्रदान किया था कि 99 अपराधी छूट जाएं, लेकिन एक निर्दोष को सजा नहीं मिलनी चाहिए। आज यह सिद्धांत गरीबों और कमजोरों के साथ धोखा साबित हो रहा है। यह सिद्धांत तब की तरह आज भी ताकतवरों को ढाल की तरह संरक्षण प्रदान करता है और कमजोर आदमी को ताकतवर के सामने थकाकर न्याय से वंचित करता है। इस तरह, आज न्याय गरीब आदमी के लिए आकाश-कुसुम बनकर रह गया है। यह कानून भारत के गरीबतंत्र को सूट नहीं करता है।

► यदि न्यायपालिका चयनात्मक होगी तो लोकशाही की जड़ों में दीमक लगनी शुरू हो जाएगी।

► भारत में न्याय एक महंगी और जटिल प्रक्रिया है। जनहित में इसे सरल और किफायती बनाया जाना चाहिए। एक लोक कल्याणकारी राज्य का यही प्राथमिक कर्तव्य है।

► दुनिया में सारे लड़ाई-झगड़े अन्याय के कारण हैं। बिना न्याय की स्थापना के समाज में शांति-व्यवस्था नहीं आ सकती।

- न्याय कार्य में भावनाओं के लिए कोई जगह नहीं है। एक न्यायाधीश वैयक्तिक रूप में संवेदनशील हो सकता है, लेकिन दायित्व निर्वहन में उसे प्रकृति की तरह जड़ होना चाहिए।

- न्याय प्रक्रिया में ताकतवर अपराधी के स्वास्थ्य की ज्यादा चिंता की जाती है। लेकिन, आम आदमी के स्वास्थ्य की कोई ज्यादा चिंता नहीं की जाती, यह हैरत करने वाली बात है।

- आज बिडम्बना यह है कि न्याय सब चाहते हैं, केवल अपने लिए।

- भारत की अंतहीन कानूनी प्रक्रिया ताकतवर अपराधी को सुकून देती है और निर्भय बनाती है जबकि कमजोर को थकाती है, छकाती है और निराशा के गर्त में डालती है।

- जिस देश में न्याय नहीं है, वहाँ शांति और व्यवस्था कायम नहीं रह सकती। न्याय और शांति व्यवस्था का चोली दमन का साथ है।

- जब न्याय का एक छोटा सा भी स्तंभ गिरता है तब एक सच्चे राष्ट्रवादी के दिल में तीव्र पीड़ा होती है।

- एक सामान्य आदमी के लिए कानून से बढ़कर कोई मित्र नहीं है। लेकिन, ताकतवर के लिए कानून एक खिलौना है जिसे वह अपने हिसाब से खेलता है।

- क्या न्याय की दृष्टि से यह एक भयानक विरोधाभास नहीं है कि एक अपराधी सरकार में मंत्री बन सकता है लेकिन, एक अदना सा चपरासी नहीं?

- गुनाहगार का साथ देनेवाला गुनाहगार से बड़ा अपराधी है। उसने गुनाह को बढ़ावा दिया है। उसे क्षमा नहीं किया जा सकता। यदि यह व्यक्ति शिक्षित है तो उसे किसी भी परिस्थिति में क्षमा नहीं किया जा सकता। उसे कठोरतम सजा मिलनी ही चाहिए।

- ताकतवर के लिए कोई कानून नहीं होता। वह कानून को कमजोर करने की युक्तियाँ जानता है।

- यदि अपराधी को समय पर दण्ड नहीं मिलता है तो उसे अपराध करने के लिए प्रोत्साहन मिलता है और उसके हृदय में कानून का खौफ समाप्त होता है।
- कानून में भावनाओं के लिए कोई जगह नहीं है। कानून जड़ है।
- न्याय की कोई सटीक परिभाषा नहीं है। न्याय वही है जो तर्क की कसौटी पर सही साबित कर लिया जाए।
- सच्चा न्याय वही है जो पीड़ित व्यक्ति के हृदय में बैठकर किया जाए।
- जैसे ईश्वर धर्म से ऊपर है वैसे ही न्यायाधीश भी धर्म से ऊपर है। न्यायाधीश पृथ्वी पर ईश्वर का ही प्रतिनिधि है।
- आदतन अपराधियों के लिए दंड की अलग व्यवस्था की जानी अत्यावश्यक है। आदतन अपराधी सामान्य इंसान नहीं हैं। वे समाज के लिए खतरा हैं। उन्हें उदाहरणात्मक दंड देकर सुधारा जाना चाहिए। पाया गया है कि ये अपराधी जेल से नहीं डरते हैं। वे भली भांति जानते हैं कि देश का कानून अंधा है। कानून ज्यादा दिनों तक उन्हें जेल में नहीं रख सकता। जेल से बाहर निकलकर फिर वे उन्मुक्त हवा खा रहे होंगे और अपराध कर रहे होंगे।
- देश में अपराधियों की दो कोटियाँ हैं- सामान्य अपराधी और सफेदपोश अपराधी। पुलिस सामान्य अपराधी से अपनी भाषा में बातकर बड़ी सहजता से अपराध उगलवा लेती है लेकिन वह सफेदपोश अपराधी के सामने बौनी पड़ जाती है। वह उस अपराधी से असली अपराध उगलवाने में नाकामयाब रहती है जिस कारण ये अपराधी न्यायालय से साफ बच जाते हैं। यहाँ कानून असहाय नजर आता है। आज पुलिस के पास इन सफेदपोश अपराधियों से पूछताछ के लिए कोई वैज्ञानिक उपकरण उपलब्ध नहीं हैं। इसलिए सरकार को एक कानून बनाकर पुलिस को इन सफेदपोश अपराधियों के नारको और पॉलिग्राफी टेस्ट के लिए वैज्ञानिक उपकरणों के प्रयोग की

कानूनी अनुमति प्रदान करनी चाहिए। सफेदपोश अपराधी राष्ट्र के गुप्त शत्रु हैं।

- जिस व्यक्ति के मन में कानून का भय नहीं है उसे केवल पुलिस के खौफ से डराया जा सकता है। ऐसे समय न्याय देवी को अपनी आंखें बंद ही रखनी चाहिए।

- भारत के संविधान निर्माताओं ने देश के लिए कुछ ऐसी स्वतंत्र सांविधिक संस्थाएं बनाई थीं जो परस्पर नियंत्रण से मुक्त रखी गई थीं। ये संस्थाएं हैं- भारत निर्वाचन आयोग, संघ लोक सेवा आयोग, भारत के नियंत्रक एवं महालेखा परीक्षक और सर्वोच्च न्यायालय। इनके पदाधिकारियों की नियुक्ति के लिए संविधान निर्माताओं ने यह व्यवस्था की थी कि देश की बहुमत द्वारा चुनी गई सरकार इनकी नियुक्ति करे ताकि देश की बहुसंख्यक जनता की सहमति की अभिव्यक्ति हो सके। आज इस व्यवस्था में किसी प्रकार का बदलाव संविधान निर्माताओं की मूल सोच के अनुरूप नहीं होगा।

- भारत में एक कानून द्वारा शादीशुदा पुत्री को पिता की संपत्ति में बराबर की भागीदारी सुनिश्चित की गई है। यदि इस संदर्भ में भारतीय सामाजिक व्यवस्था का अध्ययन करें तो पता चलेगा कि भविष्य में, यह कानून सामाजिक और पारिवारिक संघर्ष की एक नई कहानी को जन्म देने वाला साबित होगा। किसी व्यक्ति को दो नावों में पैर रखकर आधार तलाशने की कानूनी सलाह देना न केवल उसके लिए घातक है बल्कि यह दोनों नावों को अस्थिर करने वाला कदम भी है। शादी के बाद पुत्री द्वारा पिता की संपत्ति में हक मांगना निश्चित रूप से दो परिवारों के बीच संघर्ष को जन्म देगा। यह कानून स्त्रियों की आर्थिक स्थिति को मजबूत करने के उद्देश्य के लिए लाया गया था। इसलिए, इसका प्रयोजन बिल्कुल ठीक है। किंतु, यहां स्त्रियों की वास्तविक स्थिति और आवश्यकताओं को भी ध्यान में रखा जाना चाहिए था। यदि इस कानून के दायरे में केवल विधवा, अपंग, अविवाहित और

तलाकशुदा पुत्री को पात्र बनाया गया होता तो यह सनातन धर्म की मूल भावना के अनुरूप होता। इस कानून के द्वारा एक सामान्य शादीशुदा पुत्री को पिता की संपत्ति में अधिकार देकर समाज में संघर्ष की एक नई पटकथा लिखने की कोशिश की गई है। संक्षेप में, यह कानून एक कन्या के पिता के लिए अर्थदंड के समान है। यदि इस कानून की खामियों की गिनती की जाए तो ये निम्न प्रकार होंगी। इस कानून के द्वारा एक कन्या के पिता को तीन तरह से लूटा जाता है,

एक, उसे अपनी कन्या के पालन पोषण और शिक्षा पर लाखों रुपए खर्च करने के बाद उसे ताजीवन के लिए वर के हवाले करना पड़ता है;

दो, उसे वर के माता पिता को दहेज के रूप में भारी भरकम राशि देने के लिए विवश किया जाता है; और

तीन, उसे अपनी संपत्ति का एक हिस्सा वर के परिवार को शादीशुदा कन्या के माध्यम से उत्तराधिकार के रूप में देने के लिए बाध्य होना पड़ता है।

इस प्रकार, यह कानून एक वर के पिता के लिए किसी वरदान से कम नहीं है। यहाँ इसे भी समझने की जरूरत है। एक वर के पिता के लिए ये वरदान इस प्रकार हैं-

एक, वर के परिवार को एक पढ़ी लिखी युवा स्त्री बिना संपत्ति में अधिकार दिए परिवार संभालने हेतु आजीवन के लिए मुफ़्त में मिल जाती है;

दो, वर के परिवार को दहेज की मोटी रकम और सुख सुविधा की अनेक वस्तुएं मुफ़्त में प्राप्त हो जाती हैं; और

तीन, शादी के पश्चात वर को अपने सास ससुर की संपत्ति में अपनी पत्नी के माध्यम से अधिकार प्राप्त हो जाता है।

यदि यह कहें कि यह कानून परंपरागत पुरुष मानसिकता के साथ बनाया गया है तो गलत नहीं होगा। यह कानून एक कन्या के पिता की कन्या पैदा करने की शादियों से चली आ रही सजा को कम नहीं करता है बल्कि और बढ़ाता है। आज हम किस मुंह से स्त्री सशक्तीकरण की बात कर रहे हैं? यह सशक्तीकरण एक धोखा है। यह कानून "बेटी बचाओ, बेटी पढ़ाओ" अभियान की मूल भावना के विरुद्ध है। यदि इस कानून के द्वारा बहू को अपने पति के बराबर ससुर की संपत्ति में बराबरी का हक दिया गया होता तो यह कानून, वास्तव, में सार्थक साबित होता। फिर, यह सचमुच स्त्री अधिकार और सशक्तीकरण की बात करता, बेटियों की सामाजिक सुरक्षा की बात करता और महिला सम्मान की बात करता।

{एक शादीशुदा बेटी की पूरी व्यथा को इस पुस्तक के स्त्री-पुरुषनामा नामक अभ्यास 8 के पृष्ठ संख्या 72-73 पर विस्तार से पढ़ें}

▶ देखा गया है कि कुछ लोगों, विशेषकर वरिष्ठ नागरिकों को अक्सर लिफ्ट फोबिया होता है। वे लिफ्ट बंद हो जाने पर बुरी तरह घबरा जाते हैं और जन्म मृत्यु का हौव्वा बना लेते हैं जबकि लिफ्ट में, वास्तव में, ऐसा कुछ नहीं होता है। आज लिफ्ट कमोबेश सुरक्षित हैं। इनमें बचाव के लिए अलार्म सिस्टम काम करते हैं जिससे तुरंत पता लग जाता है कि लिफ्ट किस मंजिल पर बंद है। तत्पश्चात, सुरक्षा गार्ड आकर इसे खोल देते हैं। मुश्किल से इसमें पाँच से दस मिनट का समय लगता है। इतने कम समय में व्यक्ति का कुछ नहीं बिगड़ता है। लेकिन, देखा गया है फोबिया के कारण कुछ लोगों, विशेषकर वरिष्ठ नागरिकों को हार्ट अटैक तक आ जाता है। ऐसे समय व्यक्ति को चाहिए कि वह घबराए नहीं। लिफ्ट के खुलने तक वह अपने मन का डायवर्जन करे। इसके लिए वह लिफ्ट में बैठकर अपने ईष्टदेव के नाम का जप करना शुरू दे या फिर अपने चिंतन को आज्ञाचक्र पर टिकाकर शून्य कर ले या फिर मोबाइल पर अपना ध्यान केंद्रित कर ले या लंबी लंबी सांसें

भरे और छोड़े और सोचे कि सब कुछ ठीकठाक है तब तक लिफ्ट खुल जाएगी।

आज देश में लिफ्ट में बढ़ती दुर्घटनाओं को देखते हुए, विभिन्न राज्य सरकारों और केंद्र सरकार की यह जिम्मेदारी बनती है कि वे एक ऐसा कानून बनाएं जिसके द्वारा भवन निर्माताओं को विवश किया जा सके कि वे नई लिफ्टों को अनिवार्य रूप से मॉल की भांति पारदर्शी बनाएंगे। इसके साथ ही, पुरानी लिफ्टों को पारदर्शी बनवाने के लिए सहकारी आवास समितियों को भी ऐसे ही आदेश दिए जाने चाहिए। लिफ्टों के पारदर्शी हो जाने से लोगों, विशेषकर वरिष्ठ नागरिकों की पैनिक और हृदयाघात से मृत्यु नहीं होगी। अनुभव से देखा गया है कि लिफ्ट के बंद हो जाने पर पारदर्शी लिफ्ट में घबराहट नहीं होती है। इसका कारण यह है कि जब अंदर फंसे व्यक्ति को कोई इंसान सामने नजर आता है या बाहर का परिदृश्य दिखता है तब उसे एक संबल की अनुभूति होती है। इसके साथ ही, लिफ्ट में अनिवार्य रूप से टेलीफोन के एक चोंगे की भी व्यवस्था की जानी चाहिए। देखा गया है कि लिफ्ट में फंसे व्यक्ति से फोन के चोंगे पर लगातार बातचीत करते रहने से उसे एक संबल की अनुभूति होती है। इस प्रकार की व्यवस्था करके लिफ्टों को पूरी तरह सुरक्षित बनाया जा सकता है।

▶ समाज में देखा गया है कि प्राय: चालाक परिजन जमीन जायदाद वाले अनाथ वृद्ध के मरणोपरांत उसकी वसीयत को चैलेंज करने के लिए अदालत में फर्जी वसीयतनामा बनवाकर मुकदमा खड़ा कर देते हैं जिससे उसकी संपत्ति का अनंत काल तक बंटवारा नहीं हो पाता है और वसीयत वाले व्यक्ति को यह संपत्ति नहीं मिल पाती है। कानून की यह स्थिति एक वृद्ध की वसीयत का अपमान है और वृद्ध की मृतात्मा को पीड़ा पहुँचाने के समान है। इस स्थिति को देखते हुए, सरकार और न्यायालय का यह दायित्व बन जाता है कि वे ऐसे मुकदमों के निपटारे के लिए एक समय सीमा निर्धारित करें। साथ ही, मृतक वृद्ध के साथ धोखाधड़ी करने वाले व्यक्ति के लिए उदाहरणात्मक सजा का भी

प्रावधान करें ताकि फिर कोई व्यक्ति वृद्धों के वसीयतनामे के साथ धोखाधड़ी करने का दुस्साहस न कर सके।

► भारतीय संविधान में अवज्ञा के लिए शासन के तीनों अंगों अर्थात न्यायपालिका, विधायिका और कार्यपालिका को समान रूप से दंड देने का अधिकार दिया गया है। इसके अनुसार न्यायपालिका के पास अपने आदेश की अवज्ञा, विधायिका के पास अपने किसी सदन के आदेश की अवज्ञा और कार्यपालिका के पास अपनी राजाज्ञा की अवज्ञा के लिए दोषी को दंड देने का अधिकार है। भारतीय संविधान ईश्वर की तरह समदर्शी है। जैसे ईश्वर ब्रह्मा, विष्णु और महेश के कार्यों में कोई हस्तक्षेप नहीं करता है वैसे ही संविधान न्यायपालिका, विधायिका और कार्यपालिका के कार्यों में किसी आपसी हस्तक्षेप का पक्षधर नहीं है।

► जब न्यायाधीश पक्षपात करता है तब वह ईश्वर के प्रति अपराधी है क्योंकि वह पृथ्वी पर ईश्वर का ही प्रतिनिधि है। उसने ईश्वर के आदेश का उल्लंघन किया है।

► भारतीय संविधान सनातन धर्म की संरचना के अनुरूप बनाया गया एक महाग्रंथ प्रतीत होता है। इसे समझें। सनातन धर्म में एक आदि ईश्वर है जिसे शिव कहा गया है। इस शिव से कार्यानुसार तीन देव उत्पन्न हुए हैं- ब्रह्मा, विष्णु और महेश। इन तीन देवों को त्रिदेव और शिव को महादेव कहा गया है। ब्रह्मा को सृष्टि के निर्माण का कार्य सौंपा गया है, विष्णु को सृष्टि के पालन का कार्य सौंपा गया है और महेश को प्राणियों को कर्मानुसार दंड देने का कार्य सौंपा गया है। सनातन धर्म में 33 करोड़ देवी देवताओं का अस्तित्व है जिन्हें मनुष्य को वरदान देने का कार्य सौंपा गया है। सनातन धर्म के इस रूपक को भारतीय संविधान में यथासंभव अनुकरण करने की कोशिश की गई है। कैसे? इसे समझें। यहाँ एक राष्ट्रपति बनाया गया है जो आदि शिव के सदृश सर्वोच्च पदाधिकारी है जिसे शिव की तरह ही अंतिम क्षमादान की शक्तियां प्रदान की गई हैं। इस राष्ट्रपति के अंतर्गत विधायिका और

कार्यपालिका को रखा गया है तथा न्यायपालिका को शिव के एक अन्य रूप महेश (धर्मराज) की भूमिका के अंतर्गत रखा गया है। विधायिका ब्रह्मा की तरह कानून का निर्माण करती है, कार्यपालिका विष्णु की तरह मनुष्य के पालन पोषण का कार्य करती है और न्यायपालिका धर्मराज की तरह दंड देने का कार्य करती है। देश भर में तैनात शासन, प्रशासन और न्यायपालिका के अधिकारी कर्मचारी 33 करोड़ देवी देवताओं की तरह देशवासियों को सेवा का वरदान देने का कार्य करते हैं। देखने में भारतीय संविधान सनातन धर्म की एक प्रतिलिपि लगता है। इसलिए, यह सभी देशवासियों के लिए एक पवित्र धर्म ग्रंथ है। हर देशवासी को इसे श्रीमदगीता और रामचरितमानस की तरह नमन करना चाहिए और इसके आदेशों निर्देशों का अक्षरश: पालन करना चाहिए।

- आज समाज में यौन अपराध की घटनाएं बढ़ रही हैं। ये अपराध सभी आयु वर्ग के लोगों द्वारा किए जा रहे हैं। अतीत में, जो समाज अपने मूल्यों के लिए जाना जाता रहा हो उसके कुछ सदस्यों द्वारा इस प्रकार की घटनाओं को अंजाम देना भयंकर चिंता का विषय है। अनुभव से पाया गया है कि इन अपराधों के पीछे इंटरनेट के माध्यम से परोसी जा रही पोर्न सामग्री है जो उत्प्रेरक का कार्य करती है। इसी कारण, ये लोग काम पिपासा की पूर्ति के लिए अबोध बालिकाओं को शिकार बनाते हैं। यहां इससे भी अधिक गंभीर चिंता का विषय यह है कि ये अपराधी कानून से बचने के लिए भुक्तभोगी बालिका की हत्या तक कर देते हैं। इसलिए आज जरूरी हो गया है कि सरकार इंटरनेट पर चल रही सभी पॉर्न साइटों पर तुरंत प्रतिबंध लगाए। यदि इस पोर्न को नहीं रोका गया तो देश एक ऐसी विकृत मानसिकता की ओर बढ़ेगा जिसके परिणाम सनातन समाज के लिए बहुत घातक होंगे।

- एक व्यक्ति को प्राणों का अधिकार देकर समाज के बहुसंख्यक लोगों के प्राणों को दाँव पर नहीं लगाया जा सकता। देखा जा रहा है कि आज न्यायालयों द्वारा खूंखार हत्यारे सबूत के अभाव में छोड़ दिए जाते हैं।

इस अबूझ न्याय से इन अपराधियों के हौसले और बुलंद हो जाते हैं। फिर, वे जेल से बाहर आकर अपने विरोधियों को गाजर मूली की तरह काटते हैं। वे चश्मदीदों को इतना भयभीत कर देते हैं कि वे उनके खिलाफ गवाही देने की कल्पना तक नहीं कर पाते हैं। क्या यहाँ एक प्रश्न उठना समीचीन नहीं है कि एक हत्यारे को छोड़कर समाज का क्या भला होता है? अंग्रेजों के इस न्याय पर आज न्याय व्यवस्था को गंभीरता से चिंतन करने की आवश्यकता है।

► आज निर्बल वृद्धों पर उनके अपनों का अत्याचार आम बात हो गई है। वृद्धों के पास इससे मुक्ति के लिए कोई मार्ग नहीं है। पुलिस और अदालत जाने की उनकी सामर्थ्य नहीं है। देखा गया है कि यहाँ उन्हें तुरंत कोई न्याय भी नहीं मिलता है। इसलिए समदर्शी माननीय न्यायालय और एक कल्याणकारी सरकार का दायित्व है कि वह वृद्धों के लिए फास्ट ट्रैक अदालतें बनवाए और उन्हें मैंडेट दे कि वे उनके सभी मामले छह माह या अधिक से अधिक एक साल के अंदर अनिवार्य रूप से निस्तारित कर देंगी। सरकार का यह कदम वयोवृद्धों के प्रति उसकी संवेदनशीलता का परिचायक होगा।

► यदि कोई व्यक्ति अपनी ताकत के कारण अपने को सुरक्षित समझता है तो यह उसकी गलतफहमी है। यह केवल देश के कानून है जो उसकी हिफाजत करता है। बिना कानून के व्यक्ति ताकतवर का निवाला है। अतः हर व्यक्ति का राष्ट्रीय कर्तव्य है कि वह कानून का शासन स्थापित करने में सरकार को सहयोग दे।

*****

राष्ट्रनामा

अभ्यास 16
राष्ट्रनामा

एक देश की प्रभुसत्ता की अखंडता उसके नागरिकों की राष्ट्रभक्ति पर निर्भर करती है। देश के नागरिकों में जितनी अधिक राष्ट्रीय प्रतिबद्धता होगी वह देश राष्ट्र के रूप में उतना ही मजबूत होगा। किन्तु, आज बिडम्बना की बात यह है कि नागरिकों को जितनी अधिक अभिव्यक्ति की स्वतंत्रता मिल रही है वे राष्ट्र के मामले में उतने ही अधिक तर्कशील हो रहे हैं। जबकि राष्ट्रीय प्रतिबद्धता के विरोध में कोई तर्क नहीं हो सकता। राष्ट्रीय प्रतिबद्धता एक नागरिक का राष्ट्र के प्रति अनिवार्य कर्तव्य बोध होता है। इस अभ्यास में कुछ ऐसी ही बातें शामिल की गई हैं।

- जब दुश्मन सामने हो तब कायरता की बातें नहीं की जातीं। उससे लड़ना ही श्रेष्ठ धर्म है।

- कूटनीति में शब्दों का प्रयोग कम संदेश अधिक दिया जाता है।

- देश की आजादी के वीरों के परिवारों को जो मान-सम्मान और सुख सुविधाएं दी जानी चाहिए थीं, वे उन्हें नहीं दी गईं। ऐसे परिवार आज भी गुमनामी के अंधेरे में खोए हुए हैं। एक संसाधन सम्पन्न राष्ट्र के लिए यह गौरव की बात नहीं है।

- देश का राजकोष केवल ईमानदार करदाताओं और ईमानदारी से वसूली करनेवाले अधिकारियों से भरता है। बेईमान करदाता और बेईमान अधिकारी तो केवल राजकोष को हानि पहुँचाते हैं।

- हर व्यक्ति, परिवार, कौम और देश को अपना गौरवशाली इतिहास बनाना पड़ता है। इतिहास अपने आप नहीं बनता।

- देश के प्रति गद्दारी अक्षम्य है। गद्दारी के अपराध के लिए देश का कानून इतना सख्त होना चाहिए कि नए गद्दार पैदा होने से डरें।
- देश में कुछ लोग भारत माता की बोटी बोटी बेशर्मी के साथ नोच-नोच कर खा रहे हैं। भ्रष्टाचार, हवाला, देशद्रोह, दोगला चरित्र, अतिवादी सोच और राष्ट्रीय षड्यन्त्र इसके कुछ उदाहरण हैं।
- देश में कुछ लोग सनातन धर्म को संख्या के आधार पर समाप्त करने के षडयंत्र में लगे हुए हैं और सनातनी हैं कि कालीदास की तरह उसी डाल को कटवाने में उनकी मदद कर रहे हैं जिस पर वे स्वयं बैठे हैं। सनातनियों की यह मूर्खता आत्मघाती है।
- आलोचना राजसत्ता पर एक लगाम है बशर्ते कि यह निष्पक्ष और राष्ट्रीय हित में की गई हो।
- ढोंगी देशप्रेमियों का बहिष्कार कर देना देशहित में है।
- देश के खिलाफ कभी कोई ऐसा कार्य नहीं करें जिससे देश गुलामी की ओर जाए। गुलामी की दशा में न केवल व्यक्ति बल्कि उसकी पीढ़ियाँ और उसके देवी-देवता भी गुलाम होते हैं। भारतवंशी अपने इतिहास को पढ़ें।
- वीरतापूर्ण इतिहास समाज को ताकत देता है। उसके वीर पुरुष आदर्श बनकर उसका हौसला बुलंद करते हैं।
- उत्तराखंड और हिमाचल प्रदेश को यूं ही देवभूमि नहीं कहा जाता है। इन प्रदेशों का अतीत तो देवकाल था ही, यहाँ के निवासियों में आज भी दैवीय गुणों की भरमार पाई जाती है।
- जातिवाद देश के लिए जहर है। इसलिए हर देशवासी का राष्ट्रीय कर्तव्य है कि वह एक संकल्प ले कि वह अपनी जाति को गंगाजी में प्रवाहित कर देगा और जातिमुक्त होकर केवल भारतवासी कहलाएगा।

- जब सत्ता भ्रष्ट हो जाए तब राष्ट्रवाद ही इसका एकमात्र इलाज है। केवल यही विचारधारा भ्रष्टाचार की जड़ें खोद सकती है।

- यदि आज भ्रष्टाचार को नहीं रोका गया तो एक दिन भ्रष्टाचारी सारी व्यवस्था को हाईजैक कर लेंगे। फिर सब कुछ पैसे से खरीदा जा सकेगा।

- जब देश पर खतरा आता है तब भी स्वार्थी लोग चैन की नींद सोते हैं। वे नींद से तभी जागते हैं जब यह खतरा उन तक पहुँच जाता है। ये लोग देश के गद्दार हैं।

- एक सच्चा राष्ट्रभक्त समाज की समस्याओं के समाधान खोजने में दिन रात लगा रहता है और उसे ठीक से नींद नहीं आती है। यह उसका स्वाभाविक राष्ट्र बोध है।

- इतिहास गवाह है कि भारतवंशियों ने आपस में लड़कर बहुत कुछ खोया है। एक समय सोने की चिड़िया कहलाने वाला देश कंगाल बन गया। कुछ आक्रांता यहाँ आकर अकूत धनदौलत लूटकर ले गए और कुछ आक्रांता उन्हें गुलाम बनाकर ही उनके सम्राट बन बैठे।

- कोई भी व्यवस्था बड़े परिश्रम और लंबे अनुभव के बाद स्थापित होती है। इसलिए किसी भी व्यवस्था में आमूलचूल बदलाव करने के पहले कई बार सोचें।

- आज लोग आत्महित के आगे राष्ट्रहित की उपेक्षा कर देते हैं। यह अवसरवादिता है। नागरिकों की यह वृत्ति देश के लिए घातक है।

- समाज में उदार सोचवाले लोग जातिवाद के जहर को समाप्त करना चाहते हैं। किन्तु, संकीर्ण सोच वाले लोग इसे बरकरार रख इसके मीठे मीठे फल खाते रहना चाहते हैं। जातिवाद देश और समाज दोनों की एकता और समरसता के लिए घातक है।

- वही वतन अपना है जहां अपने लिए खुला आसमान हो, खुले जंगल पहाड़ हों और खुली हवा हो। परतंत्रता में मनुष्य का मन कभी खुश नहीं रह सकता।
- नागरिकों में राष्ट्रवाद की भावना से ही देश में असली तरक्की आ सकती है।
- कोई विचारधारा उस पेड़ को कभी नहीं काटती है जिस पर वह स्वयं पनप रही होती है। यदि ऐसी कोई विचारधारा है तो वह अराष्ट्रीय है।
- राजनीति के प्रति जाग्रति, व्यक्ति को अपने अधिकारों के प्रति जागरूक करती है और राष्ट्र के प्रति जाग्रति, व्यक्ति को अपने कर्तव्यों के प्रति जागरूक करती है।
- देश को सबसे अधिक नुकसान बिना रीढ़ वाले लोगों ने पहुँचाया है। ये स्वार्थ के पुतले हैं। इनकी नजर में राष्ट्रहित, समाजहित और धर्महित कुछ भी नहीं है। ये केवल आत्महित जानते हैं। ये अवसरवादी बन देश को दीमक की तरह चाटते हैं।
- जनता को जरूरत से ज्यादा आजादी देना शासन व्यवस्था के लिए घातक है। एक बच्चा भी अधिक आजादी पाकर स्व विनाश में लग जाता है। आजादी पर विवेकपूर्ण अनुशासन अत्यावश्यक है।
- जब आम आदमी का आक्रोश ज्वाला बनता है तभी असली परिवर्तन होता है।
- जब राष्ट्रवादी सरकार होती है तब धर्म, कला और संस्कृति को बढ़ावा मिलता है। अन्य व्यवस्थाओं में चाटुकारी साहित्य का सृजन ज्यादा होता है।
- भारतवासी कभी अपने बृहत्तर भारत के इतिहास को पढ़ें। अतीत में, भारत एक विशाल सामाज्य का स्वामी था। आज वह अपनी कमजोरियों के कारण सिकुड़कर एक छोटा-सा टुकड़ा रह गया है। ये कमजोरियाँ कौन कौन सी थीं? वे इस पर चिंतन अवश्य करें।

► भारत के आदर्श कबीर और रहीम जैसे संत हैं, नकि तुगलक, बाबर और औरंगजेब जैसे क्रूर आक्रांता।

► इतिहास रक्तरंजित है। इतिहास में जो शक्तिशाली रहा वही विजयी हुआ। इसलिए अपने देश को शक्तिशाली बनाएं, यही बुद्धिमानी है।

► डॉ. भीमराव अंबेडकर एक महान राष्ट्रवादी विचारक थे। आज राष्ट्रहित में उनके विचारों पर पूर्वाग्रहरहित होकर चिंतन किए जाने की आवश्यकता है। साथ ही, उनके विचारों को पाठ्यक्रम में शामिलकर बच्चों को भी पढ़ाए जाने की आवश्यकता है।

► जब तक देश के अंदर मौजूद राष्ट्र विरोधी तत्वों की कमर नहीं तोड़ी जाती तब तक देश वास्तविक तरक्की नहीं कर सकता। ये तत्व किसी भी सुधार को अपनी ताकत के बूते पटरी से उतार देने की निरंतर कोशिश करते रहेंगे, यह निश्चित है।

► अतीत में, भारतवंशी आपसी ईर्ष्या द्वेष के कारण एक नहीं रहे। विदेशी आक्रांताओं ने उनकी इस कमजोरी का पूरा फायदा उठाया और देश के अधिकांश हिस्से पर कब्जा कर लिया। इसका परिणाम यह हुआ कि भारत हजार वर्षों तक गुलाम रहा। आज देश में वैसा ही ईर्ष्या-द्वेष नजर आ रहा है। यह देश की एकता और अखंडता के लिए घातक है। बुद्धिजीवियों और राजनेताओं को इस विषय पर गंभीर चिंतन करने की आवश्यकता है।

► जातिवाद राष्ट्रीय एकता के लिए घातक है। जातिवाद के इस जहर को खत्म करने के लिए एक उपाय यह है कि एक कानून बनाकर सभी जातियों को यह अनुमति दी जाए कि वे अपनी इच्छानुसार किसी भी जाति का चयन कर लें और अपना सरनेम बदल लें। इससे जातियों की वर्ण व्यवस्था संबंधी शिकायतें भी दूर हो सकेंगी।

► देश को शक्तिशाली बनाना हर देशवासी का प्राथमिक कर्तव्य है। इसके लिए, यदि आधी रोटी खानी पड़े तो सहर्ष तैयार रहना चाहिए।

यदि देश शक्तिशाली नहीं होगा तो एक दिन गुलाम होना पड़ेगा। सारी दुनिया प्रकृति के एक ही नियम पर चलती है- 'वीर भोग्या वसंधुरा' अर्थात जो ताकतवर होगा वही राज्य करेगा।

- अनाचारी की पक्की दवाई ही उसका सही इलाज है।
- कभी अपने वतन की जड़ें नहीं छोड़ें। ये जड़ें व्यक्ति का स्वाभिमान है।
- कभी देश के खिलाफ कोई ऐसा कार्य नहीं करें जिससे देश की आजादी खतरे में पड़े। देश की आजादी जन्नत है। यह आजादी बड़े लंबे संघर्षों के बाद अर्जित होती है। परतंत्रता नर्क है। कोई भी देशवासी इस नर्क में नहीं रहना चाहेगा। देशवासी आठ सौ वर्षों की अपनी गुलामी का इतिहास हमेशा याद रखें।
- राष्ट्रवादी मीडिया देश के लिए शुभ है और भ्रष्ट मीडिया देश के लिए घातक। भ्रष्ट मीडिया बाजारू है। इसे कभी भी खरीदकर देश के विरुद्ध इस्तेमाल किया जा सकता है।
- सभी विचारधाराओं में राष्ट्रवादी विचारधारा श्रेष्ठ है। यदि राष्ट्र ही नहीं होगा तो फिर विचारधाराएं अस्तित्व में कैसे रहेंगी?
- राजद्रोहियों और सरकारी लुटेरों की संपत्ति अनिवार्य रूप से जब्त की जानी चाहिए। यह संपत्ति पाप की कमाई है जिस पर केवल राष्ट्र का अधिकार है।
- नागरिकों का राष्ट्रनिष्ठों के प्रति उपेक्षा का भाव देशघाती है। उनकी यह वृत्ति एक दिन देश पर भारी पड़ेगी।
- देश में अंग्रेजों द्वारा बनवाई गई इमारतें आज भी अक्षत खड़ी हुई हैं जबकि स्वतंत्र भारत में बनवाई गई इमारतें देशवासियों को आईने में अपना मुंह देखने के लिए विवश कर रही हैं। इसका क्या कारण हो सकता है? इसका एक ही कारण समझ में आता है कि अंग्रेजों ने ये

इमारतें ईमानदारी और कर्तव्यनिष्ठा की भावना से ओतप्रोत होकर बनवाईं जिसका स्वतंत्र भारत में अभाव हो गया है।

- एक राष्ट्र उसके नागरिकों में राष्ट्रवाद की भावना के कारण ही जिंदा है। बिना राष्ट्रवाद के कोई देश ज्यादा दिनों तक राष्ट्र नहीं रह सकता। कमजोर राष्ट्रवाद देश के लिए अशुभ संकेत है।

- सेना में नौकरी देशसेवा का व्रत है।

- जब सैनिक जान की बाजी लगाकर देश की सीमाओं की रक्षा करते हैं तब देशवासी चैन की नींद सोते हैं। क्या यह देशवासियों का कर्तव्य नहीं हो जाता कि वे उन सैनिकों का हृदय से सम्मान करें और यदि हो सके तो अपनी आय का एक अल्प हिस्सा शहीद सैनिकों के परिवार कल्याण कोष में दान करें।

- भारत देश का नाम यशस्वी वीर बालक भरत के नाम पर रखा गया। यह बालक सिंह शावकों के साथ खेला करता था और उनके दांत गिना करता था। उस समय देश का नाम एक वीर बालक के नाम पर रखने का प्रयोजन यह था कि देशवासी अपने बालकों को वीर बनाएं जिससे राष्ट्र मजबूत बने। सनातन काल में यह संदेश काफी लंबे समय तक चला। किन्तु, कालांतर में, देशवासी इसको भूल गए। आज फिर समय आ गया है कि माता-पिता यह संकल्प लें कि वे राष्ट्रहित में अपने बालकों को वीर बनाएंगे और उन्हें सेना में सैनिक बनने के लिए प्रेरित करेंगे।

- जब संविधान बनाया गया था तब इसके निर्माताओं के दिमाग में भारत के विभाजन की धर्म आधारित थ्योरी स्पष्ट रूप से विद्यमान थी। इस थ्योरी के अनुसार पाकिस्तान को धर्म के आधार पर एक अलग राष्ट्र बनाया गया और भारत को सनातन धर्म के आधार पर एक अलग राष्ट्र बनाया गया। उस समय यह बात बिलकुल स्पष्ट थी कि भारत एक सनातन राष्ट्र होगा। संविधान निर्माताओं ने इस विषय पर संविधान सभा में इसलिए खुलकर कोई चिंतन नहीं किया क्योंकि यह विभाजन स्वत:

स्पष्ट था। अंग्रेजों ने यह देश स्पष्ट तौर पर हिंदू राष्ट्र के रूप में आजाद किया था। लेकिन, बाद में भारत के इस स्वरूप के साथ एक भयानक कार्य किया गया जो संविधान की मूलात्मा के विरुद्ध था। यह था धर्म निरपेक्षता शब्द का संविधान की प्रस्तावना में जोड़ा जाना। इस शब्द ने देश के विभाजन के मूल स्वरूप को ही बदल दिया। अब भारत का कोई धर्म नहीं रह गया। जबकि सत्य यही है कि देश का धर्म के आधार पर ही बंटवारा हुआ था। प्रसंगवश, यहाँ यह कहने में संकोच नहीं है कि सनातन धर्म की सहिष्णुता इसकी सबसे बड़ी कमजोरी है। इतिहास में इसके चलते सनातनधर्मियों को बहुत त्याग करना पड़ा है और हजार वर्षों तक गुलामी का जीवन जीना पड़ा है।

*****

अभ्यास 17
राष्ट्रनामा

राष्ट्र प्रेम एक ऐसा जज्बा है जो सच्चे नागरिकों के हृदय में ज्वार की तरह बहता है। जिस प्रकार एक सच्चा पुत्र अपने माता-पिता के प्रति अगाध स्नेह रखता है उसी प्रकार एक सच्चा नागरिक अपनी मातृभूमि के प्रति अनन्य समर्पण की भावना रखता है। एक देश के नागरिकों का यह समर्पण ही उस राष्ट्र को महान बनाता है। इस अभ्यास में राष्ट्र प्रेम को मजबूत करने के लिए कुछ बातें शामिल की गई हैं।

► भितरघात ऐसा नापाक कृत्य है जो मजबूत राष्ट्र को भी एक दिन जमींदोज कर देता है।

► भ्रष्टाचार देश की जड़ों को घुन की तरह खाता है। यह देश को इतना खोखला कर देता है कि एक दिन यह भरभराकर बैठ जाता है।

► यह एक सामान्य बुद्धि की बात है कि जब विदेशी आक्रमण होता है तब देश के लोग आपसी दुश्मनी भुलाकर एक हो जाते हैं। किन्तु हमारे देश का इतिहास गवाह है कि हमने एक दूसरे को नीचा दिखाने के लिए विदेशी आक्रांताओं का या तो साथ दिया या फिर उनका मौन समर्थन किया। फिर, इसका खामियाजा हमें लंबी गुलामी के रूप में चुकाना पड़ा। इस संबंध में, देशवासियों को प्रकृति से एक सबक अवश्य लेना चाहिए। जंगल में जब सिंह हमलावर होता है तब जंगल के सभी पशु पक्षी बचाव के लिए शोर मचाने लगते हैं। उनके पास कोई बड़ा संगठन तो नहीं होता है, लेकिन वे इसका प्रदर्शन अवश्य करते हैं। देशवासियों को भी इसी तरह विदेशी आक्रमण के समय एक हो जाना चाहिए और इसका भरपूर प्रदर्शन करना चाहिए।

- सनातनधर्मी देश के अंदर छिपे जयचंदों को पहचानें। अतीत में, इनकी वजह से वे हजार वर्षों तक गुलाम रहे और उनके अनगिनत भाई-बहनों को अपना धर्म छोड़ना पड़ा। आज ये जयचंद फिर वैसा ही कृत्य कर रहे हैं। यदि आज देशवासी नहीं जागे तो इतिहास को दोहराने से रोका नहीं जा सकेगा।

- यदि व्यक्ति अपनी आजादी की रक्षा नहीं कर सकता तो उसे गुलाम होने के लिए तैयार रहना चाहिए। वक्त कायरता के लिए दंडित अवश्य करता है। इतिहास ऐसे उदाहरणों से भरा पड़ा है।

- 'प्राण जाए पर वचन न जाई', यह हर फौजी का संकल्प है। हरेक फौजी क्षत्रिय है।

- भारत के संविधान में नागरिकों के लिए कर्तव्यों को बाध्य नहीं बनाया गया है। इसका मूल कारण यह है कि उस समय संविधान निर्माताओं के जेहन में यह बात विद्यमान थी कि सनातन जीवन मूल्यों में कर्तव्य स्वत: अंतर्भूत हैं। इन्हें अनिवार्य बनाने की कोई आवश्यकता नहीं है। ये सनातन मूल्य नागरिकों को एक दूसरे के अधिकारों का सम्मान करना सिखाते हैं, उनमें सहिष्णुता और सह अस्तित्व की भावना भरते हैं और उन्हें वसुधैव कुटुम्बकम के दर्शन के साथ जीने के लिए प्रेरित करते हैं। वास्तव में, पाया गया है कि एक सनातनी व्यक्ति इन्हीं कर्तव्य बोधों में बंधकर अपना पूरा जीवन जीता है।

- वर्तमान समय में, शूद्र एक अप्रासांगिक शब्द हो गया है। इस शब्द के प्रयोग पर वैधानिक निषेध होना चाहिए।

- पुस्तक प्रकाशन के क्षेत्र में सैल्फ पब्लिशिंग हाउस बहुत प्रशंसनीय कार्य कर रहे हैं। वे नवोदित प्रतिभाओं को प्लेटफॉर्म देकर उनकी प्रतिभा से राष्ट्र को लाभान्वित करा रहे हैं। इसी तरह, सरकारी क्षेत्र में नेशनल बुक ट्रस्ट भी यही कार्य कर रहा है।

- निष्पक्ष रिपोर्टिंग पत्रकारिता का पुनीत रूप है और चाटुकारी रिपोर्टिंग पत्रकारिता का पतित रूप है।

- जिन्हें राष्ट्र की चिंता है वे गोली बंदूक से नहीं डरते हैं। वे राष्ट्र के लिए हमेशा मर मिटने को तैयार रहते हैं। लेकिन, जिन्हें अपने प्राणों की चिंता है वे राष्ट्र के बारे में कोई चिंतन नहीं करते हैं। वे अपनी जान के लिए राष्ट्र के साथ समझौता करते हैं। यही लोग देश के नमक हराम हैं।

- इतिहास गवाह है कि जो लोग अपनी आजादी के लिए नहीं मरते-मिटते हैं, उनकी सन्तानें गुलामी का जीवन जीती हैं।

- देश के प्रति गद्दारी की सजा पीढ़ियों को शदियों तक भोगनी पड़ती है।

- देश में माई के लाल शताब्दियों में पैदा होते हैं। बुरे वक्त में वे ही देश की ताकत बनते हैं। देशवासी उनकी कद्र करना सीखें।

- व्यक्ति स्वयं भले कमजोर हो जाए, लेकिन वह कभी देश को कमजोर नहीं होने नहीं दे। देश ही उसकी असली ताकत है।

- यदि देश की सीमाओं को चिर अक्षुण्ण बनाना है तो सरकार महाराजा मिहिर भोज की तरह छत्तीस लाख सैनिकों की एक विशाल फौज गठित करे जिसके बारे में सुनकर ही दुश्मन की रूह कांपने लगे।

- जब तक देश में गरीब, दलित और अबला नारी शिक्षित होकर आत्मनिर्भर नहीं हो जाती तब तक प्रजातंत्र को पूर्ण विकसित नहीं माना जा सकता।

- जिस देश में आक्रांताओं का इतिहास हीरो बनाकर पढ़ाया जाता हो, उसे क्या एक स्वाभिमानी राष्ट्र कहा जा सकता है? बिल्कुल नहीं।

- देश के लिए विदेशी शत्रु उतना खतरनाक नहीं है जितनाकि घर के अंदर छिपा शत्रु। विदेशी शत्रु को रणभूमि में ललकारकर धराशायी

किया जा सकता है, लेकिन घर में छिपे शत्रु से कैसे लड़ा जा सकता है? यह आस्तीन का सांप है।

- राजनीति में अपनी सुविधानुसार राष्ट्रवाद का चोला पहन लेना अवसरवाद है। यह राष्ट्रभक्ति नहीं है।

- जब राष्ट्रपिता महात्मागांधी के किसी निर्णय पर विचार करें तब हमेशा एक बात ध्यान रखें कि वे महात्मा थे, राजनीतिज्ञ नहीं। उनके लिए गए निर्णय निश्चित रूप से मानवीय भावनाओं से संप्रेरित होंगे। एक महात्मा के साथ ऐसा होना स्वाभाविक है। हाँ, किसी राजनीतिज्ञ द्वारा निर्णय लेते समय उससे राजनैतिक बुद्धिमत्ता की अपेक्षा की जाती है।

- डॉ. भीमराव अंबेडकर ने भारत के जिस सर्वसमावेशी संविधान को लिखा, उसमें देश के सभी धर्मों, जातियों, वर्गों, पंथों और मतों को समुचित स्थान और सम्मान दिया गया है। डॉ. अंबेडकर एक विशाल हृदय के विधिविशारद थे। उनकी राष्ट्रभक्ति अतुलनीय है। यदि उन्हें देश का भाग्यविधाता कहा जाए तो अतिशयोक्ति नहीं होनी चाहिए।

- यदि देश में मौजूद कुछ जहरीले नागों को दूध पिलाना बंद कर दिया जाए तो भारत दुनिया के लिए ताकत की एक मिसाल बन जाएगा।

- सारी दुनिया में राष्ट्रभक्ति की केवल एक ही परिभाषा है अर्थात राष्ट्र के लिए अवसर आने पर अपनी जान न्यौछावर कर देना और राष्ट्र के विरुद्ध न ही एक शब्द बोलना और न ही एक शब्द सुनना। लेकिन, भारत की विडंबना यह है कि यहाँ राष्ट्रभक्ति की कोई परिभाषा निश्चित नहीं है। यहाँ हरेक व्यक्ति अपने अपने ढंग से राष्ट्रभक्ति को परिभाषित करता है और तदनुसार आचरण करता है। राष्ट्रभक्ति की ये विभिन्न परिभाषाएं देश की एकता और अखंडता के लिए घातक हैं। आज समय की मांग है कि राष्ट्रभक्ति की एक सर्वमान्य परिभाषा निर्धारित की जाए।

- आज देश में कुछ लोगों की आंखों में निज स्वार्थ की इतनी मोटी परत चढ़ गई है कि वे राष्ट्र के खिलाफ होने वाली गतिविधियों के साथ खड़े होने में शर्म की अनुभूति नहीं करते हैं। ऐसे लोग ही कालनेमि, शकुनि, जयचंद और मीर जाफर हैं।

- देश में आर्थिक अपराधों के लिए कोई सख्त सजा का प्रावधान नहीं है। संपत्ति जब्त कर लेना, जुर्माना लगा देना और छोटी मोटी सजा दे देना कोई दंड नहीं है। इन दंडों से आर्थिक अपराधियों के हौसले पस्त नहीं होते हैं। देखा गया है कि बड़े बड़े आर्थिक अपराधी थोड़ी सी सजा काटकर जनता की लूटी गई संपत्ति पर ऐश की जिंदगी जीते हैं। इसकी रोकथाम के लिए सरकार को आर्थिक अपराधियों के लिए लूटी गई राशि के अनुपात में कठोर दंड का प्रावधान करना चाहिए, अर्थात छोटे अपराध के लिए सजा की मात्रा कम, मझोले अपराध के लिए सजा की मात्रा कुछ ज्यादा और बड़े अपराध के लिए गंभीर सजा तय की जानी चाहिए। केवल तभी आर्थिक अपराधों को रोका जा सकेगा और देश को लुटने से बचाया जा सकेगा।

- भारत के कुछ लोग विदेशी आक्रांताओं को अपना हीरो मानते हैं और उनकी क्रूरताओं पर खुशी मनाते हैं, पर क्या वे कभी गहराई से चिंतन करते हैं कि इन आक्रांताओं ने किनके पूर्वजों पर क्रूरता का व्यवहार किया और किनकी मां बहनों के साथ दुर्व्यवहार किया और किसकी संस्कृति और किसके देवीदेवताओं के विग्रहों को निर्ममतापूर्वक खंडित किया? जो मनुष्य अपने पूर्वजों के इतिहास को भुला देता है भविष्य उसे कभी माफ नहीं करता। कृतघ्नता को मनुष्य क्या ईश्वर भी क्षमा नहीं करता।

- जो देश अपने राष्ट्रभक्तों की रक्षा करने में असमर्थ है वह स्वाभिमानी राष्ट्र नहीं है।

- तमिलनाडु में राजनीतिक कारणों से हिंदी का विरोध है। इस विरोध से तमिलभाषी युवाओं का बहुत अधिक नुकसान हुआ है। वे हिंदी नहीं

बोल सकने के कारण अपने भविष्य निर्माण के लिए प्रदेश से बाहर नहीं जा पा रहे हैं। आज तमिल बुद्धिजीवियों को चाहिए कि वे युवाओं के भविष्य के लिए उनके मन में हिन्दी के प्रति बैठाए गए कल्पित भय को दूर करें।

► वे लोग मानवता के कातिल हैं जो अपने फायदे के लिए खाद्य पदार्थों और दवाओं में मिलावट करके मनुष्य के स्वास्थ्य को अपूरणीय क्षति पहुंचाते हैं। ऐसे अपराधियों की सजा केवल मृत्यु दंड है।

► राजभाषा हिंदी आज अपनी सरलता, सरसता और प्रवाह के कारण पूरे भारत की संपर्क भाषा बन गई है। इस तरह, हिन्दी राष्ट्र भाषा भी बन गई है। राष्ट्र भाषा उसी भाषा को कहते हैं जो एक देश के सभी नागरिकों को एक भाषा के माध्यम से जोड़ती है।

► शदियों की दासतां से अच्छी है, एक दिन की आजादी। देश की रक्षा के लिए प्राण न्यौछावर कर देना गुलामी में सौ वर्ष की आयु जीने से बेहतर है।

► भारत की सेना दुनिया की अजेय सेना है। इसने देश की आजादी के बाद सभी विदेशी आक्रमणों पर अपनी विजय पताका फहराई है और राष्ट्र के स्वाभिमान को ऊंचा रखा है। भारतीय सेना पर हर भारतीय को गर्व है।

► जो व्यक्ति राष्ट्र का नहीं है वह किसी का नहीं है। वह अपने मतलब के लिए कुछ भी कर सकता है। यहाँ तक कि वह देश भी बेच सकता है।

► कुछ लोग भारत को दो हिस्सों में बांटने के लिए दो संस्कृतियों के अस्तित्व की बात करते हैं- एक, सनातन संस्कृति और दूसरी, द्रविड संस्कृति। यहाँ सामान्य बुद्धि से सोचें कि यदि ये दोनों संस्कृतियां अलग अलग होतीं तो उनके देवी देवता भी अलग अलग होने चाहिए थे; उनकी भाषाएं भी अलग अलग होनी चाहिए थीं और वहां के निवासियों के नाम भी बिल्कुल भिन्न होने चाहिए थे। लेकिन, वास्तव में, ऐसा नहीं

है। इन दोनों संस्कृतियों के देवी देवता लगभग समान हैं, मूल भाषा संस्कृत समान है और दोनों ही संस्कृतियों के लोगों के नाम संस्कृत भाषा की शब्दावली से लिए गए हैं। इससे सिद्ध होता है कि सनातन संस्कृति और द्रविड संस्कृति एक ही है।

► भारत वर्ष की गुलामी के काल में, कुछ अंग्रेजी विद्वानों की यह छठी इंद्रिय कहां से जाग्रत हो गई कि वे भारत में आर्य और अनार्य का इतिहास बताने लगे। जिनका अपना इतिहास ईसा के पूर्व तक अंधकार युग कहा जाता हो उनके पास ऐसा ज्ञान कहां से आ गया कि वे भारतवर्ष के दसियों हजार वर्ष पुराने इतिहास का बंटवारा करने लगे। उन्होंने कहा कि भारतवर्ष के इतिहास में वर्णित आर्य बाहर से आए और अनार्य भारत के मूल निवासी हैं। उनकी यह थियोरी बकवास के अलावा कुछ नहीं है। इसे यहाँ समझने की जरूरत है। भारत की आदिम भाषा संस्कृत का साहित्य आर्य और अनार्य शब्दों से भरा पड़ा है। इसी तरह, संस्कृत की पुत्री पालि भाषा के साहित्य में अरियो और अनरियो शब्दों का अनेक स्थानों पर उल्लेख मिलता है। इन अंग्रेज विद्वानों ने शायद कभी संस्कृत और पालि भाषा के साहित्य को गहराई से नहीं पढ़ा। इसी कारण वे भ्रमित रहे। आर्य और अनार्य भारत के ही मूल निवासी हैं। सनातन इतिहास के इस सत्य को कोई नहीं झुठला सकता।

► भारत के सैनिक वेतन के लिए नहीं, वतन के लिए नौकरी करते हैं। उनका राष्ट्र पर मर मिटने का अतुलनीय जज्बा इस बात का साक्षी है।

► कभी धर्म, राष्ट्र और ईश्वर की निंदा नहीं करें। यह पातक है।

► राष्ट्रीय स्वयंसेवक संघ सनातन मूल्यों की पुनर्स्थापना के लिए बनाई गई एक संस्था है। यह राष्ट्र के लिए युग परिवर्तनकारी कार्य कर रही है।

► ब्राह्मण कोई जाति नहीं है। यह एक राष्ट्रवादी और मूल्यवान समाज की स्थापना की विद्वतापूर्ण सोच है।

► यदि राष्ट्र को गौरव प्रदान करने वाली कुछ अच्छी बातों का उल्लेख करना हो तो निम्नलिखित बातें उल्लेख करनी ही पड़ेंगी-

1) माननीय प्रधानमंत्री नरेंद्र मोदी देश में रामराज्य की स्थापना के लिए 24x7 अथक कार्य कर रहे हैं। वे सारी दुनिया में सनातन धर्म की फिलोसोफी- सर्वे भवंतु सुखिन: और वसुधैवकुटुंबकम, भगवान बुद्ध की करुणा और बंधुत्व तथा स्वामी विवेकानंद के मानवतावाद और अध्यात्मवाद का प्रसार कर भारत को एक बार पुनः आध्यात्मिक गुरु बनाने का प्रयास कर रहे हैं।

2) पूज्यनीय सत्यनारायण गोयनकाजी ने दो हजार वर्ष पूर्व भारत की भूमि से लुप्त हो गई भगवान बुद्ध की ध्यान की वैज्ञानिक विपश्यना विद्या को देश में वापस लाने का महान कार्य किया। उन्होंने इस विद्या को न केवल देश में बल्कि विश्व भर में फैलाया।

3) श्रद्धेय बाबा रामदेवजी ने पतंजलि मुनि के योग और प्राणायाम को पुनर्जीवित कर उसे देश विदेश में घर घर पहुँचने का विराट कार्य किया है। इसी प्रकार, आचार्य बालकृष्णजी ने आयुर्वेद की हजारों वर्ष पुरानी चिकित्सा पद्धति पर अनुसंधान करके उसे जन जन के बीच प्रचारित करने का भगीरथ कार्य किया है।

4) पूज्यनीय लखीराजजी, जिन्हें ब्रह्मा बाबा भी कहा जाता है, ने प्रजापिता ब्रह्माकुमारी विश्वविद्यालय स्थापित करके राजयोग के माध्यम से देश विदेश में सनातन धर्म के मूल्यों की पुनर्स्थापना का एक महान कार्य किया है।

5) सिहोर वाले पंडित प्रदीप मिश्रा ने शिव महापुराण के माध्यम से शिव महिमा को भारत की लाखों करोड़ों जनता के बीच प्रचारित करने का एक अविश्वसनीय कार्य किया है। उन्होंने ऐसा कर एक बार फिर सनातन धर्म के पौराणिक युग को पुनर्जीवित करने का कार्य किया है।

6) बागेश्वर धाम, सतना के कथा वाचक पंडित धीरेन्द्र शास्त्री ने हनुमानजी की कथा के माध्यम से पूरे भारतवर्ष में सनातनधर्मियों को जगाने का अद्भुत कार्य किया है। उन्होंने हिन्दू राष्ट्र की स्थापना के लिए शंखनाद कर दिया है।

► आज देश का दुर्भाग्य है कि चिकित्सा व्यवसाय हो गई है। देखा जा रहा है कि चिकित्सक सेवा के लिए नहीं, अपना ग्राहक बनाने के लिए चिकित्सा कार्य कर रहे हैं। जिस कार्य में केवल व्यवसाय का भाव हो, उसे सेवा कैसे कहा जा सकता है? आज चिकित्सा सेवा बिल्कुल नहीं है। बहुसंख्यक चिकित्सक मुनाफे के प्रयोजन से अपना कार्य करते हैं और बहुसंख्यक अस्पताल मुनाफे के प्रयोजन से रोगियों को भर्ती करते हैं। आज देश में चिकित्सा सनातन दर्शन के आधार पर नहीं, पाश्चात्य दर्शन के आधार पर अपना कारोबार कर रही है। सनातन धर्म के पूरे इतिहास में चिकित्सा कभी मुनाफे का व्यवसाय नहीं रही। यह हमेशा सेवा का कार्य रही। सनातन धर्म में वैद्यों को त्यागी, ऋषि और जनसेवक कहा गया। उन्होंने रोगियों को कभी अपना ग्राहक नहीं समझा। वे रोगियों से मात्र दवा भर का शुल्क लेते थे। गरीबों की तो वे नि:शुल्क चिकित्सा किया करते थे। आज चिकित्सा क्षेत्र में मुनाफे के दर्शन ने रोगियों की दुर्गति कर रखी है। समाज के उदाहरण यही बताते हैं कि एक व्यक्ति रोगी होने के बाद अपने आपको विभिन्न चिकित्सकों और चिकित्सालयों के शिकंजे में फंसा और लुटा पिटा पाता है।

► राष्ट्र की रक्षा के लिए सर्प से भी हाथ मिलाना पड़े तो मिला लें। इसमें कोई हर्ज नहीं है। परंतु, उसे गले नहीं लगाएं।

► आज व्यक्ति अपनी जाति का सबसे बड़ा रक्षक है। जाति के आगे वह सही बात भी सुनने को तैयार नहीं है। व्यक्ति का यह दृष्टिकोण राष्ट्रीय एकता और सामाजिक सुधार में बहुत बड़ी बाधा है। देशवासी समाज में अपनी पहचान जाति के स्थान पर एक भारतीय के रूप में बनाएं।

वे सार्वजनिक जीवन में अपनी जाति का उल्लेख करना बंद करें। इससे सामाजिक भाईचारा बढ़ेगा और राष्ट्र मजबूत होगा।

► अंग्रेजों पर प्राय: आरोप लगाया जाता है कि उन्होंने जाति और धर्म के आधार पर भारतवासियों को बांटने के लिए 'फूट डालो और राज करो' की नीति पर शासन किया। इस संदर्भ में, हमें यहाँ एक बात समझनी चाहिए कि उन्होंने हमारी जाति और धर्म में कोई नई बात नहीं जोड़ी। उन्होंने तो केवल हमारी उन कमजोरियों का लाभ उठाया जो, वास्तव में, हमारी कमजोरी थीं। अनुभव यही बताता है कि बुद्धिमान व्यक्ति किसी भी समाज को इसी ढंग से नियंत्रित करता है। अंग्रेजों ने भी यही कार्य किया।

► जो व्यक्ति राष्ट्र के साथ नहीं खड़ा है वह ईमानदार कैसे हो सकता है? उससे तो एक बेईमान राष्ट्रवादी ज्यादा अच्छा है।

► एक भ्रष्टाचारी व्यक्ति, भ्रष्टाचारी प्रकृति की सरकार चाहता है, एक गुंडा व्यक्ति, गुंडा वृत्ति की सरकार चाहता है और एक अत्याचारी व्यक्ति, अत्याचारी वृत्ति की सरकार चाहता है। लेकिन, समाज में ऐसे लोगों की संख्या बहुत कम है जबकि अच्छे लोगों की संख्या बहुत ज्यादा है। देश में इन्हीं अच्छे लोगों की सरकार बनाने के लिए ही प्रजातन्त्र की स्थापना हुई है। इसलिए बहुसंख्यक जनता का दायित्व है कि वह भ्रष्टाचारी, गुंडा और अपराधी को सत्ता से दूर रखे।

► देश में आजादी के बाद से नैतिक मूल्यों का जितना अधिक क्षरण हुआ है उतना सनातन धर्म के इतिहास में कभी नहीं हुआ। भौतिक विकास और कमजोर राष्ट्रवाद ने नैतिक मूल्यों की बलि ले ली है।

► उत्तर भारत के लोगों पर विदेशी संस्कृति का सर्वाधिक असर हुआ है। इसका एक बड़ा कारण यह है कि उत्तर भारत के लोगों ने सबसे अधिक विदेशी आक्रमण झेले हैं और विदेशी लोगों से उनका सर्वाधिक संपर्क हुआ है। इसी कारण, यहाँ सनातन मूल्यों का भी सर्वाधिक क्षरण हुआ है।

- जो व्यक्ति देश की सेना को मजबूत होते नहीं देखना चाहता और जिसका देश की सेना की ताकत को देखकर सीना चौड़ा नहीं होता वह देशद्रोही है। ऐसे मीरजाफ़रों से देशवासी सावधान रहें।
- आठ सौ वर्षों की गुलामी के फलस्वरूप कुछ भारतीयों के डीएनए में दो वृत्तियाँ बुरी तरह शामिल हो गई हैं- चोरी और गुलामी। उनकी चोरी की यह वृत्ति कामचोरी, भ्रष्टाचार, लूट और डकैती के रूप में परिलक्षित होती है और गुलामी की वृत्ति राष्ट्रवाद और सनातन धर्म के विरोध में परिलक्षित होती है। ये दोनों आयातित वृत्तियाँ हैं।
- प्रजातंत्र में देश की जनता का मुख्य कार्य होता है अच्छी सरकार बनाना और फिर, चैन की नींद सोना।

*****

लोकनामा

अभ्यास 18
लोकनामा

यदि तटस्थ होकर समाज में दृष्टि डालें तो पता चलेगा कि समाज में ऐसी अनेक बातें प्रचलित हैं जो अजीब हैं। लेखक ने इन बातों को पढ़ा है। उन्हें जहां कुछ विशेष नजर आया है उन बातों को यहाँ शामिल किया गया है। हो सकता है कि जग वाले इससे सहमत न हों। लेकिन, जब कोई व्यक्ति निष्पक्ष होकर इन बातों पर चिंतन करेगा तब उसे इनमें सत्यता ही नजर आएगी। इन बातों को यहाँ कई अभ्यासों में प्रस्तुत किया गया है।

- इस संसार में जो जिसको डरा लेता है, वह उसका शासक बन जाता है।

- लोग कामयाब इंसान की केवल चमक देखते हैं। उसने कितने संघर्ष किए हैं और कितने कष्ट उठाए हैं? उन्हें कोई नहीं जानना चाहता।

- उनके साथ जरूर रहें जिनका वक्त खराब है, यही सच्ची मित्रता है और उनका साथ जरूर छोड़ दें जिनकी नीयत खराब है, यही बुद्धिमत्ता है।

- समदर्शी बनना है तो तो चिराग की तरह बनें जो अमीर के महल में और गरीब की झोपड़ी में एक जैसी रोशनी देता है।

- इंसान कितना मूर्ख है कि वह जब किसी व्यक्ति को पसंद करता है तो उसकी बुराइयां भूल जाता है और जब घृणा करता है तो उसकी अच्छाइयां भूल जाता है।

- नीम की तरह कड़वी सलाह देने वाले दोस्त सच्चे होते हैं और मिठाई की तरह मीठी वाणी बोलने वाले ज्यादातर दोस्त चापलूस होते हैं।

- दुनिया से लड़ा जा सकता है लेकिन अपनों से नहीं। एक विजेता यही हार जाता है।
- गंदे कार्य दिमाग में भरी गंदगी के कारण होते हैं।
- एक किताब लेखक के अंतर्मन का साकार रूप है।
- जिस शांति के लिए लोग मंदिर-मस्जिद जाते हैं, उसी शांति को लोग घर और कार्यस्थल में नहीं स्थापित करना चाहते। यह कितनी बड़ी विडंबना है।
- एकला केवल शेर जैसा शक्तिशाली पुरुष ही चल सकता है।
- जो लोग घर में सफल नहीं होते, वे ऑफिस में भी सफल नहीं होते और कहीं भी नहीं होते।
- कुछ लोग केवल बोलते हैं करते कुछ नहीं। कुछ लोग केवल करते हैं बोलते कुछ नहीं। दूसरे प्रकृति के लोग ही पुरुषार्थी हैं।
- पद व्यक्ति से नहीं व्यक्तित्व से सुशोभित होता है।
- अजनबी व्यक्ति के साथ भी उपकार करने से नहीं चूकें। भविष्य को कोई नहीं जानता कि वह कब आपके काम आ जाए?
- जैसे बेईमानी में नशा है, वैसे ही ईमानदारी में कम नशा नहीं है।
- देश को स्वर्ग बनाने के लिए किसी देवी-देवता की आवश्यकता नहीं है। यदि सभी नागरिक अपने कार्य ईमानदारी और कर्तव्यनिष्ठा से करने लगें तो देश स्वमेव स्वर्ग बन जाएगा।
- यदि सात्विक जीवन जीना है तो सही रोजगार ढूंढें, अन्यथा बाद में पछतावा होगा।
- सच्चे इंसान को कभी गलत निर्णय अच्छा नहीं लगते। वह यथाशक्ति इनका प्रतिरोध करेगा या फिर घुटता हुआ मौन रहेगा।

- जब तक शरीर में भरपूर ताकत है तब तक व्यक्ति को किसी कमजोर की दुर्बल स्थिति की अनुभूति नहीं होती है।

- अपने ऊपर किए गए उपकार को कभी नहीं भूलें। किंतु, अपकार के कृत्य को भूल जाना ही श्रेयस्कर है।

- सरल के साथ सरल बनें। कठिन के साथ सरल बनने से कोई फायदा नहीं। कठिन के साथ कठिन ही बनें, तभी निर्वाह संभव है।

- जो लोग कहते है कि नाम में क्या रखा है? अर्थात कुछ नहीं रखा है? यह जुमला सही नहीं है। नाम में ही सब कुछ रखा है। नाम से ही व्यक्ति को मान-सम्मान और उपहास मिलता है। उदाहरण के लिए, यदि किसी व्यक्ति का नाम कंस हो तो इसका उसपर कितना बड़ा असर होगा? इसे समझें। इस नाम के कारण समाज का उसके प्रति नज़रिया बदल जाएगा और लोग उसे उपहास की दृष्टि से देखने लगेंगे। समाज के ऐसे अनुचित व्यवहार से उस व्यक्ति के अंदर बहुत कुछ बदल जाएगा।

- दुनिया अच्छे लोगों के लिए रोती है, बुरे लोगों के लिए नहीं।

- जहाँ इंसान है, वहाँ कोई भी व्यवस्था शत प्रतिशत विशुद्ध और निरापद नहीं हो सकती। इंसान देवता नहीं है।

- व्यक्ति अपने पद से नहीं, अपने कार्यों से महान होता है।

- चाटुकार से सावधान रहें। यदि यह चुगलखोर भी है तो यह काले नाग से अधिक जहरीला है।

- जीवन में तरक्की के लिए नकारात्मक वृत्ति के लोगों से भी सामंजस्य बिठाकर रखें, यही बुद्धिमत्ता है।

- जिस व्यक्ति में दूरदर्शिता की कमी है, वह शीघ्र ही औंधे मुंह गिरता है।

- देश में जुगाड़ तकनीक बड़ी कामयाब है। यहाँ अशिक्षित व्यक्ति भी इस तकनीक का विशेषज्ञ है।
- इंसान जब सज्जन व्यक्ति की बुराई करता है तब वह निर्भय महसूस करता है और जब दुष्ट व्यक्ति की बुराई करता है तब वह यह कार्य डरते हुए करता है। सही कहा गया है कि संसार में सज्जन व्यक्ति सभी के लिए कोमल चारा है।
- सत्य की एक छोटी-सी चिंगारी भी असत्य के महल को ढहाने के लिए काफी है।
- सत्य पर चलने वालों के लिए अपने सिद्धांत अपनों से ज्यादा प्यारे होते हैं जबकि असत्य पर चलने वालों के लिए केवल अपने ही प्यारे होते हैं, अपने सिद्धांत नहीं।
- यदि व्यक्ति बिन मांगे किसी की मदद करेगा तो उसे यश नहीं, उलटे अपमान मिलेगा। यह अनुभव की बात है।
- यह एहसान फरामोशी का युग है। एहसान करोगे तो पछतावा ही मिलेगा।
- आज झूठ का इतना बोलबाला है कि सत्य पर चलने वाले डरे डरे रहते हैं।
- संसार में आदिम काल से लगाकर आज तक झगड़े के तीन ही कारण रहे हैं- सम्मान, स्त्री और संपत्ति।
- आज की सरवाइवल नीति है- सठेशाठ्यं समाचरेत।
- जो व्यक्ति मन की किताब पढ़ सकता है, उसे दुनिया की किताबें पढ़ने की जरूरत नहीं है।
- परम्पराएं, प्रथाएं और रीतिरिवाज अनंत काल से समाज के अनुभव की सामूहिक प्रयोगशाला में प्रयोगकर गढ़े गए सूत्र हैं।

- षडयंत्रकारी हमेशा यह बात भूल जाते हैं कि षड्यन्त्र के कुछ सुराग छूट ही जाएंगे।
- कमजोर व्यक्ति गाली का जवाब गाली से देता है लेकिन, बुद्धिमान व्यक्ति चुप रहकर प्रतीक्षा करता है और समय आने पर उचित जवाब देता है।
- ईमानदार व्यक्ति से रिश्ते-नातेदार और भाई-बंधु सभी चिढ़ते हैं। यह कटु सत्य है।
- यूट्यूब और फेसबुक विविध प्रकार के अकूत ज्ञान से भरा पड़ा है। यहाँ संत कबीर की एक बात हमेशा याद रखें–'सार-सार को गहि रहे थोथा देई उडाय'।
- संसार में कोई वस्तु व्यर्थ नहीं है। समय आने पर व्यर्थ चीज भी मूल्यवान हो जाती है।
- काम करनेवाले बोलते कम, काम ज्यादा करते हैं और कामचोर काम कम, शोर ज्यादा मचाते हैं।
- आज के युग में अति अच्छा होना भी बुरे होने के समान है।
- यदि कोई व्यक्ति गुणों में महात्मा है तो कभी उसका विरोध नहीं करें। वह पूरे समाज का शुभचिंतक है।
- आज व्यक्ति की एक बड़ी बुरी आदत यह है कि वह न तो खुद निःस्वार्थ भाव से काम करना चाहता है और न ही किसी व्यक्ति को निःस्वार्थ भाव से काम करने देना चाहता है।
- समाज में कुछ लोगों ने ज्ञानार्जन की अपनी वंशानुगत परंपरा और रुचि के कारण जीवन जीने की बेहतरीन कला सीख ली है।
- हमेशा अच्छे इंसान की तलाश जारी रखें। यदि अच्छा इंसान मिल जाए तो उसे मित्र बना लें और कभी नहीं छोड़ें। यही दूरदर्शिता है।
- परदेश में अतिथि की तरह रहना सीखें, यही बुद्धिमानी है।

- यदि ईमानदार व्यक्ति बेईमान का समर्थन करे तो समझ लें कि वह ईमानदार नहीं है। वह सिर्फ ईमानदारी का चोला पहने हुए है।

- अच्छे व्यक्ति को सभी पसंद करते हैं, लेकिन बुरे व्यक्ति को केवल चंद स्वार्थी लोग ही पसंद करते हैं।

- पुलिस इसलिए है क्योंकि समाज में कुछ लोग अच्छे नहीं हैं।

- इस दुनिया में हरेक इंसान स्वार्थी है। यदि कोई निःस्वार्थी है तो वह देवतुल्य है। उसकी कद्र करें।

- देश में नायकों की कमी नहीं है। कमी है तो बस उन्हें सही अवसर मिलने की।

- जिस समाज में गुंडे, बदमाश और अपराधी को सम्मान दिया जाता है, वह रावण का वंशज है।

- राजतंत्र में युद्ध घातक शस्त्र से होता है और प्रजातंत्र में कटु वाणी से। एक युद्ध में आदमी मरता है और दूसरे में आत्मा। नैतिकता से हीन दोनों ही युद्ध दैत्यकर्म हैं।

- आज समाज की सबसे बड़ी समस्या उसका नैतिक पतन है।

- इस संसार में हरेक इंसान बीमार है, कोई शारीरिक रूप से बीमार है तो कोई मानसिक रूप से।

- मन के उबाल को रोक लें, बवाल बच जाएगा।

- आज व्यक्ति धन से सब कुछ खरीद सकता है, नैतिकता भी।

- कभी जोश में होश नहीं खोएं, यही बुद्धिमानी है।

- बलात्कार एक राक्षसी कृत्य है। यह कामांध व्यक्ति का घृणित विकल्प है।

- हर व्यक्ति से मिलने पर अलग-अलग वायब्रेशन की अनुभूति होती है। यह व्यक्ति के व्यक्तित्व की गंध होती है।

- पैसों के मामले में कोई बिरला ही व्यक्ति दानेदार होता है।
- अंधविश्वास चाहे किसी व्यक्ति पर हो या शक्ति पर, हमेशा आँखें खोलकर विश्वास करें।
- स्त्री और धन कभी दूसरे के हाथ नहीं सौंपें। फिर ये वापस नहीं आएंगे। दुनिया में हरिश्चंद्र बहुत कम हैं।
- आज व्यक्ति के पास प्रशंसा के शब्दों की बहुत कमी हो गई है। यदि वह कभी प्रशंसा करेगा तो वह झूठी ही होगी। आज व्यक्ति झूठी प्रशंसा की कला में बड़ा सिद्धस्त हो गया है।
- दलित, निर्बल और महिला का सम्मान करना सीखें और उन्हें माफ करने की आदत बनाएँ। इनके असम्मान पर बहुसंख्यक समाज कभी तरफदारी नहीं करेगा।
- देश में एक विचित्र विडम्बना यह है कि यहाँ व्यक्ति को सारे अधिकार चाहिए, लेकिन कर्तव्य कोई न करना पड़े।
- आज हर व्यक्ति समझदार है, केवल अपने स्वार्थ के मामले में।
- केवल काम से ही नाम होगा। हथकंडे अपनाने से व्यक्ति केवल बदनाम होगा।
- सच की ताकत बोलनेवाले की ताकत पर निर्भर करती है। कमजोर के लिए सच कोई ताकत नहीं है।
- अपनी वर्तमान स्थिति के लिए हर व्यक्ति स्वयं जिम्मेदार है, कोई अन्य व्यक्ति नहीं। अपने इस सत्य को जानने के लिए व्यक्ति को गहराई से अपने अंदर झांकना चाहिए।
- यदि व्यक्ति के पास बाहुबल, सत्ताबल या ज्ञानबल जैसी कोई ताकत है तो वह इसका सदुपयोग करे, दुरुपयोग नहीं। इससे यश धूमिल नहीं होगा बल्कि यह दिन दूनी रात चौगुनी बढ़ेगा।

- परिस्थितियों के अनुसार अपने को बदल लें, यही बुद्धिमानी है। बदली हुई परिस्थिति में अडिग रहना मूर्खता है।

- कभी-कभी लापरवाही वरदान बन जाती है। इसलिए, लापरवाही के प्रति भी सकारात्मक रहें।

- जब व्यक्ति की ताकत का तिलिस्म टूटता है तब उसे बहुत हैरानी होती है और वह विक्षिप्त-सा हो जाता है।

- अचानक पाई गई शोहरत से कुछ लोगों के पेट में भयंकर दर्द हो सकता है। इसलिए, ऐसी स्थिति आने पर सावधान हो जाएं।

- दो महत्वाकांक्षी व्यक्ति लंबे समय तक एक छत के नीचे नहीं रह सकते। वे एक दूसरे को नीचा दिखाने की निरंतर प्रतिस्पर्धा करते रहेंगे।

- चोर और भ्रष्टाचारी का मूल चरित्र कभी नहीं बदलता। यदि वह चोरी नहीं करेगा तो हेराफेरी अवश्य करेगा।

- एक अध्यापक ने बच्चे से पूछा कि दुनिया में सबसे ताकतवर कौन है? इस पर बच्चे ने सहज रूप में जवाब दिया- कोरोनावायरस। अध्यापक ने उत्तर देते हुए कहा- बेटा! बिलकुल सही। लेकिन, हमें कोरोनावायरस से एक सीख अवश्य लेनी चाहिए कि दुनिया में कोई सदैव के लिए कमजोर नहीं है। समय आने पर कमजोर भी ताकतवर बन जाता है, एक अणु से कोरोनावायरस की तरह।

- यह बड़े विडंबना की बात है कि लोगों को अच्छी बातें सुनने में तो अच्छी लगती हैं, लेकिन वे आचरण में अच्छी नहीं लगतीं।

- व्यक्ति जितना सरल बनेगा, लोग उसे उतना ही छलेंगे। इसलिए, बहुत सोच-समझकर मन के भाव प्रकट करें। यह मन की निर्मलता का युग नहीं है।

- शब्दों को तोलमोलकर बोलें। शब्द महाभारत करा सकते हैं।

- धर्माधिकारी लोगों को कट्टर इसलिए बनाते हैं ताकि वे एक आवाज देने पर बलिदान देने के लिए तैयार रहें। यह धर्मराजों की विशाल सेना है।
- अपनी कमजोरियों को जाहिर करनेवाले व्यक्ति को एक दिन हलाल होने से कोई नहीं बचा सकता।
- अन्यायी-अत्याचारी को केवल एक बार क्षमा करें। अगली बार उसे दंड अवश्य दें। यही दूरदर्शिता है।
- कभी अपने ऐश्वर्य पर इतराएं नहीं। आप अमर नहीं हैं। क्या दुनिया के बड़े बड़े राजे-महाराजे अपने अकूत वैभव का उपभोग करने के लिए आज जिंदा हैं?
- इंसान भगवान की नकलकर भगवान बनना चाहता है। लेकिन, यहाँ वह यह भूल जाता है कि भगवान सबका बाप है।
- एक कुशल संपादक किसी रचना का संपादनकर उसे उसीप्रकार हृष्ट-पुष्ट बना देता है जिसप्रकार एक किसान खेत से खरपतवार की निराईकर उस फसल को हृष्ट-पुष्ट बना देता है।
- बुरे वक्त में अच्छे आदमी की मदद करने के लिए अनेक लोग आ जाते हैं, लेकिन बुरे आदमी की मदद करने के लिए कोई बिरला ही हाथ बढ़ाता है। ऐसा लगता है कि लोगों को बुरे आदमी के इन्हीं दिनों की प्रतीक्षा थी।
- दोगलापन इंसान की स्वार्थवृत्ति की इंतिहा है।
- जीवन रक्षक दवाएं वारंटी की तरह हैं। वे दु:साध्य बीमारी को खत्म करने की कोई गारंटी नहीं देतीं।
- कभी गलत व्यक्ति को प्रोत्साहन नहीं दें, चाहे यह अपना पुत्र ही क्यों न हो? अन्यथा बाद में पछताना पड़ेगा।

- ताकतवर जब गलत काम करेगा तब वह अपना दोष किसी कमजोर पर मढ़ेगा। कमजोर लोग ताकतवर से सावधान रहें।
- बुरे आदमी को अपने हाल पर छोड़ दें। एक दिन उसकी बुराई ही उसे मार देगी।
- सारी दुनिया कंप्रोमाइज के सिद्धांत पर चलती है। जीवन जीने का यही व्यावहारिक तरीका है।
- युद्ध मानव जाति के लिए खतरनाक है। जो देश युद्ध की पहल करे दुनिया उसका बहिष्कार करे। यही मानवता के हित में है।
- वैयक्तिक जीवन में रामनीति और व्यावहारिक जीवन में कृष्णनीति सफलता की गारंटी है।
- जीवन की कठोर घटनाएं व्यक्ति की सोच बदल देती हैं।
- अवसरवादियों से सावधान रहें। ये अपने बाप के भी नहीं होते हैं।
- कटुसत्य किताबों में ही शोभायमान हो सकता है। व्यावहारिक दुनिया में इससे झगड़े और विवाद पैदा होते हैं।
- व्यक्ति को सच्ची शांति और संतुष्टि केवल अपने घर में ही मिल सकती है।
- यह दुनिया चंद स्वार्थी और पापी लोगों की वजह से स्वर्ग नहीं है।
- आज बहुसंख्यक लोग स्वार्थ की प्रतियोगिता में दौड़ लगा रहे हैं। कोई किसी से पीछे नहीं रहना चाहता।
- जब व्यक्ति की आँखों पर जाति और धर्म का चश्मा चढ़ जाता है तब उसे सजातीय और सधर्मी के गलत कार्य भी श्रेष्ठ लगते हैं।
- किसी के प्रति पूर्वधारणा रखना ठीक नहीं। यह धारणा प्रायः गलत होती है।
- ठोकरें व्यक्ति की गुरु हैं। इनसे सबक लें।

- कभी किसी के भड़काने पर भड़कें नहीं। ऐसे समय प्रतिक्रिया करने के पहले चार बार सोचें।
- फेयर दिखना आसान है, लेकिन सचमुच फेयर होना बहुत कठिन है।
- नेक कार्यों की केवल अच्छे मन वाले लोग ही प्रशंसा करेंगे। बुरे मनवालों से कभी ऐसी अपेक्षा नहीं रखें।
- आज नकारात्मकता के पोषक बहुसंख्या में हैं और सकारात्मकता के पोषक बहुत कम।
- जब अपराध रोजी-रोटी का साधन बन जाए तब व्यक्ति का विनाश निश्चित है।
- आज समाज में इतनी अधिक कृतघ्नता बढ़ गई है कि आप जिस व्यक्ति की रक्षा कर रहे हैं, वही व्यक्ति कल दुश्मन बनेगा, यह निश्चित है।
- हर युग में असुर, सुर को राक्षस कहता है और सुर, असुर को। यह केवल इतिहास है जो उनकी सही सही कोटि तय करता है।

*****

अभ्यास 19
लोकनामा

समाज में कुछ ऐसी बातें हैं जो कटु सत्य हैं। यद्यपि ये कड़वी हैं लेकिन वे औषधि की तरह गुणकारी हैं। इनके आचरण से व्यक्ति को निश्चित ही लाभ मिलता है। इस अभ्यास में कुछ ऐसी ही बातों को शामिल किया गया है।

- शत्रु को कभी छोटा नहीं समझें। एक अणु-सा कोरोनावायरस भी सारी दुनिया को तबाह कर देता है।

- यह सही है कि पड़ोसी बदले नहीं जा सकते। लेकिन, यह नियम केवल उन पड़ोसियों पर लागू होता है जो मित्रता के अर्थ को समझते हैं। जो पड़ोसी प्रकृति में भितरघाती हैं वहाँ पड़ोसी धर्म नहीं निभाया जा सकता।

- एक रचना रचनाकार की मानस कन्या है।

- इस संसार में निर्बल की सुंदर कन्या अभिशाप है। पता नहीं कौन-सा बाज उसे झपट ले?

- सभी अच्छे लोग इकट्ठे हों, नहीं तो बुरे लोग एक दिन उन्हें भी अपने जैसा बना लेंगे।

- इस संसार में कोई कमजोर नहीं रहना चाहता। कमजोर व्यथाओं को भोगने के लिए ही पैदा हुआ है।

- न्याय और अन्याय, पाप और पुण्य उनके लिए है जो सदाचारी हैं। जो कदाचारी हैं उनके लिए न्याय और अन्याय, पाप और पुण्य सभी अपनी सुविधानुसार हैं।

- बचत की आदत एक नशा है। इसे संतुलित कर जीवन जीएं।

- कोई किसी को फ्री में सेवाएं नहीं देता। यहाँ तककि अपने परिजन भी सेवाओं का मूल्य वसूल लेते हैं। सेवाएं मूल्यवान ही होती हैं।
- व्यक्ति का अकूत बल प्राय: ईश्वर के प्रति विश्वास में कमी ला देता है।
- हर व्यक्ति एक चलती-फिरती कहानी है जिस पर एक पूरी फिल्म बनाई जा सकती है।
- जब तक व्यक्ति दूसरे की स्वतंत्रता का सम्मान नहीं करता तब तक वह अपने आपको चाहे कितना बड़ा उदारवादी कहे, असल में वह तानाशाह ही है।
- भूखे के पास जाओगे तो वह खा ही लेगा, चाहे यह भेड़िया हो या इंसान। दोनों की सहज प्रवृत्तियां एक जैसी हैं।
- मानसिक दबाव और जल्दीबाजी में कोई कार्य अच्छी तरह संपादित नहीं किया जा सकता। कार्य के कुशल संपादन के लिए मानसिक एकाग्रता बहुत जरूरी है।
- जीवन के कटु रहस्यों का उद्घाटन अनेक समस्याओं को जन्म दे सकता है। इसलिए, ऐसे रहस्यों पर मिट्टी पड़ी रहने दें।
- किसी के गुनाह को सार्वजनिक कर देना उसकी ताकत को कम कर देने के समान है।
- इंसान अपने ऊपर बीतने पर ही सुधरता है।
- अतिविनम्र और अतिचतुर व्यक्ति से सतर्क रहने में ही भलाई है।
- आज हर कोई सुव्यवस्था की बात करता है। लेकिन, सुव्यवस्था के लिए त्याग करने को बहुत कम लोग तैयार हैं। फिर, सुव्यवस्था कैसे आएगी?
- किसी से उम्मीद नहीं रखें, नाउम्मीद होना पड़ेगा।

- असली कुब्बत वाला व्यक्ति वही है जो विपरीत परिस्थिति को भी सुस्थिति में बदल देता है वरना, झूठी ताकत का दावा करनेवाले बहुतेरे देखे गए हैं।
- किसी घटना पर चिंतन मनन के बाद ही कोई प्रतिक्रिया व्यक्त करें, यही बुद्धिमानी है।
- जब ईश्वर साथ देता है तब गलतियां भी सुखद परिणाम देती हैं।
- अनैतिक व्यक्ति से जुड़कर केवल अपनी फजीहत ही कराई जा सकती है।
- बिना सुरक्षा के अपना पैसा किसी को दे देना सबसे बड़ी मूर्खता है।
- लंबे समय तक दूसरे के घर में रहकर मान-सम्मान की अपेक्षा करना एक मृगतृष्णा है।
- व्यक्ति को जरूरत से ज्यादा सिर पर चढ़ाना बाद में पश्चाताप का कारण बनेगा, यह निश्चित है।
- आज न्यायप्रिय होना अनेक दुश्मन बनाने जैसा कार्य है।
- कलियुग की यही महिमा है कि यहाँ अपयश को यश माना जाता है।
- रोने से दुःख पिघलता है। इसलिए किसी को रोने से नहीं रोकें।
- यदि किसी के दुःख को कम करना है तो उसके आँसू पोछने का कार्य करें।
- होनी बहुत बलवान है। उसके सामने सारी सावधानियाँ धरी रह जाती हैं।
- स्वार्थ एक ऐसी क्रूर वृत्ति है जो संबंधों का गला घोट देती है। प्यार, ममता, स्नेह और आत्मीयता सभी इसकी बलि चढ जाते हैं।
- कान के कच्चे लोग आत्म-विश्वास से रिक्त होते हैं।

- स्पष्टवादी व्यक्ति के मित्र बहुत कम होते हैं, लेकिन जो होते हैं वे बड़े ठोस होते हैं।
- यह संसार का कटु सत्य है कि यदि व्यक्ति किसी की व्यथा निवारण के लिए अपनी जान तक दे दे, तब भी उसकी व्यथा निवारण के लिए कोई आगे बढ़कर नहीं आएगा। उसे अपनी व्यथा स्वयं ढोनी होगी।
- आज अच्छे वक्ताओं की कमी नहीं है, अच्छे श्रोताओं का टोटा है।
- कोरोना महाकाल के दौरान सारी दुनिया में दो मानसिक स्थितियां देखी गईं एक, भय और दूसरी, अति आत्मविश्वास की। जहां अति आत्मविश्वास की अधिकता रही वहाँ ज्यादा मौतें हुईं और जहाँ भय की मनोस्थिति रही वहाँ कम मौतें हुईं। इससे यही निष्कर्ष निकलता है कि अति आत्मविश्वास की तुलना में भय ज्यादा अच्छा है।
- यदि सफल मुखिया बनना है तो ईमानदारीपूर्वक अपनी टीम के सदस्यों को उनकी योग्यतानुसार जिम्मेदारी सौंपना सीखें।
- बिना सोचे-समझे कोई जिम्मेदारी अपने सिर पर नहीं लें। यदि लें तो फिर उसे पूरी ईमानदारी से निबाहें।
- कभी किसी गरीब को खून के आँसू नहीं रुलाएँ। ये आँसू बारूद हैं। दुःखी आत्मा बहुत शक्तिशाली होती है।
- परदेश में अन्याय के प्रतिरोध के लिए बहुत कम विकल्प हैं। यहाँ खून का घूँट पीने की कला सीखें, इसी में भलाई है।
- भभकी सज्जन के हाथ में एक सकारात्मक अस्त्र है तो दुष्ट के हाथ में एक परपीड़क शस्त्र।
- भविष्य सबका हिसाब लेता है। आज जो सूरमा है कल वह चूरमा होगा और आज जो हासिए पर है वह कल सूरमा होगा। परिवर्तन प्रकृति का अटल नियम है।

- दुष्ट व्यक्ति की चाहे कितनी मदद की जाए, वह कभी अपना वृश्चिक स्वभाव नहीं छोड़ेगा।
- इस युग में सत्यवादी होने से ज्यादा कोई और पीड़ा नहीं है।
- जो व्यक्ति प्रकृति के नियमों को मानता है उससे बढ़कर कोई अनुशासनशील नहीं है।
- जीवन के वास्तविक अनुभव समस्याओं से उलझने में मिलते हैं। सुविधाभोगी जीवन में कोई विशेष अनुभव नहीं होता।
- ब्रेनवाश करने वाले व्यक्ति को सुनना बंद कर दें, यही बुद्धिमानी है।
- संयम एक ऐसा अमोघ अस्त्र है जो बड़े बड़े कुचक्रों को भेद सकता है और स्वार्थ एक ऐसी कमजोरी है जो बुद्धिमान को भी कुचक्र में फंसा देता है।
- खूँन का घूँट पीने से रिश्ते बच जाते हैं, यह प्रयोगसिद्ध बात है।
- अवसर की प्रतीक्षा नहीं की जाती, उसे खोजा जाता है।
- हर जगह व्यक्ति का नहीं, उसके व्यक्तित्व का प्रभाव होता है।
- देश की राजधानी नई दिल्ली में असंख्य वृक्ष और उद्यान हैं, फिर भी, वहाँ शुद्ध वायु की कमी है। यह प्रकृति का विरोधाभास नहीं तो और क्या है?
- दुष्ट व्यक्ति की मदद करने पर अंततः पश्चाताप ही मिलेगा।
- हर जगह टेढ़े स्वभाववाले मिल जाएंगे। इनसे निपटने की क्षमता व्यक्ति के विवेक पर निर्भर करेगी।
- आज सच्चा होना मूर्खता है। लेकिन, संत व्यक्ति का यही स्वभाव है।
- यदि परदेश में बसें तो वहाँ जीने का एक नियम अवश्य सीखें। यह नियम है कि जल में रहकर कभी मगर से बैर नहीं करें।

- यह आदान-प्रदान का युग है। कोई किसी के साथ मुफ्त में एहसान नहीं करता। व्यक्ति किए गए एहसान का बदला अवश्य चाहेगा।
- जिसके पास आत्मरक्षा की शक्ति नहीं है वह एक दिन ताकतवर के पाश में जकड़ा ही जाएगा, यह निश्चित है।
- सामान्य व्यक्ति जिस घटना को आलोचना की दृष्टि से देखता है, एक लेखक उसे समालोचना की दृष्टि से देखता है।
- संतों का गुस्सा प्रलयंकारी होता है।
- सत्य से बड़े बड़े डरते हैं। यही कारण है कि लोग हमेशा सत्य का गला घोटने पर अमादा रहते हैं।
- यदि अच्छा हो तो मान लें कि एक हाथ में लड्डू है और यदि बुरा हो तो मान लें दोनों हाथों में लड्डू है। अच्छी और बुरी स्थिति सापेक्षिक होती है। यह मन की विवेचना पर निर्भर करती है। यदि बुरी बात को सकारात्मक भाव में देखें तो उसमें भी कई अच्छी बातें मिल जाएंगी।
- अन्याय होते देखना अन्याय का साथ देने के समान है।
- दुनिया उसी के पीछे चलती है जो दमदार है।
- वक्त सबका हिसाब लेता है। इसलिए ज्यादा इतराएं नहीं। वक्त सही समय पर हिसाब अवश्य लेगा।
- जग का अनुभव बताता है कि तीसरी पीढ़ी में सिंह की कोख से सियार पैदा होता है।
- कभी किसी के साथ इतना बड़ा उपकार नहीं करें कि उसके पर ही उग आएँ।
- कभी किसी को बिना मांगे की सलाह नहीं दें। यदि दें तो फिर जूते खाने के लिए तैयार रहें।
- सत्य को बड़ी सावधानी से तौलें। आपके लिए जो सत्य है वह दूसरे के लिए असत्य भी हो सकता है।

- अपनों के साथ किया गया धोखा अपने साथ ही किया गया धोखा होता है। इसका दुष्परिणाम सही समय आने पर पता चलता है।
- आत्मज्ञानी कर्मकांडी हो सकता है, लेकिन कर्मकांडी आत्मज्ञानी नहीं। मात्र कर्मकांड आत्मज्ञान नहीं है।
- बुद्धिमान व्यक्ति की सलाह पर अमल करने से पहले चिंतन मनन अवश्य कर लें तभी आगे बढें। लेकिन, संत व्यक्ति की सलाह पर तुरंत अमल कर लें, कोई नुकसान नहीं होगा।
- लेखन के दौरान मन को संतुलित बनाएं और कभी ऐसा लेखन नहीं करें जिससे सामाजिक ताने बाने को कोई क्षति पहुंचे।
- गली-कूँचों में बिखरी गंदगी की सफाई करने वाले स्वच्छकार समाज के एक महत्त्वपूर्ण सेवक हैं। उनके प्रति कृतज्ञ हों।
- आज झूठ संसार का सबसे ताकतवर हथियार है। ईश्वर कलियुग के इस चमत्कार को देखकर भौचक्का है।
- ईंट का जवाब पत्थर ही है। दुष्ट तभी सुधरता है।
- किसी कार्य पर उंगली उठाना बहुत आसान है, किंतु उस कार्य को कर दिखाना बड़ा ही कठिन है।
- झगड़ा बढ़ाने की नहीं, हमेशा झगड़ा समाप्त करने की युक्तियां सोचें।
- सत्य कभी मरता नहीं है और झूठ ज्यादा दिन जिंदा रहता नहीं है। इसलिए कभी सत्य का विरोध नहीं करें।
- कोई अभिनेता अभिनय करने से महान नहीं बन जाता। अभिनय मात्र एक कला है।
- परदेश में बत्तीस दांतों के बीच जीभ की तरह सामंजस्यपूर्वक रहना सीखें।
- कंफर्ट व्यक्ति को कमजोर बनाता है और चुनौतियां मजबूत।

- रिश्तों और पैसों के बीच हमेशा रिश्तों को तरजीह दें। पैसा आएगा और जाएगा। किन्तु, रिश्ते जीवनभर रहेंगे।
- संत का मन आकाश की तरह विशाल होता है। उसे दुनिया के सभी लोग अपने लगते हैं।
- रास्ते में आए रोड़े को कभी चुनौती नहीं दें। उसे प्रेमपूर्वक हटा दें।
- बिल्ली के गले में घंटी कौन बांधे? समाज की यह मानसिकता ठीक नहीं। याद रखें कि यह बिल्ली बारी-बारी से एक एक को खाएगी।
- एक ही मछली सारे तालाब को गंदा करती है। इसलिए, तालाब की सभी मछलियों को मिलकर ऐसी मछली को तालाब के बाहर फेंक देना चाहिए ताकि उनके मान-सम्मान की रक्षा हो सके।
- दुनिया आपके यश के लिए तालियाँ बजाएगी, लेकिन निकटजनों को यह यश अच्छा नहीं लगेगा, यह एक कड़वी हकीकत है।
- अतीत का एक एक पल मधुर होता है, चाहे यह सुखद हो या दुःखद। मन इन्हें यादकर भाव विभोर हो उठता है।
- आरोप लगाने के समय व्यक्ति आरोपी की अच्छाइयां भूल जाता है। फिर, उसे दोष के अलावा कुछ नहीं दिखता। यह उसकी विवेकशून्यता है।
- कट्टरवादीवादी सोच की पराकाष्ठा अतिवाद है।
- चोर और भ्रष्टाचारी बिना रीढ़ के प्राणी हैं। कभी इनकी बात पर भरोसा नहीं करें।
- अतिचालाक लोग अपनी चालाकी के कारण अक्सर ही औंधे मुंह गिरते हैं।
- जब न्याय का चीरहरण हो रहा हो तब बलप्रयोग न्यायसम्मत है।
- सोशल मीडिया पर 'लाइक' का चस्का एक नशा है। इसमें डूबने का आनंद ही अलग है।

- विरला ही कोई व्यक्ति अपनी बात का धनी है। ज्यादातर लोग पलटूराम हैं।
- चाटुकार एक खतरनाक परजीवी है। इसका कोई सिद्धांत नहीं होता।
- नंगा से भगवान भी डरता है, इंसान क्या चीज है?
- जब आदमी के मुँह में खून लग जाता है तब वह अपना-पराया कुछ नहीं देखता। उसे सभी शिकार नजर आते हैं।
- दुनिया कभी शांति से नहीं जीने देगी, चाहे यह अपनी सहधर्मिणी ही क्यों न हो? दुनिया में शांति दुर्लभ वस्तु है।
- फेसबुक एक अच्छा मित्र है जो व्यक्ति की ख्याति में चार चांद लगा देता है और एक बुरा मित्र भी है जो यश पर कालिख पोत देता है।
- अच्छी बातों का अभ्यास करते रहें। ये बातें कब काम आ जाएं, पता नहीं।
- जैसे एक म्यान में दो तलवारें नहीं रह सकतीं वैसे ही एक स्थान पर दो ताकतवर इंसान नहीं रह सकते।
- आज अर्थयुग है। पैसों से देवी देवता भी खरीदे जा सकते हैं, इंसान क्या चीज है?
- सच्चा सेवक केवल सेवा जानता है। वह प्रतिदान के बारे में कभी नहीं सोचता।
- गलतियां व्यक्ति की सबसे बड़ी शिक्षक हैं।
- सतसंग से सफलतापूर्वक जीवन जीने के टिप्स मिलते हैं।
- गुंडे व्यक्ति से कभी मदद नहीं मांगें। एक दिन वह प्रतिदान का बदला अवश्य माँगेगा तब पछताना पड़ेगा।
- गुंडा कागजी शेर है। जब तक उसपर ताकतवर का हाथ है तक तक वह शेर है, अन्यथा भीगी बिल्ली है।

- हथियाई गई वस्तु आसानी से वापस नहीं मिलती। इसे लड़कर ही वापस लिया जा सकता है।
- कभी उतावलेपन में कोई निष्कर्ष नहीं निकालें और न ही कोई निर्णय लें, यही हितकर होगा।
- दुष्ट के विनाश का मौन रहकर आनंद लें, यही बुद्धिमानी है।
- झूठ, फरेब और दोगलापन कलियुग के अस्त्र हैं। सच पर चलनेवाले इनसे सावधान रहें।
- दुष्ट को दुष्टता से ठीक करें। सज्जनता बरतने से वह सिर पर सवार होगा।
- आज सकारात्मक चिंतकों की संख्या नगण्य है और नकारात्मक चिंतकों की भरमार है।
- ताकतवर को कौन नमन नहीं करता? ताकत ही दुनिया की भयानक सच्चाई है।
- पिता के द्वारा कमाया गया कालाधन पिता के मरने के बाद पुत्र के लिए पैतृक संपत्ति बन जाता है। भारतीय समाज में यह कीमियागिरी कितनी बढ़िया है?

*****

अभ्यास 20
लोकनामा

जब सूर्य की तीव्र रश्मियाँ बादल की बूंदों पर पड़ती हैं तब वे स्पेक्ट्रम का रूप धारणकर मनोहर इंद्रधनुष बन जाती हैं। ठीक, इसी तरह जब कटु बातें महापुरुषों के श्रीमुख से कही जाती हैं तब वे मनुष्य के लिए अनेक रूपों में प्रेरणादायी संदेश बन जाती हैं। हालांकि, मनुष्य का सामान्य स्वभाव है कि वह कटु बातों से डरता है। लेकिन, इन बातों का अनुकरण ही उसके लिए हितकारी होता है। इस अभ्यास में कुछ ऐसी ही कटु बातें प्रस्तुत करने की कोशिश की गई है।

► कभी अपनी हैसियत से ज्यादा ऋण नहीं लें। यह बुरा समय आने पर मान-सम्मान सभी कुछ नष्ट कर देगा।

► भाई से बढ़कर कोई मित्र नहीं है और भाई से बढ़कर कोई शत्रु नहीं है। इसलिए इस रिश्ते को बुद्धिमानीपूर्वक जीएं।

► आज आप जिस व्यक्ति पर नाज करते हो वह कल आपका ही तिलिस्म तोड़ेगा। इसलिए, कभी किसी रिश्ते पर झूठा गर्व नहीं करें।

► विपदा आने पर बड़े-बड़े ज्ञानी पैनिक में आ जाते हैं, सामान्यजन की क्या बात करें? धीर-गंभीर लाखों में कोई एक होता है।

► महापुरुष युगाब्दियों में पैदा होते हैं। वे युग परिवर्तन के लिए आते हैं। इसलिए कभी महापुरुषों का तिरस्कार नहीं करें।

► आज विश्वासपात्र मिलना एक दुर्लभ घटना है।

► आज सज्जनता और सिधाई का जमाना नहीं है। ऐसे लोगों का मुँह कुत्ता तक चाट लेते हैं।

- जैसे एक विशाल वृक्ष छोटे पेड़ों को पनपने नहीं देता है, वैसे ही एक ताकतवर दुर्बल को आगे बढने नहीं देता है। कारोबार की बात करें तो बड़े कारोबार छोटे कारोबार को पनपने नहीं देते हैं और बड़ी चिकित्सा पद्धतियां देशी पद्धतियों का गला घोट देती हैं।
- बादल थोड़े समय के लिए सूरज को ढक सकता है हमेशा के लिए नहीं। इसी प्रकार, संत पुरुष को दुष्प्रचार कर थोड़े समय के लिए बदनाम किया जा सकता है हमेशा के लिए नहीं। जैसे बादल छँट जाने के बाद सूरज का रश्मिलोक चमक उठता है वैसे ही दुष्ट की पोल खुल जाने के बाद संत का यश चमक उठता है।
- जो संकल्प लें तो उसे पूरा करके ही छोड़ें। उसे बीच में छोड़ देने से जग हंसाई निश्चित है।
- बिच्छू और साँप से यह उम्मीद की जाए कि वे अपना स्वभाव बदल लेंगे, असंभव है।
- अनुशासन को कोई पसंद नहीं करता, लेकिन विडंबना यही है कि बिना अनुशासन के कोई समाज नहीं चलता।
- सर्वप्रथम आक्रमण एक अच्छी रणनीति है। इस रणनीति से दुर्बल मन वाले को आसानी से जीता जा सकता है।
- सकारात्मक और नकारात्मक वृत्तियों की लड़ाई आदिमकाल से चली आ रही है। जो वृत्ति ताकतवर साबित होती है,वही समाज को अपने अनुसार चलाती है।
- दुनिया में हर आदमी समस्याग्रस्त है। बड़ों की समस्या बड़ी है तो छोटों की छोटी।
- जब गलत कार्य लंबे समय तक किया जाता है तब यह आदत बन जाता है।
- लेखन के लिए एक विशेष मनोदशा होती है। हर समय लेखन नहीं किया जा सकता।

- विश्वसनीय मित्रों की संख्या अधिक नहीं होती। वे संख्या में एक या दो ही होते हैं।
- भीड़ एक घातक हथियार है।
- शुरुआत में, अपराध में मजा ही मजा है और कानून पालन में त्याग ही त्याग है। किंतु, जब परिणाम का समय आता है तब अपराधी के लिए नर्क ही नर्क है और कानूनप्रिय के लिए आनंद ही आनंद है।
- हमेशा समाधान की बात करें, झगड़े की नहीं। झगड़े का कोई अंत नहीं है।
- कभी किसी व्यक्ति की अलंकारिक भाषा पर मोहित नहीं हों। हमेशा उसकी कथनी और करनी को बारीकी से समझें।
- यदि तरक्की करनी है तो बड़े पेड़ की छाया से दूर रहें। बड़ा पेड़ कभी अपने नीचे उगे पौधे को अपने समान पनपने नहीं देगा।
- जब अपना दुःख बड़ा लगने लगे तब दूसरों के दुःख को देखना शुरू कर दें, अपना दुःख छोटा लगने लगेगा।
- संसार को किसी के मरने-जीने से कोई फर्क नहीं पड़ता। फर्क केवल अपनों को पड़ता है।
- जीवन में एक वृक्ष अवश्य लगाएं। प्रकृति के ऋण को चुकाने का यह सर्वोत्तम तरीका है।
- सर्प को दूध पिलाने से कोई भला नहीं होगा। सर्प न तो काटना बंद करेगा और न ही उसका विष कम होगा। दंश उसकी मूल वृत्ति है। इसी प्रकार, दुष्ट व्यक्ति की सहायता करने से वह कभी अपना स्वभाव नहीं बदलेगा। समय आने पर वह अपनी दुष्टता अवश्य दिखाएगा।
- सत्ता कोई भी हो, व्यापारी वर्ग उससे प्रेम करने में ही फायदे में रहता है।

- गैंडा इसलिए सबसे ताकतवर है क्योंकि उसके पास मोटी खाल है। सचमुच, मोटी खाल वाले ऐसे ही ताकतवर होते हैं।
- एहसान करने के बाद कभी एहसान नहीं जताएँ, वरना एहसान निरर्थक चला जाएगा।
- तलाश में ही समाधान है।
- दुनिया का तापमान जितना क्रोध और ईर्ष्या के कारण बढ़ा है उतना किसी अन्य कारक से नहीं।
- जब भाग्य साथ देता है तब मूर्खता भी पुरस्कार बन जाती है।
- इस दुनिया में सही गलत कुछ भी नहीं है। जो ताकतवर है वह गलत को भी सही साबित कर देता है और जो कमजोर है उसका सही भी गलत ठहरा दिया जाता है।
- कलियुग में संगठन ही ताकत है। जो संगठित होगा, वही राज करेगा।
- नाग को जितना दूध पिलाओगे, वह उतना ही विषधर बनेगा। शत्रु की मदद आत्मघाती है।
- सकारात्मक चिंतन निरपेक्ष चिंतन है। यह कबीर चिंतन है।
- जहाँ आग होती है, वहीं धुँआ निकलता है। बिना कारण कभी कानाफूसी नहीं होती।
- तत्काल प्रतिक्रिया रिश्तों की कुल्हाड़ी है।
- कोई कार्य कठिन नहीं है, बस शुरुआत तो करें।
- चिल्लाकर सच का गला दबाने की पुरानी परंपरा है। वर्तमान में तो इसकी हद हो गई है।
- सार्वजनिक जीवन में ईमानदारी एक महागुण है। यह सभी गुणों का सिरमौर है।

- उधार दिए गए धन की वापसी की कोई गारंटी नहीं होती। इसलिए बहुत सोच-समझकर उधार दें।
- कोरोनावायरस एक पहुँचा हुआ गुरु था जिसने सिखाया कि पवित्र जीवन ही सर्वोत्तम है।
- गरीबी और अपराध में दोस्ती होने में ज्यादा देरी नहीं लगती।
- आपसी संबंधों में बेबाक बोलने से संबंध विषाक्त होते हैं।
- जो आपको भाव नहीं दे आप भी उसे भाव नहीं दें, यही स्वाभिमान है।
- अपराध सौ पर्दों के पीछे क्यों न किया जाए? यह छिपता नहीं है। एक दिन यह बाहर जरूर आता है।
- उधार की ताकत पर कभी भरोसा नहीं करें। यह झूंझा पटाखा है जो समय आने पर फुस्स हो जाएगा।
- यदि आनंदपूर्वक जीवन जीना है तो आलोचनाओं को गटर में डाल दें।
- कलाकृति एक कलाकार के मन की सुंदरता का प्रकट रूप है।
- राक्षस से ज्यादा खतरनाक उसके आतंक का भय है।
- बेईमानी का फायदा आज भले ही मिल जाए, लेकिन उसका अंत-परिणाम नुकसानदायक है।
- जैसे प्रेम का जवाब घृणा नहीं प्रेम है, वैसे ही क्रूरता का जवाब क्षमा नहीं क्रूरता है।
- मनोवैज्ञानिक अस्त्र सभी शस्त्रों से ज्यादा खतरनाक हैं।
- कंप्रोमाइज जीवन जीने की व्यवहारिक नीति है। बिना इसके जीवन असंभव है। सारी दुनिया इसी नीति पर चल रही है।
- क्षमा एक दुधारी तलवार है। क्षमा करने के पहले तहकीकात अवश्य कर लें कि क्षमार्थी पात्र है या नहीं तभी उसे क्षमा करें।

- शादी के मामले में वर और कन्या के चरित्र की जितनी अधिक पड़ताल हो सके, कर लें। यह शादी की सफलता की अधिकतम गारंटी होगी।

- उपहार में मिली चीज में जो खुशी मिलती है, वह खैरात में मिली चीज में नहीं मिलती। भले ही उपहार दो रुपए का हो और खैरात की चीज लाख रुपये की हो।

- कोई आलेख तभी रोचक बनता है जब उसे प्रवाह में लिखा जाता है और किसी शब्द या वाक्यांश को बलात रखने की कोशिश नहीं की जाती है।

- सोशल मीडिया एक दुमुँही तलवार है। सकारात्मक रूप में यह समाजोपयोगी है और नकारात्मक रूप में ज्वालामुखी।

- धन किसके बीच दुश्मनी नहीं करा देता? पैसे के लिए भाई-भाई भी खून के प्यासे हो जाते हैं।

- जिसका दिमाग ज्यादा चलता है, वह दु:खी ही रहता है।

- दुश्मन को परास्त करने के लिए तीन शक्तियाँ बहुत कारगर हैं- एक, अकाट्य तर्क दो, कुशाग्र बुद्धि और तीन, अकूत ताकत।

- जो सर्वशक्तिमान होगा वही निरंकुश होगा, चाहे यह राजनीतिक सत्ता हो या धर्मसत्ता। दोनों पर अंकुश जरूरी है।

- शब्द आग लगा सकते हैं और बुझा सकते हैं। मीडिया ये दोनों कार्य करती है।

- असत्य केचुए की तरह है। यदि इसे सत्ता का पोषण मिल जाए तो यह नाग बन जाता है। लेकिन, अंत में इसे केचुए की मौत ही मरना पड़ता है।

- संवादहीनता से अपने भी पराये हो जाते हैं। संवादहीनता संवेदनाओं को सुख देती है।

- गूगल, व्हाट्सएप और फेसबुक ऐसे गुरु हैं जिन्होंने आज सामान्य आदमी को भी परम ज्ञानी बना दिया है।

- जो कटु बात वाणी से बोले जाने पर जहर लगती है वह पुस्तक में लिख दिए जाने पर सत्य वचन कहकर सराही जाती है।

- किसान के लिए जमीन भूमि का एक टुकड़ा नहीं है। वह उसके हृदय का टुकड़ा है। वह उसका नामकरण कर होली, दिवाली जैसे उत्सवों पर उसकी पूजा करता है। भूमि किसान के लिए देवी-देवता है।

- साध्य बीमारियों में एलोपैथी की दवाइयां मित्र बनकर कार्य करती हैं जहां वे बीमार की प्रतिरोधक प्रणाली को कृत्रिम ताकत देकर रोग से लड़ने में मदद करती हैं। लेकिन, असाध्य रोगों में ये दवाएं रोग को ठीककर पाने में नाकामयाब रहती हैं। हाँ, ये बीमारी को थोड़े समय के लिए एक खंभे की तरह सहारा देकर थामे अवश्य रहती हैं।

- राजा, न्यायाधीश और डॉक्टर पृथ्वी पर ईश्वर के प्रतिनिधि हैं। वे पृथ्वी पर ईश्वर का ही कार्य करते हैं। यदि वे अपने दायित्वों का सही ढंग से निर्वाह नहीं करते हैं तो यह अक्षम्य अपराध है। वे ईश्वर के प्रति गुनाहगार हैं।

- जाति मनुष्य को एक बाड़े में घेरती है। इस बाड़े से निकलना ही मनुष्य की असली मुक्ति है।

- दुनिया में माता-पिता और भगवान के दो ऐसे रिश्ते हैं जो बिना किसी स्वार्थ के देते हैं और कोई अपेक्षा नहीं रखते हैं।

- जिस व्यक्ति की जुबान में बवासीर है वह बिना बोले नहीं रह सकता। चाहे वह अच्छा बोले या बुरा, उसे कोई फर्क नहीं पड़ता।

- हर क्षेत्र में दलालों की फौज खड़ी है। यहां बड़े गोरखधंधे हैं। इसलिए, जब कभी दलाल की आवश्यकता पड़े तब बुद्धिमानी इसी में है कि पहले उसकी पृष्ठभूमि की पूरी जांच कर लें तभी आगे बढ़ें, अन्यथा पछताना पड़ेगा। दलाल केवल अपना स्वार्थ जानते हैं।

- आज पहल कर किसी की भलाई करने की बात नहीं सोचें। इसका अंत-परिणाम विषाद है।
- महान व्यक्ति अक्सर अपनों के अकृत्यों के कारण पराजित होता है।
- संवेदनाहीन मनुष्य पशु के अलावा कुछ नहीं है।
- रिश्ते को व्यापरने के बाद ही उसकी असलियत समझ में आती है।
- यशस्वी व्यक्ति के सबसे बड़े आलोचक उसके निकटजन होते हैं और उसके यश का सबसे ज्यादा फायदा उठाने वाले लोग भी ये ही होते हैं।
- जैसे बिना भड़के अग्नि शांत नहीं होती वैसे ही बिना गुबार निकाले मन में शांति नहीं आती।
- मृत्यु के बाद स्वार्थ संसार का दूसरा सबसे बड़ा सत्य है।
- अच्छी बात का कोई जवाब नहीं होता, इसलिए हमेशा अच्छी बात करें।
- जब मन में लालच बैठ जाता है तब बुद्धि अंधी हो जाती है।
- दुनिया में आज सारी लड़ाई बड़ा भाई बनने की है। कमजोर आदमी भी छोटा भाई बनने के लिए तैयार नहीं है।
- जब मानस में शुचिता आ जाती है तब मन में आया एक भी अशुद्ध विचार वैसी ही कड़वी अनुभूति देता है जैसी अनुभूति एक तीखी मिर्ची को जीभ पर रखने से होती है।
- अमानव के लिए पृथ्वी पर कोई अधिकार नहीं हैं। ईश्वर ने ऐसे व्यक्ति के लिए पृथ्वी पर कोई स्थान निर्धारित नहीं किया है।
- जहां कुछ अच्छी बातें होती हैं लोग वहीं जुड़ते हैं। ठीक वैसे ही जैसे जहां गुड़ होता है वही चीटियां एकत्र होती हैं।
- जैसे बिना अतिशय रगड़ के लकड़ी से अग्नि प्रकट नहीं होती है वैसे ही बिना अतिशय साधना के सिद्धि प्राप्त नहीं होती है।

- जीवन में दृष्टिकोण सब कुछ है। व्यक्ति का जैसा दृष्टिकोण होता है वह वैसा ही आचरण करता है।
- दुनिया में माता पिता दो ऐसे व्यक्ति हैं जिन्हें महत्ता देने से अपना मान बढ़ता है।
- जो अभिव्यक्ति सहज ढंग से प्रस्तुत की जाती है वह सराही जाती है और जो भारी भरकम तथ्यों के साथ प्रस्तुत की जाती है, वह अलंकारिक बनकर रह जाती है।
- सकारात्मक चिंतन एक सुंदर डिप्लोमेसी है।
- कहावतें और लोकोक्तियां जीवन की कटु सच्चाइयां हैं।
- जब तक लक्ष्य सिद्ध नहीं हो जाए तब तक साधना को गुप्त रखें।
- शरीर में मौजूद प्राण शक्ति कॉस्मिक ऊर्जा है। यह आत्मा या चेतना का दूसरा रूप है।
- संतुलित प्रशंसा प्रोत्साहन है और अतिशय प्रशंसा चाटुकारिता।
- मन में पैदा हुई किसी आशंका या गलतफहमी की तब तक उपेक्षा करें जब तक यह निर्मूल न हो जाए। शंकाएँ अमूमन निराधार होती हैं।
- त्याग से बढ़कर कोई कूटनीति नहीं है, कोई रणनीति नहीं है, कोई अस्त्र नहीं है और कोई समाधान नहीं है। त्याग सभी समस्याओं का श्रेष्ठ हल है।
- दुनिया की समस्याएं केवल मास्टरमाइंडों के कारण हैं।
- भय एक नैसर्गिक वृत्ति है। इस वृत्ति ने ही मनुष्य को शासक और शासित बनाया है।
- रणनीति और कूटनीति हमेशा गुप्त रखें, तभी सफलता मिलेगी।
- चिंतन मनुष्य की सबसे बड़ी ताकत है और अतिचिन्तन उसकी सबसे बड़ी कमजोरी।

- पूर्वाग्रह समाप्त किए बिना कोई रिश्ता सामान्य नहीं हो सकता।
- शब्द जो संदेश पहुँचाने में विफल होते हैं, भाव भंगिमाएं उन्हें बड़ी सहजता से पहुंचा देती है। भाव भंगिमाएं वाणी की भाषा से अधिक प्रभावशाली होती हैं।
- विषयों के प्रति आसक्ति समाप्त होने से मोह नष्ट होता है और वासना के प्रति आसक्ति समाप्त होने से बैराग जाग्रत होता है।
- जब मन की वासनाहीन स्थिति में रहने की आदत लग जाए तब शरीर की कामवासना मर जाती है।
- जमाना सच से भयभीत रहता है। इसलिए, लोग सच्चे व्यक्ति को मित्र बनने से कतराते हैं।
- हद से ज्यादा सहिष्णुता कायरता है।
- सहिष्णुता दो प्रकार की होती है सहज और कृत्रिम। सनातनधर्मियों में पाई जाने वाली सहिष्णुता सहज है। उनमें यह सहिष्णुता अनंतकाल से उनके ऐसे प्रशिक्षण के कारण विकसित हुई है।
- जब सहनशीलता की हद हो जाती है तब क्रोध ज्वालामुखी की तरह फूटता है।
- बेमेल शादी एक पुरुष के लिए आग से खेलने जैसा कृत्य है।
- भावावेश में कभी कोई अनुचित कदम नहीं उठाएं। होश आने पर यह कदम मन को बहुत कसक देता है।
- जब पता हो कि शत्रु मार ही डालेगा तब उसे पहले मार देना बुद्धिमानी है। यह आत्म रक्षा का कृत्य है।
- ज्यादा बुद्धिमानी संबंधों को घनिष्ठ नहीं होने देती है। सामान्य बुद्धि से ही अच्छे रिश्ते बनाए जा सकते हैं।

- यदि घर में घुसे साँप को मारोगे नहीं या निकालोगे नहीं तो यह परिवारीजनों को बारी बारी से काटेगा। सांप को घर में शरण देना खतरनाक है।
- लालचपूर्ति के लिए किसी के हाथों कठपुतली बनना आत्मघाती है। इससे हासिल कम, नुकसान ज्यादा होगा।
- कलियुग का यह भयानक आश्चर्य है कि यहाँ अज्ञानी भी अपने को महाज्ञानी समझता है।

*****

अभ्यास 21
लोकनामा

यह कलियुग है। यहां असंभव कुछ भी नहीं है। आज मानव का आचरण अपनी निम्नता की हद तक पहुंच गया है। उसके लिए कोई नैतिक लक्ष्मण रेखा नहीं रह गई है। वह बिंदास होकर अपनी मनमर्जियों पर चल रहा है। वह अकरणीय को अकृत्य नहीं समझता है, उलटे सुकार्य को ही अकृत्य समझने लगा है। यही कारण है कि आज समाज में अच्छे आचरण का टोंटा हो गया है। बहुसंख्यक लोग अपनी-अपनी सनक में जिंदा हैं। इस अभ्यास में कुछ ऐसी ही बातें शामिल की गई हैं।

► ताकत के बल पर जीवन की सभी परिभाषाएं बदली जा सकती हैं। इसलिए ताकतवर होना बुद्धिमानी है।

► जब लक्ष्य बड़ा हो तब छोटी-छोटी बातों की उपेक्षा करने की आदत बनाएं।

► समाज में शान से जीने के लिए सिंह की तरह भौकाल बनाएं। यह जीवन जीने की सर्वश्रेष्ठ कला है।

► बिना स्वार्थ के कोई किसी से नहीं जुड़ता है, यही दुनिया का कटु सत्य है।

► इस दुनिया में वही चीज ज्यादा बिकती है जिसमें उपयोगिता है। यहाँ तक कि लोग उस भगवान को ही ज्यादा पूजते हैं जिससे उन्हें अपनी इच्छाओं की पूर्ति की सर्वाधिक आशा होती है।

► धर्म एक ऐसा संस्कार है जो विरासत में मिलता है।

► पवित्रता स्वस्थ जीवन शैली है और अतिपवित्रता एक मनोरोग।

- कुटिलता बुद्धिमान व्यक्ति का घातक हथियार है।
- भगवत कथा प्रवाचक अक्सर कहते हैं कि भगवत कथा सुनने मात्र से व्यक्ति को मोक्ष अर्थात जन्म-मरण से मुक्ति मिल जाती है। यहां वे कभी नहीं कहते कि भगवान के गुणों को अपने आचरण में उतारने से मोक्ष मिलता है। कड़वी बात यह है कि यदि व्यक्ति को भगवत कथा सुनने मात्र से मोक्ष मिल गया होता तो आज भारत की भूमि पर जनसंख्या बहुत कम होती क्योंकि सनातन धर्म में लोग अनंत काल से कथा प्रवचन सुनते चले आ रहे हैं।
- गुंडे किसी के सगे नहीं होते वे केवल मुस्टंडे होते हैं और कुछ नहीं।
- खुशी और कहीं नहीं यह अपने अंदर बसती है। इसे खोजना पड़ता है।
- यह सच है कि सिद्धांत सत्य की रक्षा करते हैं। लेकिन, सिद्धांत पालन के दौरान व्यक्ति की बड़ी दुर्दशा हो जाती है।
- बड़ी से बड़ी बात उपेक्षा कर देने पर वह विस्मृति के गर्त में चली जाती है और छोटी से छोटी बात तूल दे देने पर वह पहाड़ बन जाती है।
- यदि आप नहीं डरा पाएंगे तो दूसरा आपको डरा लेगा। दुनिया का यही सच है।
- युद्ध शुरू करना अपने हाथ में है। लेकिन, उसे खत्म करना अपने हाथ में नहीं है। फिर, इसे भविष्य तय करता है। इसलिए बहुत सोच समझकर युद्ध शुरू करें।
- फेसबुक एक ऐसा आईना है जो मित्रों और रिश्ते नातेदारों की हकीकत बता देता है। यहाँ तरक्की चाहने वाले लाइक करते हैं और ईर्ष्या-द्वेष करने वाले इग्नोर।
- इश्क व्यक्ति के सिर पर भूत की तरह चढ़ता है जो रिश्ते-नाते, इज्जत-आबरू सब कुछ तार-तार कर देता है और जब उतरता है तब व्यक्ति को आधा मारकर छोड़ता है।

- अच्छा दोस्त मित्र की समस्या को सुलझाता है और बुरा दोस्त समस्या को उलझाता है।
- बिरले ही प्रतापी पिता के प्रतापी पुत्र पैदा होते हैं।
- आज अधिकांश पुत्र अपने माता-पिता को उनकी खूबसूरत गलती की सजा दे रहे हैं।
- यह संसार एक बाजार है जहां हरेक व्यक्ति अपने कौशल का मूल्य वसूल रहा है।
- लालच एक ऐसी वृत्ति है जो सांप की भांति जीभ लपलपाती है। यह सांप वृत्ति उस बड़े मेंढक को भी निगल जाने की ख्वाहिश रखती है जिसके निगल लिए जाने पर उसका पेट ही फट सकता है।
- नेता, अभिनेता, वक्ता और अधिवक्ता समाज सेवक हैं। वे कभी सेवानिवृत्त नहीं होते।
- चोरी और सीनाजोरी कलियुग की रीति है। इसका मतलब है कि गलत काम भी करो और आंखें भी दिखाओ।
- झूँठ धोखेबाज का अस्त्र है।
- चिंता और भय अवसाद की प्रसूता हैं।
- जब तक प्रतिशोध की पराकाष्ठा नहीं होती तब तक शांति नहीं आती।
- दुनिया कितनी अजीब है कि दो पक्षों की लड़ाई में घी डालकर दोनों से शांति की अपील करती है।
- मनुष्य अपने दुःख से ज्यादा बुड्ढा होता है, आयु से कम।
- कभी मुफ़्त के धन और स्त्री सौन्दर्य के प्रलोभन में नहीं फंसें। इन प्रलोभनों की नियति बर्बादी है।
- दुष्ट का उचित इलाज ही समस्या का सही समाधान है।
- एहसान केवल पराया मानता है अपना नहीं। यह एक विकट सत्य है।

- बुद्धिमान को मूर्ख बनाना आसान नहीं। वह अपने बुद्धि कौशल पर जीवन जीता है।
- बड़े पेड़ की छाया के नीचे कभी बड़ा पेड़ नहीं पनपता, यह कुदरत का अटल नियम है। मनुष्य पर भी यही नियम लागू होता है।
- ताकतवर को कमजोर करने के लिए उसके दाएं हाथ को प्रलोभन देकर उसे अपनी तरफ मिला लें, यह सफल कूटनीति है।
- वृंदावन में राधे राधे कहकर ही कृष्ण की भक्ति प्राप्त की जा सकती है।
- जो मन का राजा है वह ज्यादा दिन तक दूसरे की नौकरी नहीं कर सकता।
- अपमान के घाव कभी नहीं भरते। इसलिए, भूलकर किसी का अपमान नहीं करें।
- मन के शूल फूल में बदल लें, यही सम्यक चिंतन है।
- प्राणियों में अहंकार और भय दो नैसर्गिक वृत्तियाँ हैं।
- कम बोलना समस्या का हल है और ज्यादा बोलना समस्या का विस्तार।
- इस संसार में सत्य क्या है और असत्य क्या है? इस बारे में निश्चित रूप से कहना कठिन है। यहां सत्य वही है जो विजेता है।
- तर्क और विश्वास का छत्तीस का आंकड़ा है।
- श्राप कमजोर का हथियार है।
- जो पंडित है वही मौन है और जो मूर्ख है वही वाचाल है।
- बकवास से रिश्ते बिगड़ते हैं और मितभाषण से सुधरते हैं।
- घर हो या बाहर अंततः ताकतवर ही शासन करता है।

- जितना मौन रहोगे उतना मौज में रहोगे और जितना विवाद करोगे उतना ही अशांत रहोगे।
- कुटिल आदमी आस्तीन का सांप बनकर डसता है और सफेदपोश बनकर वार करता है।
- जिस दोस्ती में सत्य बात को आलोचना समझी जाए वह दोस्ती नहीं, स्वार्थपूर्ण संबंध है। एक सच्चा दोस्त हमेशा सत्य को सुनने का साहस रखता है।
- उपेक्षा एक मानसिक प्रताड़ना है।
- जिस प्रकार ईमानदारी और सचरित्रता घर से सीखी जाती है उसी प्रकार, बेईमानी और चरित्रहीनता भी घर से सीखी जाती है। अपवाद हर जगह हैं।
- सर्प को माफ कर देना जीवन की सबसे बड़ी भूल है।
- बिना तथ्यों को जाने अंधी सहानुभूति न्याय की दृष्टि से ठीक नहीं है।
- हर समर्पण की अपनी कीमत है। यह कीमत त्याग है।
- स्वार्थपूर्ण रिश्ते कभी प्रगाढ़ नहीं होते। केवल त्यागपूर्ण रिश्ते ही प्रगाढ़ होते हैं।
- पड़ोसी और भाई से कभी संबंध खराब नहीं करें। बुरे वक्त में ये ही काम आते हैं।
- आदमी अपने दु:ख से उतना दु:खी नहीं है जितनाकि वह अपने कुचिंतन के कारण दु:खी है।
- संतानों की बहुत अधिक केयर करने से वे सिरचढ़े और नकचढ़े हो जाते हैं।
- दया धर्म उतना ही अच्छा है जितनाकि स्वास्थ्य के लिए हितकर हो।

- भारत में मानसिक रोग एक भयानक सामाजिक कलंक है। यहां यह प्रेत बाधा है और इसके इलाज में भूत भगाने की क्रियाएं हैं।
- गरीबी एक नर्क दंड है। इसकी पीड़ा एक गरीब ही जान सकता है।
- किसी के पीछे हाथ धोकर पड़ना आतंकी गतिविधि है।
- शब्दों से कभी झगड़ा समाप्त नहीं होता। झगड़े का हल सम्यक चिंतन में छिपा है।
- जब समय साथ देता है तब गलत निर्णय भी सही परिणाम देता है।
- हमेशा कूल रहें, कभी बात नहीं बिगड़ेगी।
- दुष्ट किसे दंश नहीं देता? असल में, दुष्ट की प्रकृति ही दुष्टता है।
- सूदखोर गरीब के भविष्य को निगल जाता है।
- शिकायतों को पी लेने से संबंधों में गांठ नहीं आती है।
- अफवाहों के पैर नहीं होते। ये गंध की तरह फिजाओं में फैलती हैं। अफवाहें चालक लोगों द्वारा अपना कार्य सिद्ध करने के लिए प्रसारित की जाती हैं।
- संसार में अंतत: सारा कारोबार धनोपार्जन का है।
- लंपटता एक व्यसन है।
- चालाकी ने न जाने कितने परिवारों को कांच की तरह तोड़ा है और त्यागवृत्ति ने न जाने कितने परिवारों को माला के मनकों की तरह जोड़ा है। त्याग में अद्भुत शक्ति है।
- सांप के हमेशा सपोले ही होते हैं। उन्हें कभी प्रश्रय नहीं दें।
- यदि परदेश अनुकूल न हो और वहां सोने के अंडे खाने को मिलें तो भी वहां नहीं रहना चाहिए और न ही रोजगार कमाना चाहिए।
- विकारों को भोगने में जितना मजा है उससे कहीं ज्यादा उनमें दु: ख है। विकारों से मुक्ति ही सच्चा सुख है।

- दुनिया का सबसे बड़ा दु:ख पराधीनता है और सबसे बड़ा सुख स्वाधीनता है।
- मौन से संस्कारों के निर्माण की गति धीमी पड़ जाती है। मौन अंतर्मन को सुदृढ़ करने वाली शक्ति है।
- आज घोर कलयुग है जहां बुद्धू को बुद्ध और बुद्ध को बुद्धू समझा जाता है।
- आज धन ही सब कुछ है। गरीब माता-पिता के लिए पुत्र कितने दिन रोता है? गरीब भाई के लिए भाई कितने दिन रोता है? और तो और गरीब पति के लिए पत्नी कितने दिन रोती है? इस दुनिया में धन के लिए ही सब रोते हैं।
- कभी किसी को सिर पर इतना अधिक नहीं चढ़ाएं कि वह भाव खाने लगे। मनुष्य की वृत्ति ही ऐसी है।
- जब सभी महत्वाकांक्षी हों तब सिरफोड़ होना स्वाभाविक है।
- जीवन में सरल आदमी एक बार धोखा खाता है लेकिन चतुर आदमी चार बार धोखा खाता है।
- आज के लिए जीना मनुष्य की आदिम वृत्ति है।
- मरता क्या न करता? संसार में मरने के बाद ही व्यक्ति जीना सीखता है।
- किसी के कान भरकर भड़काना एक नैतिक अपराध है।
- चाटुकारिता सफलता पाने का एक युग परीक्षित मंत्र है। यह गुणगान की कला है। इस कला से मनुष्य क्या, देवी देवता भी प्रसन्न हो जाते हैं।
- असली भूख की टीस किसी गरीब से जानी जा सकती है। कोई भरा पेट इसकी अनुभूति नहीं कर सकता।
- सच बोलना किसी की पोल खोलने के समान है। इसी कारण सच बोलने वाले को पत्थर खाने पड़ते हैं।

- रूप सौन्दर्य एक कलाकार की कमजोरी है।
- यदि व्यक्ति भाव खाना शुरू कर दे तो उसे भाव देना बंद कर दें, वह सुधर जाएगा।
- बिना अनुभव के दुस्साहस में कूदना या तो मौत को निमंत्रण देना है या अभूतपूर्व तरक्की को। यहाँ मौत की संभावना अधिक है।
- आज कोई विरला ही वकील अपने मुवक्किल को छोड़ना चाहता है और कोई विरला ही डॉक्टर अपने मरीज को विदा कहना चाहता है। इन मानवसेवियों का यह अद्भुत प्रेम है।
- संस्कारविहीन जीवन एक बेलगाम घोड़े का जीवन है।
- ज्ञान के बिना चतुरता ऐसे ही है जैसे अज्ञानी के सिर पर बैठी नागिन।
- इज्जत-बेइज्जती केवल इज्जतदारों के लिए है। जिसने शर्मोहया खो दी उसके लिए इज्जत-बेइज्जती में कोई अंतर नहीं है।
- कटु बात को हवा में उड़ा देना ही जीवन जीने की बेहतरीन कला है।
- शब्द ही तलवार है और शब्द ही उपचार हैं।
- यदि परदेश में हो तो धोखेबाजों से सावधान रहें। स्थानीय स्तर पर कुछ लोग परदेसियों को ठगने के अनेक कुचक्र रचते हैं।
- पंडित, ठाकुर और लाला पहले बड़े सम्माननीय संबोधन हुआ करते थे। लेकिन, बॉलीवुड फिल्मों ने इन संबोधनों का विद्रूप चित्रण प्रस्तुतकर इन्हें इतना अधिक बदनाम कर दिया है कि आज ये सम्बोधन उपहासजनक बन गए हैं। लोग आज इन संबोधनों से अपने को संबोधित कराने से बचते हैं। देखा गया है कि बार बार संबोधित किए जाने पर वे कुपित हो उठते हैं।
- एक व्यक्ति को पढ़कर जितनी सुंदर पुस्तक लिखी जा सकती है वह सैकड़ों ग्रंथ पढ़ने के बाद भी नहीं लिखी जा सकती।

- जीवन हर पल एक अभ्यास है अच्छा या बुरा बनने का। इसलिए हर पल सतर्क रहें।
- किसी विवाद का मूर्खतापूर्ण समाधान युद्ध और बुद्धिमानीपूर्ण समाधान वार्तालाप है।
- महानगर की बहुमंजिली इमारतों में हिल स्टेशन का आनंद आता है। ये इमारतें पहाड़ की ही प्रतिकृति हैं।
- बाल्यावस्था में ज्ञानबल, युवावस्था में बाहुबल, प्रौढ़ावस्था में धनबल और वृद्धावस्था में तप बल अवश्य बढ़ाएं। ये बल आयु के अनुसार व्यक्ति का गौरव बढ़ाते हैं।
- ईमानदार होना अच्छी बात है, लेकिन आत्मघाती स्तर तक ईमानदार होना मूर्खता के अलावा कुछ नहीं है।
- भारत के सच्चे इतिहास को लिखने की मंशा किसी की नहीं है क्योंकि लोग कटु सत्य को उजागर करने से डरते हैं।
- झूठ के इस युग में रिश्ते बचाने, इज्जत बचाने और तनाव से बचने के लिए मौन से बढ़कर कोई श्रेष्ठ मंत्र नहीं है।

*****

अभ्यास 22
ध्यान की एक वैज्ञानिक साधना - विपश्यना

एक सहज आशंका

देखा गया है कि विपश्यना ध्यान के मार्ग में आने से पहले लोग जानना चाहते हैं कि कहीं विपश्यना विद्या बौद्ध धर्म तो नहीं है? लोगों की यह आशंका अस्वाभाविक भी नहीं है क्योंकि जब तक मन में कोई आशंका है तब तक किसी मार्ग में आगे नहीं बढ़ा जा सकता। और बिना सत्य को जानें किसी मार्ग में आगे बढ़ना बुद्धिमानी भी नहीं है। इसलिए यहाँ समीचीन हो जाता है कि भगवान बुद्ध के बारे में थोड़ा परिचय दिया जाए कि उन्होंने किस धर्म का प्रतिपादन किया?

बुद्ध ने अपने जीते जी जिस धर्म के बारे में लोगों को उपदेश दिया वह महज विपश्यना विद्या थी। यह बौद्ध धर्म बिलकुल नहीं था। बुद्ध ने कभी कोई धर्म स्थापित नहीं किया। वे जीवन भर अपने पीछे किसी धर्म को स्थापित करने के सख्त खिलाफ रहे। उन्होंने अपने शिष्यों को ऐसा न करने की सलाह भी दे रखी थी। वे एक करुणवान और संवेदनशील इंसान थे। वे मानव मात्र को दुःखों से मुक्ति दिलाना चाहते थे। इसके लिए उन्होंने जो मार्ग दिखाया और जिसका प्रचार प्रसार किया वह विपश्यना विद्या थी। यह बौद्ध धर्म नहीं था। उनकी यह विद्या भारत की वसुधैवकुटुंबकम की सनातनी भावना के अनुरूप थी जो सभी मानवों को एक ईश्वर की संतान समझती है और उसमें कोई भेदभाव नहीं करती है। इस तरह, कह सकते हैं कि भगवान बुद्ध ने सनातन परंपरा के अनुरूप ही एक विश्व धर्म चलाने की कोशिश की। बौद्ध धर्म की स्थापना तो भगवान बुद्ध के महापरिनिर्वाण

के काफी समय बाद उनके अनुयायियों ने की। इसलिए, यहाँ न्यायसंगत बात यह होगी कि बुद्ध को किसी भी धार्मिक मान्यता से ऊपर रखा जाए। बुद्ध को किसी खेमे में बांटना उनके साथ अन्याय करने जैसा होगा। जब भगवान बुद्ध ने बौद्ध धर्म चलाया ही नहीं तब उनकी विपश्यना विद्या का अनुगमन कोई बौद्ध करे या जैन, हिन्दू करे या मुस्लिम, ईसाई करे या पारसी, क्या फर्क पड़ता है? विपश्यना की साधना तो सभी धर्मों के ऊपर है।

कुछ अन्य आशंकाएं

बुद्ध पर प्राय: यह आरोप लगाया जाता है कि वे अनीश्वरवादी थे और आत्मा परमात्मा के किसी सिद्धांत पर विश्वास नहीं करते थे। बुद्ध पर ऐसे आरोप लगाना निराधार है। उन पर ऐसे आरोप तत्कालीन समाज के कुछ पाखंडी लोगों द्वारा ही लगाए गए थे। इसका कारण यह था कि बुद्ध के समय आत्मा परमात्मा को लेकर अनेक पंथ और मार्ग चल रहे थे जो अपने अपने भगवान को लोगों के बीच प्रचारित करने में लगे थे। बुद्ध ने ऐसे लोगों को बढ़ावा न देने के लिए मौन रहने का मार्ग अपनाया। इसी कारण, वे ईश्वर और आत्मा के विषय में नि:शब्द रहे। हमें यहां यह बात सदैव याद रखनी चाहिए कि बुद्ध ने कभी ईश्वर के अस्तित्व को नकारा नहीं और न ही आत्मा के विषय में कोई नकारात्मक बात कही। वे केवल चुप रहे।

बुद्ध जानते थे कि तत्कालीन समाज में ईश्वर और आत्मा के बारे में जिस तरह की भ्रांतियां और झगड़े चल रहे हैं, यदि वे भी अपना एक ईश्वर बताने लगे तो पहले से ही दिग्भ्रमित समाज को कोई राह नहीं दिखाई जा सकेगी बल्कि, उसे और भ्रम के जाल में फंसाना होगा। अत: उन्होंने ईश्वर और आत्मा के विषय में चुप रहना ही श्रेयस्कर समझा। इस तरह, उनकी चुप्पी का यह अर्थ कतई नहीं है कि बुद्ध ईश्वर और आत्मा को नहीं मानते थे। बल्कि, सत्य यही है कि बुद्ध ईश्वर और आत्मा के रहस्य से पूरी तरह वाकिफ थे। उनकी जातक कथाओं में इसके अनेक सूत्र बिखरे पड़े हैं।

इस संबंध में, यहाँ एक सामान्य मानव के मन में एक सहज प्रश्न भी उठना चाहिए कि यदि बुद्ध अनीश्वरवादी थे तो उन्होंने एक नास्तिक की तरह ईश्वर और आत्मा के अस्तित्व को क्यों नहीं ललकारा और ईशनिंदा क्यों नहीं की? लेकिन, बुद्ध ने कभी ऐसा नहीं किया। इसका क्या कारण था? इसका कारण यह था कि बुद्ध के भी एक भगवान थे। उसका रूप, रंग और भेद क्या था? इसे वे अनुसंधान के लिए साधक पर छोड़ देते थे। वे एक साधक को विपश्यना का ज्ञानमार्ग दिखाकर उसे उस ईश्वर को खोजने के लिए प्रेरित करते थे। वे चाहते थे कि साधक स्वयं इतना योग्य बने कि वह ईश्वर के वास्तविक अस्तित्व को स्वयं महसूस करे। वह किसी के द्वारा बताए गए ईश्वर के काल्पनिक स्वरूप पर भरोसा नहीं करे। वह स्वयं उसे जाने और मोक्ष तथा महापरिनिर्वाण को प्राप्त करे।

इस प्रकार, बुद्ध समाज को सही राह दिखाने वाले एक महापुरुष और एक ऋषि थे। उन्होंने जिस विपश्यना विद्या का प्रचार प्रसार किया यहाँ हम इस विद्या के बारे में जानने की कोशिश करेंगे।

विपश्यना क्या है?

बुद्ध द्वारा प्रचारित विपश्यना ध्यान की एक पुरातन विधि है। अनादिकाल में योगेश्वर भगवान शिव ने योग की जो 112 विधियां खोजीं, विपश्यना उनमें से ही ध्यान की एक श्रेष्ठतम विधि है। इस तरह, विपश्यना सनातन धर्म की ध्यान साधनाओं से अलग नहीं है। बुद्ध के पहले भी सनातन धर्म में अनेक संबुद्ध हुए हैं। अतएव बुद्ध अकेले ऐसे योगी नहीं हैं जिन्होंने ध्यान विद्या की शिक्षा दी। सनातन धर्म में अनादि काल से बुद्ध द्वारा प्रचारित विपश्यना विद्या की तरह ही अनेक ध्यान विद्याएँ प्रचलित रही हैं।

विपश्यना का संधि विच्छेद है, वि+पश्यना अर्थात किसी चीज को विशेष दृष्टि से देखना। सामान्यतया मनुष्य की बाह्य आँखों की देखने की एक सीमा होती है जिसके कारण ये आँखें केवल बाहरी दुनिया को देख पाती हैं। लेकिन, जब उसके मन की आँखें अपने अंतर्मन की गहराइयों को

देखने की विशेष शक्ति उत्पन्न कर लेती हैं तब वे भौतिक दुनिया से परे भी देख सकती हैं, इसे ही विपश्यना कहते हैं।

विपश्यना विद्या को वैज्ञानिक क्यों कहा है?

आज शोधार्थियों ने भी माना है कि विपश्यना ध्यान की एक वैज्ञानिक विधि है। इसका कारण क्या है? इसको समझने की जरूरत है। इसका सबसे बड़ा कारण यह है कि ध्यान की इस विधि में अंधविश्वास और पूर्वमान्यता जैसी कोई चीज नहीं है। यह विद्या शुद्ध शोध पर आधारित है और मात्र अभ्यासात्मक है। इसमें ट्रांसमीशन और शक्तिपात जैसा कोई चमत्कार नहीं है। इसे और समझने के लिए मान लो, एक अध्यापक ने अपने एक विद्यार्थी को विज्ञान का एक सूत्र समझाया और उसका प्रयोग बताया। अब यह इस विद्यार्थी पर निर्भर करेगा कि वह इस सूत्र के सहारे शोध करे और नए नवीन सिद्धांत खोजे। ठीक, इसी प्रकार एक विपश्यी साधक को विपश्यना का मार्ग दिखाया जाता है। इसके बाद, उसे इस मार्ग पर स्वयं चलना होता है। इस मार्ग में शोध के असंख्य आयाम निहित हैं। शोध के दौरान एक साधक को मन की अनगिनत शक्तियों के नए नए रहस्यों का पता चलता है।

इस विद्या में शरीर, मन और मस्तिष्क को शोध का माध्यम बनाया जाता है अर्थात इनका प्रयोग एक प्रयोगशाला की तरह किया जाता है। प्राचीन काल में शोध शरीर और मन को प्रयोगशाला के रूप में प्रयोग करके ही किए जाते थे। हमारे वेद भरे पूरे समाज के बीच बैठकर की गई रचनाएं नहीं हैं। उन्हें एकांत में ऋषि मुनियों द्वारा शरीर और मन को प्रयोगशाला की तरह उपयोग कर, प्रकृति से एकाकार हो, ध्यान साधना के द्वारा ही खोजा गया। तत्पश्चात, उन्हें सुनाकर सूत्रों के रूप में लिखा गया। इसी कारण, वेदों को श्रुति और ईश्वर की वाणी भी कहा जाता है।

विज्ञान की मान्यता है कि किसी विद्या को तब तक प्रामाणिक नहीं माना जा सकता जब तक वह प्रयोगशाला में परीक्षित न हो। विज्ञान की इस मान्यता के अनुसार, विपश्यना विद्या प्रयोगशाला की इसी कसौटी पर

कसकर खोजी गई है। भगवान बुद्ध ने अपने शरीर और मन को कई वर्षों तक कठोर साधना की प्रयोगशाला में तपाया और इस विद्या की खोज की। तत्पश्चात ही उन्हें संबुद्धत्व की प्राप्ति हुई। बुद्ध ने जब साधना की सभी प्रचलित पद्धतियों का उपयोग करके कोई मंजिल नहीं पाई तब उन्हें लगा कि वेदों में वर्णित ध्यान की सच्ची साधना तो कुछ और है। अतएव वे विपश्यना विद्या की ओर बढ़े और इसका अभ्यासकर वे संबोधि को प्राप्त हुए।

श्रीमद्भागवत गीता में विपश्यना के कुछ सूत्र मिलते हैं। जब भगवान कृष्ण ने अर्जुन को योग का उपदेश दिया और सांसारिक माया मोह छोड़कर नि:स्पृह होने की बात कही तब मात्र उपदेश भर देने से अर्जुन के अंदर के काम, क्रोध, मोह, मद, विषाद जैसे विकार जादू की छड़ी घुमाने की तरह छूमंतर नहीं हो गए। इसके लिए भगवान कृष्ण ने अर्जुन को मन के निरोध की एक टेकनीक बताई। यह विपश्यना जैसी विद्या थी। गीता में यह श्लोक इस प्रकार है :-

<blockquote>
यत्रो परमते चित्तं निरुद्धं योग सेवया।
यत्र चैवात्मनात्मानं पश्यन्नात्मनि तुष्यति।।
</blockquote>

अर्थात- 'योग का सेवन करने से जिस अवस्था में निरुद्ध चित्त उपराम हो जाता है तथा जिस अवस्था में स्वयं अपने आपसे, अपने आपको देखता हुआ, अपने आपही संतुष्ट हो जाता है'।

इस श्लोक में विपश्यना ध्यान की ही बात की गई है।

विपश्यना साधना के आठ मार्ग

भगवान बुद्ध ने विपश्यना साधना में अनुकरण के लिए आठ मार्ग बताए हैं। उन्होंने इनको शील, समाधि और प्रज्ञा के तीन उपभेदों में विभाजित किया है। ये उपभेद इस प्रकार हैं-

(1) शील- शील का तात्पर्य है अपने कर्मों में शुचिता लाना। इसके अन्तर्गत साधना के तीन अंग बताए गए हैं-

i) सम्यक् वाणी अर्थात् सत्यवाणी;

ii) सम्यक् कर्म अर्थात सही कर्म; और

iii) सम्यक् आजीविका अर्थात् सही आजीविका।

(2) समाधि- समाधि का तात्पर्य है अपने मन को वश में करना। इसके अंतर्गत साधना के तीन अंग बताए गए हैं –

i) सम्यक् व्यायाम अर्थात् मन को व्यायाम के द्वारा वश में करना;

ii) सम्यक् स्मृति अर्थात् मन को जागरुकता व सजगता की स्थिति में रखना; और

iii) सम्यक् समाधि अर्थात् मन को राग द्वेष और मोहविहीन स्थिति में रखना।

(3) प्रज्ञा- प्रज्ञा का तात्पर्य है बुद्धि विवेक का सम्यक प्रयोग। इसके अन्तर्गत साधना के दो अंग बताए गए हैं-

i) सम्यक् संकल्प अर्थात् सही चिंतन मनन; और

ii) सम्यक् दृष्टि अर्थात् सही दर्शन।

बुद्ध के अनुसार प्रज्ञा मार्ग में आरोहण के लिए **तीन सीढियां** हैं, जिन पर चढ़कर एक साधक अपनी प्रज्ञा को जाग्रत कर सकता है-

i) श्रुतमयी प्रज्ञा अर्थात् श्रवण के द्वारा प्राप्त ज्ञान;

ii) चिंतनमयी प्रज्ञा अर्थात् चिंतन मनन के द्वारा प्राप्त ज्ञान; और

iii) भावनामयी प्रज्ञा अर्थात् अनुभूति के द्वारा प्राप्त ज्ञान।

विपश्यना साधना में **भावनामयी प्रज्ञा** ही सबसे महत्वपूर्ण है। इसके अंतर्गत अनुभूति के द्वारा ज्ञान प्राप्त किया जाता है। अनुभूति के द्वारा प्रज्ञा के जिन तीन अंगों का ज्ञान प्राप्त होता है, वे इस प्रकार हैं-

i) अनित्य बोध;

ii) अनात्मबोध अर्थात ममभाव का अभाव; और

iii) दुःख का वास्तविक बोध।

मानस चेतना क्या है?

विपश्यना में मानस चेतना का महत्वपूर्ण स्थान है। बुद्ध ने कहा कि विपश्यना साधना का मूल उद्देश्य मानस को विशुद्ध करना है। उनका मानस की विशुद्धता से तात्पर्य यह था कि जब चित्त निर्मलता के उस स्तर पर पहुँच जाए जब यह प्रकृतिस्वरूप हो जाए। बुद्ध ने मानस की चेतना के चार अंग बताए :-

1. विज्ञान अर्थात जानना;

2. संज्ञा अर्थात पहचानना;

3. संवेदना अर्थात सुखद और दुःखद वेदनाओं को जानना; और

4. संस्कार अर्थात मानस की रिकार्डिंग।

1. विज्ञान: विज्ञान से तात्पर्य है प्रकृति का ज्ञान। यह जड़ ज्ञान है। इसमें संवेदनाओं का रंचमात्र मिश्रण नहीं होता। यह विशुद्ध विज्ञान है। मानस का यह भाग किस प्रकार कार्य करता है? इसे एक उदाहरण से समझें। मान लो, आपके किसी शत्रु ने आपको गाली दी। इस गाली का प्रभाव आपके मानस पर क्या पड़ा? इसे पहले विज्ञान के स्तर पर समझें। गाली शब्दों की एक ध्वनि है। इसे सबसे पहले आपकी श्रवणेंद्रियों ने सुना। यहां श्रवणेंद्रियों ने केवल इतना भर जाना कि यह एक ध्वनि है और कुछ नहीं। इस गाली की न ही शरीर पर कोई प्रतिक्रिया हुई और न ही मन पर। मानस के इस स्तर पर केवल ध्वनि की पहचान हुई।

2. संज्ञा: संज्ञा का तात्पर्य है जानना। मानस यह कार्य स्मृतियों के रूप में संचित शब्दकोश के माध्यम से करता है। गाली की उक्त घटना को आगे बढ़ाते हुए देखें। अब यह गाली मानस के दूसरे भाग अर्थात संज्ञा में पहुंची। यहाँ इसका मिलान संचित शब्दकोश से किया गया। यदि स्मृति के

शब्दकोश में यह गाली पाई गई तो इसकी प्रतिक्रिया होगी अन्यथा यह घटना यहीं समाप्त हो जाएगी। मान लो, यदि आप तमिल भाषा नहीं जानते तो स्वाभाविक है कि इस भाषा के शब्द आपके स्मृतिकोश में संचित नहीं होंगे। यदि आपके इस शत्रु ने तमिल भाषा में गाली दी, आपकी श्रवणेंद्रियों ने इसे सुना और मानस के स्मृतिकोश तक पहुंचाया। यहां इसका मिलान करने पर पाया गया कि इस प्रकार का कोई शब्द यहां संचित नहीं है। अतः तमिल भाषा में दी गई गाली को मानस नहीं पहचान पाया और इसका प्रभाव यहीं समाप्त हो गया। इसके विपरीत, यदि गाली का यह शब्द स्मृतिकोश में दर्ज होता तो मानस का यह भाग इसे पहचान लेता और बताता कि यह शब्द एक गाली है।

3. संवेदना: मानव शरीर में असंख्य संवेदनाएं भरी हुई हैं। इसे दूसरी तरह कहें तो ज्यादा ठीक होगा कि शरीर का पोर पोर संवेदनशील है। इसका कारण यह है कि मनुष्य के शरीर की प्रत्येक कोशिका उपकोशिका प्राणमय है। कोई भी घटना घटती है तो इसका असर तुरंत इन कोशिकाओं उपकोशिकाओं पर संवेदना के रूप में होता है। यह निःसर्ग का एक विज्ञान है। गाली जब संवेदना के स्तर पर पहुंची तब गाली में शक्ति आ गई। अब गाली मात्र शब्द नहीं रही, यह अपमान की एक घटना बन गई। संवेदना के स्पर्श से गाली में सजीवता आ गई। शरीर पर इसकी प्रतिक्रिया होनी शुरू हो गई। क्रोध की अग्नि जल उठी, शरीर तपने लगा, सांसें तेज हो गईं, रक्त संचार बढ़ गया, आंखें जलने लगीं और मन में प्रतिशोध की भावना जाग्रत हो गई। बात यहीं समाप्त नहीं हुई। संवेदना के स्तर पर जागा क्रोध दो प्रकार से प्रतिक्रिया करेगा- वाणी द्वारा और शरीर द्वारा।

वाणी द्वारा प्रतिक्रिया: संवेदना के स्तर पर मन की प्रतिक्रिया गाली के रूप में होगी अर्थात आप अपने क्रोध की संतुष्टि के लिए गाली का जवाब गाली में देंगे।

शरीर द्वारा प्रतिक्रिया: यदि मन पर गाली की गंभीर प्रतिक्रिया हुई है तो मन की संतुष्टि मात्र गाली देकर नहीं होगी। अब वाणी के अतिरिक्त शरीर

भी अपना कार्य करेगा। आप सामने वाले व्यक्ति के दो चार हाथ भी जड़ देंगे।

4. संस्कार: संस्कार स्मृतिकोश की पर्तों पर जमा मनुष्य के कर्म हैं। ये कर्म चाहें शारीरिक हों या मानसिक, जितने अधिक संचित होंगे उनकी उतनी ही अधिक प्रतिक्रिया होगी। मनुष्य के सभी कर्म संस्कार के रूप में अवचेतन में अंकित होते हैं। यह अंकन ही समय समय पर जाग्रत होकर मन को प्रतिक्रिया व्यक्त करने के लिए विवश करता है। गाली के उक्त उदाहरण को आगे देखें। संवेदना के फलस्वरूप जो प्रतिक्रिया हुई, मान लो, गाली का जवाब गाली के रूप में दिया गया तो यह गाली संस्कार का हिस्सा बन जाएगी।

संस्कार बनने की क्रिया आगे भी जारी रहेगी। यह कैसे? इसे भी समझें। मान लो, यदि गाली देने वाला व्यक्ति पहले भी बुराई निंदा इत्यादि जैसी हरकत कर चुका है तो गाली की उक्त प्रतिक्रिया सामान्य रूप में न होकर विस्फोटक रूप में होगी। अब अतीत के संस्कार तीव्र गति से सक्रिय हो उठेंगे और वे संवेदना की तीव्रता को कई गुना बढ़ा देंगे जिससे प्रतिक्रिया की शक्ति कई गुना बढ़ जाएगी। यह प्रतिक्रिया प्रतिघात के रूप में होगी अर्थात व्यक्ति गुस्से में दो चार हाथ भी जड़ेगा। यह तीव्र प्रतिक्रिया भी संस्कार का हिस्सा बन जाएगी।

यहाँ यह बात समझने की है कि मानस की चेतना के उक्त चार अंगों में संस्कार वाला अंग सबसे महत्वपूर्ण है क्योंकि विपश्यना साधना का मूल उद्देश्य इन्हीं संस्कारों की चिकित्सा करनी है। यह चिकित्सा कैसे होती है? इसे भी यहाँ जानें। मानस की चेतना के दो अंग, विज्ञान और संज्ञा बीज नहीं बनाते हैं अर्थात वे नए संस्कारों को जन्म नहीं देते हैं। किन्तु, तीसरा और चौथा अंग प्रतिक्रिया करता है, परिणामस्वरूप संस्कार बनते हैं। संस्कारों के निर्माण में मनुष्य के विकार फैक्टरी के इनपुट की तरह कार्य करते हैं। व्यक्ति जितने अधिक विकार जगाता है, वह उतने ही अधिक संस्कार बनाता है। ये संस्कार उसके मन पर पर्त दर पर्त चढ़ते चले जाते

हैं। अंतिम समय में व्यक्ति के यही संस्कार उसके समक्ष आ प्रकट होते हैं जिससे उसकी मृत्यु की अंतिम गति निश्चित होती है। विपश्यना इसी अंतिम गति को सुधारने की एक साधना है। जब साधना के द्वारा नए संस्कार नहीं बनते हैं तब इसके साथ ही पुराने दबे पड़े संस्कारों की भी उदीर्णा हो जाती है। बुद्ध के अनुसार संस्कारों को खत्म कर देना ही जन्म मृत्यु से मुक्ति है, महानिर्वाण है और मोक्ष है।

आहार विहार

विपश्यना साधना में आहार विहार की शुद्धता पर जोर दिया गया है। यहाँ आहार दो प्रकार के होते हैं

1) शारीरिक आहार; और

2) चैतसिक आहार।

1) शारीरिक आहार- एक व्यक्ति भौतिक आहार के अलावा, अपने शरीर के पोर पोर से भी आहार ग्रहण करता है। इसका तात्पर्य यह है कि व्यक्ति के चारों ओर जैसा वातावरण होता है उसे वैसा ही आहार मिलता है। तदनुसार, उसके भीतर वैसे ही परमाणु बनते हैं।

2) चैतसिक आहार- एक व्यक्ति जिस क्षण जो संस्कार बनाता है, यह उसकी चेतनधारा का उस क्षण का भोजन होता है। मान लो, क्रोध आया तो यह उस व्यक्ति के उस क्षण के चित्त का भोजन होगा। अगले क्षण वासना जगी तो यह वासना उस क्षण के उसके चित्त का आहार होगी। इस प्रकार, मनुष्य की चेतनधारा हर क्षण संस्कार के रूप में कुछ न कुछ भोजन ग्रहण करती रहती है।

विपश्यना मार्ग के शत्रु और मित्र

विपश्यना साधना के मार्ग में एक साधक को **पांच शत्रु** आगे बढ़ने से रोकते हैं। ये शत्रु हैं:

1. राग, 2. द्वेष, 3. आलस्य,

4. बेचैनी, और 5. संदेह।

इन पाँच शत्रुओं को परास्त करने के लिए साधक की मदद करने वाले दस मित्र भी हैं जिन्हें दस पारमी कहा जाता है। ये **दस मित्र** हैं:

1. निष्क्रमण, 2. शील, 3. वीर्य 4. प्रज्ञा,

5.क्षाति (क्षमा), 6. उपेक्षा, 7. मैत्री, 8. अधिष्ठान (संकल्प),

9. सत्य, और 10. दान।

आर्य मौन

विश्पयना साधना के दौरान साधक को कड़ाई से मौन का पालन करना होता है। यह मौन मन, वाणी और कर्म तीनों प्रकार का होता है। साधना के दौरान संकेतों से भी बात करने की मनाही होती है। माना जाता है कि साधना की सफलता के लिए आर्य मौन अति आवश्यक है। जब वाणी मौन होती है तब मन भी मौन जाता है।

आनापान क्रिया

विपश्यना साधना में आनापान क्रिया की महत्वपूर्ण भूमिका है। यह एक प्रारंभिक क्रिया है। इस क्रिया के माध्यम से एक साधक अपनी सांसों के आवागमन को जानने की कोशिश करता है। अपनी सांसों को जानने से मन में एकाग्रता आती है जिससे ध्यान लगने की आदत बनती है। इसी कारण, विपश्यना साधना के 10 दिवसीय शिविर में शुरू के 3 दिनों तक आनापान क्रिया कराई जाती है। शेष 7 दिनों में विपश्यना ध्यान का अभ्यास कराया जाता है। यहाँ प्रारंभ में 3 दिनों तक लगातार सांसों को

जानने का अभ्यास इसलिए भी कराया जाता है ताकि साधक को साँसों को जानते जानते अपने मन की अनुभूति होने लगे। मन की अनुभूति होने से ध्यान की क्रिया बड़ी सहज हो जाती है।

एक साधक को आनापान क्रिया का भली प्रकार अभ्यास करने के बाद ही विपश्यना करनी चाहिए। विपश्यना साधना करने का यही सही तरीका है। प्रसंगवश, यहाँ उल्लेख करना चाहूँगा कि महाराष्ट्र सरकार के द्वारा समय समय पर अपने स्कूलों में विद्यार्थियों और शिक्षकों के लिए आनापान के प्रशिक्षण कार्यक्रम आयोजित कराए जाते हैं।

विपश्यना कैसे करें?

विशपयना साधना करने के लिए एक ऐसे एकांत स्थान को चुनें जहां कोई शोरगुल न हो। सुखासन, वज्रासन या किसी मनचाही मुद्रा में बैठ जाएं। मेरुदंड सीधा रखें। हाथों को दोनों घुटनों पर ज्ञानमुद्रा में रख लें। आंखें बंद कर लें। मन में ऐसा भाव जगाएं कि मस्तिष्क से नकारात्मकता निकल रहीं है। मन में शांति है, सजगता है और समता का भाव है। इन भावों की अनुभूति से मन को एक अनुकूल वातावरण देने का प्रयास करें। इस क्रिया से मन प्रसन्न हो उठेगा और उसकी नकार शक्तियां दुर्बल होने लगेंगी। आंखें बंदकर ऐसा वातावरण बनाने से बलात मन पर आने वाले विचारों की धारा कम होगी और वे क्षीण होने लगेंगे।

शुरुआत में यह कार्य जरा कठिन होगा क्योंकि बंद आंखों की दशा में विकार बाहर निकल भागने का प्रयास करेंगे। अब अवचेतन के विभिन्न कोनों में दबे छिपे संस्कार मन की ऊपरी सतह पर तैरने लगेंगे और वे मन को इनमें रमाने का उपक्रम करेंगे। इससे विचारों का आवेग उमड़ने लगेगा। ये विचार बार बार अतीतमुखी होंगे जिससे अवचेतन में पड़ी अनेक घटनाओं के पड़ाव मिलने शुरू हो जाएंगे। ये पड़ाव मन की अवस्था को डांवाडोल कर देंगे जिससे मन व्याकुलता से भर उठेगा। अतएव ध्यान नहीं लगेगा। आँखें अपने आप खुल जाएंगी। यहाँ ध्यातव्य है कि ध्यान तभी

लगेगा जब मन में विचारों की श्रृंखला न चले, यह शांत हो, विकार सुषुप्त हों, मन में उत्फुल्लता, समता और जागरुकता की स्थिति हो।

यही कारण है कि विपश्यना साधना करने के पूर्व मन के लिए एक अनुकूल वातावरण बनाने का प्रयास किया जाता है। अनुभव से देखा गया है कि उक्त प्रकार का वातावरण तैयार करने से मन की गहराइयों में शांति तिरने लगती है। अतएव ध्यान करने के पूर्व एक साधक को निम्न प्रकार का चिंतन अवश्य करना चाहिए:-

- **चित्त शांत है-** ऐसी धारणा करें मानो शरीर का पोर पोर शांति से भर गया है, सिर से पैर तक शांति की लहरें प्रवाहित हो रहीं हैं और मन की अशांति और ज्वलनशीलता का निष्कासन हो रहा है।

- **चित्त समतायुक्त है-** ऐसी धारणा करें मानो मन में समरसता की स्थिति उत्पन्न हो रही है, मन के विकार समता की स्थिति में आ रहे हैं और उनकी उग्रता क्षीण हो रही है।

- **चित्त सजगतापूर्ण है-** ऐसी धारणा करें मानो मन पर विवेक और सजगता का सतत पहरा बैठ गया है।

उपर्युक्तानुसार वातावरण निर्माण करने के पश्चात, स्थिर हुए मन का उपयोग करना शुरू करें। सबसे पहले सिर के तालू भाग पर मन को रमाएं। जैसे ही एक आध मिनट में मन वहां से ऊबने लगे उसे तुरंत आगे बढ़ा दें। अब मस्तक, आंख, नाक, ओष्ठ, कर्ण, गला, इत्यादि पर मन को रमाएं। जैसे ही मन यहां से ऊबने लगे, उसे अगले अंग पर टिका दें। फिर हाथ, छाती, पेट, जंघा, टखना, पैर इत्यादि पर ध्यान केंद्रित करें। इस प्रकार, शरीर के एक एक अंग का दर्शन करें। इस ढंग से शरीर के एक छोर की यात्रा पूरी कर लें। इस यात्रा में हर व्यक्ति का लगने वाला समय अलग अलग हो सकता है। यह उस व्यक्ति के अभ्यास पर निर्भर करेगा। सिर से पैर तक की एक छोर की यात्रा करने के पश्चात, अब मन को पैरों से सिर की ओर, अंगों के उलटे क्रमानुसार, शरीर के अंग प्रत्यंग की यात्रा कराएं।

इस यात्रा के दौरान हर अंग की संवेदना को देखते रहें। ये संवेदनाएं द्वेषपूर्ण, सुखदाई, जलनपूर्ण, कंपनयुक्त, तीखी, चुभनेवाली, दर्दपूर्ण इत्यादि अनेक प्रकार की हो सकती हैं। इन संवेदनाओं को केवल साक्षी भाव से देखें। इनके साथ समाकार होकर इनका भोक्ता नहीं बनें। इसका मतलब यह है कि यदि संवेदना सुखद हुई तो उसका सुख नहीं भोगें और यदि संवेदना बुरी हुई तो उससे घृणा नहीं करें। हरहाल में समता की स्थिति बनाए रखें।

प्रारंभ में, शरीर के अंगों की यह यात्रा संवेदनाओं की अनुभूति यात्रा होती है। कालांतर में, यह मन की अंतर्यात्रा बन जाती है जिससे मन शीशे की तरह पारदर्शी हो जाता है और उसके अनेक गुह्य रहस्यों से पर्दा उठने लगता है। विपश्यना साधना के निरंतर अभ्यास से एक साधक आध्यात्मिक ऊंचाइयों को छूने लगता है।

विपश्यना की समयावधि

विपश्यना ध्यान करने की कोई समयावधि निश्चित नहीं है। यह एक विपश्यी साधक की व्यक्तिगत स्थिति पर निर्भर करता है। देखा गया है कि कुछ साधक लगातार कई घंटे बैठकर विपश्यना कर सकते हैं तो कुछ लोग एक-आध घंटे में ही ऊबने लगते हैं। अतएव यहां प्रश्न यह नहीं है कि विपश्यना कितने घंटे करनी चाहिए? बल्कि प्रश्न यह है कि विपश्यना ध्यान के लिए एक बैठक में न्यूनतम कितना समय दिया जाना चाहिए? इसका उत्तर यही हो सकता है कि इसके लिए उतना समय निर्धारित किया जाए जो लाभकारी हो। सामान्य व्यक्ति जैसे, गृहस्थ, कर्मचारी, व्यापारी, विद्यार्थी के लिए साधना की समय-सीमा कम से कम एक घंटा होनी चाहिए क्योंकि इससे कम समय में शरीर के दोनों छोरों की न्यूनतम यात्राएं संतोषजनक तरीके से पूरी नहीं की जा सकतीं। अभ्यासी साधकों के लिए कोई समयावधि निश्चित नहीं की जा सकती क्योंकि वे साधना के अभ्यस्त होते हैं। वे लगातार कई घंटे तक अभ्यास कर सकते हैं। सामान्य मनुष्य के लिए नित्य एक घंटे की साधना लाभकारी है। इससे उसे भरपूर ऊर्जा मिल

जाती है; उसका शरीर नीरोग हो जाता है; उसके विकारों की तीव्रता में कमी आने लगती है; और वह एक संतुलित मन मस्तिष्क वाला इंसान बन जाता है।

विश्व मैत्री

विपश्यना साधना के पश्चात, कुछ पल विश्व मैत्री का अभ्यास किया जाता है जिससे एक साधक के अंदर विश्व मैत्री की भावना का उदय होता है। पर्याप्त साधना के पश्चात, एक साधक को यह बात अच्छी तरह समझ में आने लगती है कि सभी मानव एक ईश्वर की संतान हैं, इसलिए सभी मनुष्य रिश्ते में भाई बहन हैं। विपश्यना साधना विश्व में एक ऐसे मानव धर्म की स्थापना पर ज़ोर देती है जिसकी सीमाएं एक राष्ट्र तक सीमित न होकर संपूर्ण पृथ्वी में फैली हुई हों।

विपश्यना के लाभ

विपश्यना साधना के अनेक लाभ हैं। यदि नित्य कम से कम एक घंटे की साधना की जाए तो साधक को निम्न प्रकार के लाभ हो सकते हैं:

- ▶ शरीर में एक दिव्य शक्ति का संचार प्रतीत होता है।
- ▶ मन खिले हुए गुलाब की तरह तरोताजा रहता है।
- ▶ वाणी संयमित हो जाती है। मौन अच्छा लगता है।
- ▶ करुणा, प्रेम, दया जैसी कोमल भावनाएं प्रबल हो उठती हैं।
- ▶ चित्त निर्मल होने लगता है।
- ▶ मन में संसार के कल्याण की भावना उदय होती है। सभी मनुष्य अपने से लगते हैं।
- ▶ स्मरण शक्ति का अद्भुत विकास होता है।
- ▶ पुरानी बातें एक शिक्षा का रूप लेकर उभरती हैं।
- ▶ दृष्टिकोण सकारात्मक हो जाता है।

- कार्य निपटाने की शक्ति बढ़ जाती है।
- शारीरिक और मानसिक थकान मिट जाती है।
- 4-5 घंटे में ही नींद पूरी हो जाती है। स्वप्न नहीं के बराबर आते हैं।
- कानों की श्रवण शक्ति कई गुना बढ़ जाती है।
- नेत्रों की ज्योति आकस्मिक रूप से बढ़ती है।
- पाचन शक्ति प्रबल रूप से कार्य करने लगती है।
- एक विशेष प्रकार की कॉस्मिक ऊर्जा उत्पन्न होती है जो अनेक असाध्य रोगों जैसे- माइग्रेन, कैंसर, दमा, टीबी, रक्तचाप, डायबिटीज आदि को ठीक करती है।
- शरीर पर बाहरी जीवाणुओं और विषाणुओं के आक्रमण का कोई प्रभाव नहीं पड़ता है क्योंकि शरीर की प्रतिरोधक क्षमता अप्रत्याशित रूप से बढ़ जाती है।
- आत्मिक शक्ति जाग्रत होने लगती है जिससे साधक आध्यात्मिक ऊंचाइयां छूने लगता है।

इस प्रकार, एक विपश्यी साधक विपश्यना साधना करके शारीरिक, मानसिक और आत्मिक रूप से सशक्त बन जाता है। यदि किसी साधक को विपश्यना ध्यान से ऐसा कोई लाभ नहीं मिलता है तो माना जाएगा कि उसकी साधना में अभी कुछ कमी है।

विपश्यना थैरेपी

विपश्यना ध्यान के अनेक शारीरिक और मानसिक लाभ हैं जिनका ऊपर वर्णन किया जा चुका है। यहां साधकों को विपश्यना साधना के एक ऐसे पहलू से अवगत कराना चाहूंगा जो उनके लिए अत्यंत हितकारी साबित हो सकता है। वे विपश्यना विद्या को एक थैरेपी के रूप में प्रयोग कर सकते हैं। इसे यहाँ समझें। जब एक साधक विपश्यना साधना करता है तब उसके मन में अनेक प्रकार की शक्तियों का प्रादुर्भाव होता है। इन शक्तियों में से एक शक्ति है, मन की हीलिंग पावर अर्थात शरीर को स्वस्थ करने वाली मानसिक शक्ति। अनुभव से पाया गया है कि जैसे जैसे साधक साधना की ऊंचाइयाँ चढ़ता है, उसके मानस में हीलिंग की शक्ति जाग्रत होती चली जाती है और उसके अंतर्चक्षुओं की दृष्टि बहुत शक्तिशाली हो जाती है। ध्यान क्रिया के दौरान यह अंतर्दृष्टि शरीर के जिस अंग पर पड़ती है वह अंग ऊर्जा से भरकर स्वस्थ हो जाता है।

यहां इस अंतर्दृष्टि के प्रयोग के बारे में जानें। मान लो, एक साधक के कमर के निचले हिस्से में घनीभूत दर्द रहता है और उसे कष्ट की अनुभूति होती है, तो इस साधक को चाहिए कि वह जब विपश्यना ध्यान करे तब वह इस पीड़ा वाले भाग पर मन को हठपूर्वक कुछ देर तक टिकाए रखे और केवल इस दर्द को साक्षी भाव से देखे। किन्तु, वह इस दर्द की कोई अनुभूति करने की कोशिश नहीं करे। जब तक मन वहां से ऊबे नहीं, तब तक वह इस अंग विशेष का अवलोकन करता रहे। यदि मन ऊबने लगे तो वह कुछ समय के लिए ध्यान को इस अंग से हटा दे और शरीर की आगे की यात्रा करने लगे। फिर, जैसे ही मन सहज हो, पुनः उसे विरक्ति भाव के साथ पीड़ा वाले अंग के दर्शन में लगा दे। यदि यह साधक एक घंटा ध्यान करे तो वह अपने मन को कम से कम पंद्रह मिनट पीड़ा वाले अंग के दर्शन में लगाए। इससे वह देखेगा कि उसके कमर की पीड़ा कम होने लगेगी। यदि वह यह क्रिया कुछ दिनों तक लगातार करे तो उसकी पीड़ा सदा के लिए गायब जाएगी। यह एक अनुभवसिद्ध प्रयोग है। साधक इसे

आज़माकर देख सकते हैं। अनेक विपश्यना साधकों ने अपने अनुभवों में पाया है कि विपश्यना विद्या भयंकर बीमारियों में भी अमोघ साबित हुई है।

अतएव साधकों को चाहिए कि वे स्वस्थ रहने के लिए नित्य कम से कम एक घंटा विपश्यना ध्यान की क्रिया अवश्य करें। इस क्रिया से उनके शरीर के अंग अंग की पीड़ा चली जाएगी और यदि उन्हें कोई बीमारी है तो वह ठीक हो जाएगी। इस प्रकार, विपश्यना ध्यान की स्व हीलिंग क्रिया पीड़ा और बीमारी के इलाज के लिए एक कारगर थैरेपी है।

विपश्यना का प्रसार

आज भारतसहित पूरे विश्व में विपश्यना विद्या की महत्ता तेजी से फैल रही है। इसी कारण, अनेक सरकारों और संस्थाओं ने इसे अपनाना शुरू कर दिया है। महाराष्ट्र सरकार अपने अधिकारियों और कर्मचारियों को इस विद्या के शिविर अभ्यास के लिए 14 दिन का अवकाश स्वीकृत करती है। तिहाड़ और यर्वदा जैसी देश की अनेक जेलों में इसके सकारात्मक परिणाम देखने को मिले हैं जहां कैदियों के स्वभाव में करिश्माई परिवर्तन हुआ है। अब वे पहले की तरह क्रोध, द्वेष व बदले की आग में नहीं जल रहे हैं।

भारतीय कॉरपोरेट कंपनियां नियमित तौर पर अपने कर्मचारियों को इस विद्या के 10 दिवसीय कार्यक्रमों में प्रतिनियुक्त करती हैं। अनेक उद्योगपतियों, फिल्मी कलाकारों, महापुरुषों, राजनीतिज्ञों और नौकरशाहों ने विपश्यना के कार्यक्रमों में भाग लिया है और इस विद्या की भूरि-भूरि प्रशंसा की है। यह फेहरिश्त बहुत बड़ी है। इसलिए यहाँ उनके नाम नहीं दिए जा रहे हैं।

भारत स्थित प्रमुख विपश्यना केन्द्र

आज भारत भर में सैकड़ों विपश्यना केन्द्र कार्य कर रहे हैं जिसमें अभी तक लाखों लोग विपश्यना की शिक्षा ले चुके हैं। भारत के महानगरों और

उनके नजदीक स्थित विपश्यना केन्द्रों की एक संक्षिप्त जानकारी यहाँ प्रस्तुत है।

इगतपुरी - भारत में सबसे पुराना विपश्यना केंद्र इगतपुरी, महाराष्ट्र में स्थित है जो नासिक रोड रेलवे स्टेशन से लगभग 100 किमी की दूरी पर स्थित है। यहाँ पर 10 दिवसीय और इससे अधिक दिनों के कोर्स कराए जाते हैं। इस केंद्र का नाम धम्मगिरी है। यह स्थान प्रकृति की सुरम्य वादियों में बसा हुआ है। यहाँ स्त्रियों और पुरुषों के लिए ध्यान साधना के दो बड़े बड़े और अलग अलग हॉल बनाए गए हैं।

मुंबई- मुंबई शहर के उपनगर बोरीवली के नजदीक गोराई बीच पर स्थित इस केंद्र में विपश्यना के 10 दिवसीय और इससे अधिक दिनों के कोर्स कराए जाते हैं। इस विपश्यना केंद्र का नाम धम्मपट्टन है। इसे पैगोडा भी कहा जाता है क्योंकि यहां एशिया का सबसे बड़ा पैगोडा विद्यमान है। इसे लोग दूर-दूर से देखने आते हैं।

बोधगया- यह केंद्र गया, बिहार में स्थित है। यहाँ पर 10 दिवसीय कोर्स कराए जाते हैं। इस केंद्र का नाम धम्मबोधि है।

धर्मशाला- यह केंद्र हिमाचल प्रदेश के धर्मशाला में स्थित है। इसका नाम शिखर धम्म है। यहाँ पर 10 दिवसीय कोर्स कराए जाते हैं।

चेन्नै- यह केंद्र तमिलनाडु के चेन्नै शहर में स्थित है। इसका नाम धम्म सेतु है। यहाँ पर 10 दिवसीय कोर्स कराए जाते हैं।

बंगलुरु- यह केंद्र कर्नाटक प्रदेश की राजधानी बंगलुरु में स्थित है। इसका नाम धम्म पफूला (अर्थात सत्य का आनंद) है। यहाँ पर 10 दिवसीय कोर्स कराए जाते हैं।

नई दिल्ली- यह केंद्र हरियाणा प्रदेश के एक गाँव रहका, सोहना में स्थित है जो नई दिल्ली से 70 किमी की दूरी पर है। इसका नाम धम्म सोत है। यह केंद्र वर्ष 2000 में स्थापित किया गया था। यह 600 एकड़ भूमि में फैला हुआ है जो अरावली पहाड़ की गहन हरित वादियों से घिरा है। यहाँ

120 ध्यान साधकों के लिए रहने की व्यवस्था है, जहां 72 पुरुषों और 48 महिलाओं के लिए अलग अलग रहने के कक्ष बनाए गए हैं। यहाँ स्थित पैगोडा में 108 ध्यान प्रकोष्ठ हैं। यहाँ पर वर्ष भर 10 दिवसीय कई कोर्स कराए जाते हैं जिनके लिए www.sota.dhamma.org पर ऑनलाइन बुकिंग कराई जा सकती है।

विपश्यना रिसर्च संस्थान (VRI)- यह संस्थान मुंबई शहर से 136 कि. मी. दूरी पर इगतपुरी नामक एक छोटे से कस्बे में स्थापित किया गया है। इस संस्थान में मुख्य रूप से त्रिपिटक में विपश्यना के स्रोतों पर शोध, पालीभाषा के प्रशिक्षण, विपश्यना के दैनिक जीवन पर होने वाले प्रभावों पर शोध और पुस्तकों के प्रकाशन का कार्य किया जाता है। इसकी वेबसाइट का पता www.vridhamma.org है। इस वेबसाइट से भारत और विदेश में संचालित विपश्यना केन्द्रों पर चलाए जाने वाले पाठ्यक्रमों की जानकारी प्राप्त की जा सकती है तथा विभिन्न पाठ्यक्रमों के लिए ऑनलाइन बुकिंग भी कराई जा सकती है। इसमें जो जानकारी दी गई है, वह इस प्रकार है:-

1. भारत भर में फैले विपश्यना केन्द्रों पर चलाए जा रहे कार्यक्रमों की सूची;

2. स्थायी या अस्थायी स्थानों पर चलाए जा रहे कार्यक्रमों की सूची;

3. विपश्यना केंद्र पर अनुपालन किए जाने वाले अनुशासन की जानकारी;

4. भारत में ऑनलाइन बुकिंग के लिए आवेदन;

5. विश्व भर में फैले विपश्यना केन्द्रों के पते;

6. अंतर्राष्ट्रीय कार्यक्रमों की समय सूची; और

7. बच्चों के पाठ्यक्रम आदि।

सबका मंगल हो!

www.ingramcontent.com/pod-product-compliance
Lightning Source LLC
LaVergne TN
LVHW061542070526
838199LV00077B/6868